领导力与
团队中的
变革性沟通

（奥）雷内特·莫奇尼格（Renate Motschnig）
（美）戴维·赖伯克（David Ryback）　　著

张红川　等译

Transforming Communication
in Leadership and Teamwork:
Person–Centered Innovations

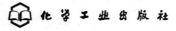

化学工业出版社

·北京·

Springer

First published in English under the title

Transforming Communication in Leadership and Teamwork: Person-Centered Innovations by Renate Motschnig & David Ryback, by Springer International Publishing AG.

ISBN 978-3-319-45485-6

Copyright© 2016 by Springer International Publishing AG.

This edition has been translated and published under licence from Springer International Publishing AG, part of Springer Nature.

All Rights Reserved.

北京市版权局著作权合同登记号：01-2018-6735

图书在版编目（CIP）数据

领导力与团队中的变革性沟通 /（奥）雷内特·莫奇尼格，（美）戴维·赖伯克著；张红川等译 . —北京：化学工业出版社，2022. 9

书名原文：Transforming Communication in Leadership and Teamwork: Person-Centered Innovations

ISBN 978-7-122-41527-1

Ⅰ .①领… Ⅱ .①雷… ②戴… ③张… Ⅲ .①组织管理 Ⅳ .① C936

中国版本图书馆 CIP 数据核字（2022）第 105370 号

责任编辑：王　越　王新辉　赵玉欣　　　　装帧设计：尹琳琳
责任校对：张茜越

出版发行：化学工业出版社（北京市东城区青年湖南街 13 号 邮政编码 100011）
印　　装：中煤（北京）印务有限公司
787mm×1092mm　1/16　印张 15　字数 308 千字
2023 年 1 月北京第 1 版第 1 次印刷

购书咨询：010-64518888　　　　售后服务：010-64518899
网　　址：http://www.cip.com.cn
凡购买本书，如有缺损质量问题，本社销售中心负责调换。

定　　价：98.00 元　　　　　　　　　　　　　版权所有　违者必究

作者简介

雷内特·莫奇尼格（Renate Motschnig）：奥地利维也纳大学计算机科学教授和CSLEARN（CS算法学习）教育技术研究组的领导人。自20世纪80年代以来，她一直基于教育和生活经验从事理解和有意义学习发生的多途径研究。雷内特·莫奇尼格也在维也纳科技大学、德国亚琛工业大学、加拿大多伦多大学、捷克马萨里克大学以及俄罗斯高等经济研究大学任教。当前，她正在推动以个人中心态度、共同实现潜能和周密网络技术为基础，塑造管理风格和高等教育风格。

戴维·赖伯克（David Ryback）：哲学博士，美国专业心理学委员会成员，多家企业的总裁顾问，他致力于用情商优势训练领导人员和管理者，以塑造更好、更成功的公司。他参编的书籍畅销于全球。他还是学校与职场的情绪与社会智力领域国际公认的权威，一直处于情绪觉察和其他有效沟通形式的应用研究最前沿。

译者分工

本书第一、二章由王光丽初译，第三、四、五、六章由石夏菲初译，第七、八、九章由鲁航初译，第十、十一、十二章由王珊初译，第十三、十四、十五章由赵阳初译，第十六、十七、十八、十九章由李蔚冉初译，其余部分由张红川初译，统稿与校稿由张红川完成。

序

作为一位在埃默里大学从事癌症研究的科学家，我的本职工作是借由试管、小鼠和其他物品得到我们想要的数据，朝着攻克癌症的方向前进。在我的工作中，与他人沟通发挥着同样重要的作用。本书打破成规，阐述了一种更人性化、更真实、更有效的领导方式——双议程法则。

双议程法则是一种非常新颖的模型，在这种模式下，人类大脑在关注任务与关注人际互动之间取得平衡。双议程法则帮助我们准确理解有效领导力的挑战所在。它不是一种非此即彼的视角，而是正如本书作者所言，是一种在个体与群体情景中调和二者的应用；它也是一种微妙的技能，十分适合想要提高领导和管理能力的人学习。它要求在关注底线的同时，也要具备敏捷性和敏感性。

20世纪最杰出的心理学家之一，广受尊重的卡尔·罗杰斯（Carl Rogers）博士在其著作中就论及本书所讲内容；然而我们却花了几十年才理解他工作的价值。与组织和工业领域相比，心理、教育甚至国际政治领域更接受他的观点。但是时间最终证明，他的个人中心视角所带来的价值有多深远。实际上，他的工作已经发挥了作用，只不过采用了另一个名称——情商。在丹尼尔·戈尔曼（Daniel Goleman）于1995年出版畅销书《情商》（Emotional Intelligence）之后，领导力领域采用了他的概念，并对此开展了广泛的探讨和研究。很快，基于"情商"这一主题的研究就揭示了双议程模式的成功之处——更低的流动率、更高的利润，员工更积极地投入工作等，这些成果均被科学性地证实。美国审计总署（US General Accounting Office）甚至发现，美国空军的招聘人员采用这种方法节省了上百万的花费。

雷内特·莫奇尼格和戴维·赖伯克（Renate Motschnig & David Ryback）用令人舒适的方式详尽、深入地阐述了卡尔·罗杰斯的工作，向我们传达了个人中心视角的强大之处。现在，我们需要更关注人，本书给我们铺平了这条道路。

卡丽·琪·孙（Carrie Qi Sun）医学博士

埃默里大学

前言

最终，我们会赞成生存最基本的一个要素就是发展出更强的合作意识、团队意识，和为共同目标一起工作的能力，而不是简单的个人提升。

卡尔·罗杰斯（Carl Rogers, 1980: 332）

在这个信息透明化和沟通快捷化的信息时代，领导力已经有了新特征。如何定义领导力的构成要素一直是一个艰巨的挑战，但是现在看起来，似乎出现了一个令人兴奋的机遇，让我们能重新明确这个概念。

领导力的基础主题是有效沟通的能力。这包括感知隐秘的感受——不管是一个人还是一个小团队，甚至是几百位听众的感受，同时牢记组织的愿景以及当前的工作任务。换句话说，我们需要注意到所有人都忽略的"房间中的大象"，并同时抓住大局和当前要求。如何通过有效的知识输入和联系兼顾这些需求，就是本书的核心主题。

沟通与领导力，是当前职场最重要的两项能力，二者联系紧密：一个人如果没有良好的沟通能力、清晰的表达能力和上佳的倾听能力作为基石，不可能成为一位有效的领导者或管理者。在这一背景下，虽然我们意识到领导者和管理者之间的差异，即前者的工作是领导他人、激励他人、做出决策、设定目标等，后者的工作则主要是协调和保证任务得以完成，但是这两个词经常互换使用。这是因为在现代社会，工作通常是以项目形式组成，一位项目经理、协调员或首席常常会承担全部或至少一部分领导功能。另外，我们也看到在较高位置上，不管是领导者还是管理者，沟通与人际技能方面都存在很大的重叠。两种角色都对工作氛围有显著的影响，与别的团队成员或雇员相比，他们的沟通方式也更容易成为焦点。

然而，就像本书将要阐述的，通过变革性沟通，团队或组织的每个成员都可以对其所属的整体施加影响。因此，本书的宗旨是帮助所有想在职场沟通中发挥积极影响的人们！

事实上，在最近的著作和研究报告中，出现了一种令人兴奋的"新发"趋势，即关注职场中的个人分享和透明度等软技能。我们使用引号，是因为早在多年以前，一位倡导"积极倾听"和"运作良好个人关系"概念的先行者，就已经阐述了这种对更个人化的分享和沟通的关注。这一所谓"个人中心视角"的模式是由卡尔·罗杰斯博士所提出的，作为全世界最具影响力的心理学家之一，他的观点在当时很具革命性。通过体验性的终身学习，他不仅变革了心理咨询、心理治疗和教育领域的面貌，更是在行政与团体领导力领域发动了一场变革。本质上，他通过倾听和与"他人"分享权力改变了上下级之间的权力平衡，因此对他们进行赋能，并尊重工作中的自组织原则。在职场中思考这一变革性的"存在方式"，也是本书的中心主题，这种模式弱化了组织层级，增强了组织和项目文化中的协作性，并有助于形成敏捷管理风格，这一点在瞬息万变的时代显得尤其重要。

罗杰斯把组织中的成员看作"完整的人"，关注他们的感受、意义、天赋和局限，而不仅仅是才智或智商，这为我们现在所知的"情商"奠定了基础，也影响了许多科学学科和实践领域。

有趣的是，尽管在心理咨询、心理治疗与团体工作领域，罗杰斯以"安静的革命者"著称，他本人却在其著作《论人的成长》（ *A Way of Being* ）中明确指出，他的"生活一直围绕着沟通的清晰性及其各种后果而构建"。基于诚实和尊重可以建立清晰而透明的沟通，这对于职场成功而言变得越来越重要。同样，当我们跨越国界、职业和社交网络沟通时，误解、隐瞒和防御会带来巨大的消耗。基于个人中心视角，本书试图整合神经科学、管理与领导力研究、多文化团队研究和大量案例研究成果，以及两位作者自己的经验，对以下主题进行讨论：

- 个人中心视角理论如何帮助管理者和领导者掌握职场需求。实际上，卡尔·罗杰斯已经预示了一些思路，包括增加透明度、灵活性以及为取得更大的长期成功营造建设性氛围的必要性。尤其是，本书试图推动将理论迁移到应用领域，如商务会议、招聘过程、决策、敏捷管理、谈判和多文化团队。
- 响应国际社会的呼吁，促进对话与合作，激发新想法，进行创新，以迎接21世纪的挑战，如全球化、应对变革和跨文化理解。
- 将个人中心视角理解为一个持续发展又不失现代性的发展方向，为其提供广泛的科学支持、整合的结构和有影响力的实践，以造就更成功的管理和领导。
- 真实地整合两位作者的观点。书中，我们通过个人对话分享了我们的观点，并邀请你对自己的经验进行反思，在我们看来这极为重要。
- 介绍两种交织议程的概念——一个是任务取向议程，一个是基于经验的人员取向议程——以让我们对挑战在哪里看得更清，它不仅是行为层面的，更表现在我们的脑和身体共同作用的领域。一方面，我们希望并需要尽可能有效地完成工作；但是另一方面，我们也可以将他人的感受、需要和想法纳入考虑。随着两者不断整合和建构，我们就可以更多地将自我和学习卷入，以取得胜利。这是本书的核心信息：我们害怕近距离倾听（别人的情绪），因为这会导致我们失去自己的议程（项目）。围绕这一信息，我们整合了大量的实践、例子和应用，为本书的信息提供最佳的支持，并为工作场所要求的建设性变化的产生提供更多机会。

本书包括五部分。第一部分通过现代职场之旅看到其主要挑战和机遇，并指出本书会如何对其进行探讨。我们还介绍了双议程法则、人员取向议程（实际上更多的是一种心态）以及变革性沟通的概念，并提供了一个测验，让你对自己在工作中遵循人员取向议程的态度进行自我评估。

第二部分提供了变革性领导力的专家案例，主要由处于领导职位又具备个人中心视角的知名专家撰写。我们真诚地感谢他们提供了无先例可循的经验，从而丰富了本书内容！每个案例都包括本书作者的反思，我们也邀请你对一些关键点进行思考，以打磨你对自己领导力价值、偏好和途径的觉察。

第三部分则针对关键领导、管理和团队情景，提供了更多的资源和实践应用场景，对一些关键概念进行加深，如决策、在敏捷团队中和团队间工作、回应冲突以及在文化多样性团队之中或之间沟通。此外，我们也介绍了练习和发展变革性沟通的一些安全"空间"，如对话练习、强化团体经验、沟通工作坊和新颖的"开放案例"情景。

第四部分主要介绍了变革性沟通框架不同侧面的科学研究。

第五部分探讨了我们所期望的社会和价值目标，以此进行总结。

在开始阅读之前，我们想请你注意，本书也许会改变你与周围世界进行沟通的方式，无论是在家里还是在办公室。它甚至可能让你更清楚地意识到你是谁，你在捍卫什么。这会让你觉得你的工作更充实。无论如何，变革性沟通需要精力、实践和勇气：它是为那些愿意变革和变化的人准备的，它会带给你更多的个人力量，并提升表达能力和工作中的"响应能力"。

雷内特·莫奇尼格（奥地利维也纳）

戴维·赖伯克（美国亚特兰大）

目 录

第四部分

变革性沟通
的理论基础
169

·
·
·

第一部分

变革性沟通是什么？

·
·
·

第一章　当代工作中的挑战和机遇

在一个对经验持开放态度的人身上，每一种刺激都是通过神经系统自由传递的，不会被任何防御机制扭曲。这意味着打破思维僵化，存在模糊性的时候容忍它；这意味着在不强行要求情景闭合的情况下，接收许多相互矛盾的信息。

卡尔·罗杰斯（Carl Rogers, 1961: 353）

本章重点：

- 概述领导力的发展，为探索责任管理所面临的一系列当代挑战奠定基础；
- 识别工作中的机遇和挑战；
- 讨论在应对挑战中，纯科学的局限性；
- 引入卡尔·罗杰斯的个人中心视角，为引出应对这些挑战的机遇提供一个伏线；
- 为探索特定的挑战和机遇，例如决策速度、员工目标视野、灵活性、对个体与群体的共情等，提供一个路线图。

领导力与沟通的历史

领导力和沟通的根源可以追溯到文字历史之前。在人类未有意识之前，动物界中已经存在支配层级现象。在许多动物种类中，雄性首领并没有任何领导力或沟通的理论，却依然统治着自己的族群。仅仅在过去的一个世纪里，我们才开始对领导行为中的沟通动力学，即如何比以前更能有效地领导，进行科学分析。

银背大猩猩、国王和其他雄性领导

银背大猩猩凭借自身的力量、胆量和成熟成为它所在群体的领导者（Goodall & Van Lawick，1967）。如果缺失上述三种特征中任意一个，另一个体就会接手，并拥有对食物、配偶和领土的优先选择权。我们的穴居男女祖先可能以类似的方式统治着族群，随着历史的发展，领袖开始戴上镶有珠宝的王冠，以显示他们作为国王和王后的崇高地位。随着统治者掌握权力的重要性日益增加，一直伴随着统治者的政治竞争也变得越来越复杂。

政治的进化一直在发展。雅典是民主的第一个实验室。在欧洲，这个过程要长一些。到 17 世纪末，民主革命才初见曙光。皇室和帝国权力变得不再那么确定无疑。美国和法国的革命则跨越了临界点，尽管拿破仑缔造了法兰西第一帝国，创造了一系列军政奇迹，但仍阻止不了民主取代君主制的潮流。

从福特到亚科卡

面对充斥着大量富有消费者的新兴处女市场，亨利·福特（Henry Ford）是最早，也可能是最成功地利用它的企业家——他把黑色汽车卖给了所有肤色的来客。福特不必过于担心领导力的微妙之处。他可以随心所欲，在大多数情况下完全不受惩罚。他在汽车销售领域内的垄断力太强大了。但是随着时间的推移，人们不再容忍这种傲慢的工业领导。随着董事会成员和股东的需求增长，更不用说新兴印刷媒体和广播媒体的力量日益增强，当李·亚科卡（Lee Iaccocca）这样更现代化的领导人出现时，领导力就成为一个被高度关注的话题，也开始成为商业教授和无数 MBA 学生显微镜下教学、打磨和研究的对象。

转折点

一个重要的转折点出现在 20 世纪中叶，美国心理学家卡尔·罗杰斯将积极倾听（active listening）的概念首次带入公众视野。在《卡尔·罗杰斯论个人权利》（*Carl Rogers on Personal Power*，1977）和《论人的成长》（*A Way of Being*，1980）两本书中，罗杰斯博士仔细充实了倾听的过程，指出对每个人的声音给予民主尊重的首要原则。如果李·亚科卡这样的当代领导人想要维护董事会和股东对他的尊重与忠诚，这就是他们必须学习的东西。

本章在介绍上述简要的历史观点之后，将会探讨责任管理（responsible management）所面临的一些当代挑战。这些挑战包括决策速度、互联网使用时间、全球化与多样性，以及快速的技术转变等。针对每一个挑战，都提出了应对挑战的机遇（见表 1.1）。

表 1.1　当代工作场所中的机遇和挑战

挑战	机遇
激烈的竞争	能够跨越地域和文化合作
对工作中情绪的恐惧	培养共情
决策速度	获取丰富的信息来源和感受，将整个人甚至组织作为一个动态的有机实体加以评估
互联网使用时间	通过互联网实现更迅速的交流和分享
快速的变化导致规划更具挑战性	敏捷的方法、灵活的人和系统、清晰的沟通路径
在独自工作时感到迷失，遇到意想不到的障碍	团队合作、网络化、可信任的人际关系、社交媒体
全球化和多样性：跨文化、语言和学科的工作	灵活性、敏感性、包容性、掌握个人和组织发展以及系统动力学的诀窍
模糊性、多重现实、传统价值观不再根深蒂固	通过富于思虑的评估过程，包括经验、丰富的知识来源、理论、沟通路径和技术等，产生新兴价值观
复杂性	相互依赖、赋能、共同责任、动机、自组织（self-organization）

面对挑战：作者的个人观点

纯科学的局限性

针对当前工作场所中挑战的解决方案可能包括了前认知的因素并要求将整个人考虑进去，包括在某个时间点上并不存在于意识中，却构成了一个人或团队潜能的各个方面。就像"科学"在寻找解决方案的过程中至关重要一样，内在经验、直觉、感觉、艺术以及更多内在自我所创造的东西也是有价值的。资源框 1.1 呈现了一些在这个问题上的著名观点。

卡尔·罗杰斯、戴维·博姆（David Bohm）、奥托·夏莫（Otto Scharmer）、彼得·森奇（Peter Senge）、莫琳·奥哈拉（Maureen O'Hara），只需列举几个人的名字就可以说明，为了应对社会和经济的挑战，我们需要培养我们的意识，超越其传统作用。这包括开发先进的个人与人际能力，就像发明和使用技术工具一样，成功地扩展我们感官感受到的范围和人工可以完成的东西。此外，像互联网这样的技术正在帮助我们跨越时间和距离而联结全球。

资源框 1.1 超越科学方法局限性的呼吁（节选）

已知的我们需要超越科学方法的原因：

- 在构建三种综合能力的过程中，一个中心思想将会显露出来。这三种能力分别是：①不再将观察者与所观察事物分裂的观察能力；②不再将"我们是谁"与外部世界分裂的沉静能力；③不再把头脑、心和手的智慧分裂以创造替代现实的能力……"这种新兴的思想是，把科学、灵性和领导力构建为一种新的合成体，作为单一存在方式的不同方面"（Senge et al., 2005: 211 - 212）。

- 如果科学是一个未完成的项目，下一阶段就是把科学方法的严谨性与直接经验的丰富性重新联结并加以整合，以产生一个将我们与彼此、与自己、与世界相联系的科学（Senge et al., 2005: 212）。

- 对如此混乱和复杂的问题的最好解决方法不是将它们缩减以适应我们现有的能力，而是扩展我们自己，以适应情景中更多的复杂性；不是为了解决一套从情景中派生出来的抽象问题，而是让自己沉浸在情景体验中，看看它会引起什么，以及当我们付出全部的智慧时能够学到什么（O'Hara & Leicester, 2012: 127 - 128）。

正是（也不仅仅是）我们的工作经验给了我们走这条新道路的勇气，让我们把人类的能力与科学技术的进步结合起来，创作了这本书。

戴维的变革性观点：我深知，在我的内心深处，纯粹的科学研究并不能触及工作中人际互动的更深层次。我有时惊叹于逻辑和理性的无能，它们无法解释我们所有不断发展的经验——我们当中一些人之间的联结感无法用理论来解释。为什么我能与一些人建立更为深刻的情感联系，而与其他人就不行？为什么用语言来解释这种深度互动如此困难，甚至是不可能的？我已经尽力这样做了。这是到目前为止我所肯定的：相比于一些人，我更喜欢与另一些人建立深厚的情感联系。当我试着用语言和逻辑来解释这些，到目前为止我能想出的最好解释是，与这些人一起，我可以更容易地分享两个东西：①广泛的关注点，从具体到高度抽象，即从我们自己的个人经验到广泛的概括；②我们之间的信任感，能够让我们在探讨具体和抽象问题的过程中共享某种程度的脆弱性。我猜还有更多的原因，但这两点就是我目前为止的工作假设。

不管怎么去解释它，如果我们能够在工作中以一种更容易解决挑战的方式进行沟通，情况会怎样？如果一群经理或高管能够敞开心扉谈论他们的想法和感受，让解决问题的方法比我们每天参加的会议来得更容易、更迅速，那该多好！这些会议即便不令人烦恼，也会让人感到无聊，同时还会有一些自我主义者以一些不相干的观点来主导会议。如果一个主管和他的直接下属能够开诚布公地沟通，不担心同事以任何理由对他们进行评判，那又会怎样？如果我们能够以某种方式理解是什么导致了这种有效而有意义的交流，那么我们就达到了我们的目标。这正是本书讨论的内容。

雷内特的变革性观点和目标：我深受卡尔·罗杰斯在体验学习和人际关系方面研究的影响，这种影响甚至可以被称为变革。很快，我就确信这项工作的意义远远超出了它的心理学和治疗源起，可以影响我们的日常生活和工作，使之朝着一个极其值得追随的方向发展。简单地说，这项工作过去是对的，现在也是对的。

当我读罗杰斯的著作时，我更能意识到自己的经验和方向与罗杰斯书中所写完全吻合。尤其让我着迷的是，我们要给予那些与我们有联系的人自由，接受他们本来的样子，同时允许我们做出真实的反应。这一切都因为密集的团队经验得到了加强，从而对我产生了一些变革性影响，尤其是让我看到了这些团队中的自组织潜力，以及通过接受一个人或一个团队的本来面目而释放出来的内在动机。

受到罗杰斯著作的启发，加上我自己的管理、团队与团体经验，近年来的"对话"研究（Bohm, 1996）以及麻省理工学院教授们对"体悟"（presence）研究（Senge et al., 2005）的支持，我与来自6个大洲的作者共同参与编辑了两卷对个人中心视角（Person-Centered Approach, PCA）跨学科影响进行探讨的著作（Cornelius White et al., 2013a, 2013b）。这段经历使我确信PCA是一个包罗一切的范式，它对人们自身及其相互关系中预知的、精神上的和尚且未知的部分及已知部分均加以承认。由于这一"智慧"已经"应用"到一些项目和我的工作环境中，并且证明对于向前发展来讲是丰富而不可或缺的经验，我渴望将它传递给所有接受这种想法、实践和隐含生活方式的人。

由于个人中心视角提供了丰富的"知识、经验和价值基础"，并以神经科学为基础（Cornelius White et al., 2013a），它需要调整并开放给工作场所，这就是本书期望达到的目标。换句话说，我们努力调整 PCA 以满足当前工作场所进行建设性和有效沟通的迫切需要。如果人们对其接受良好，会带来巨大的潜在影响：更有效的沟通习惯可以引发一种"催化"反应，像螺旋一样从一个团队、部门或组织蔓延到另一个去。

个人中心视角及其当前应用范围

对于那些新接触个人中心视角的读者来说，资源框 1.2 简单提供了一些事实，更详细的描述会在随后的章节，尤其是第九章和第十章中展示。

资源框1.2　卡尔·罗杰斯的个人中心视角

个人中心视角的火花：

（1）经验的主导地位

　　"首先是体验，然后才是理论。"（Rogers & Wood, 1974: 274）

（2）实施能力和促进环境

　　对人们内在的个人成长能力和建设性行动能力的高度信任，再加上真诚、尊重和共情性理解（empathic understanding）的能力，往往会对人们及其互动产生变革性的影响。"这个简单的假设几乎在每一个人与他人相遇的情况下都得到了验证——咨询、心理治疗、教育、商业、冲突解决、社区发展、家庭进程，以及以成长和治愈为目的的医学。"（O'Hara, 2003: 65）

　　罗杰斯描述了在个人中心氛围中的发展方向：如果我能建立一种关系，我会具备如下特点：

- 真诚而透明，我就是我真实的感受；
- 热情地接纳，将他人作为一个独立个体加以尊重；
- 具有敏感性，能从他人角度来看待他的世界和他自己。

　　那么，这个关系中的其他个体就会：

- 体验和理解他之前压抑的自我；
- 发现自己变得更整合，更有能力开展有效工作；
- 变得更像他想成为的人；
- 更能进行自我指导、更自信；
- 成为一个更独特、更能自我表达的人；
- 更能理解他人、更容易接纳他人；
- 以更具适应性和舒适感的方式处理生活中的问题（Rogers, 1961: 37）。

　　罗杰斯建构的关于经历了最优心理成长个体的理论模型是：

- 一个能自由发挥所有机体潜能的人；

- 一个可靠的人，现实、自我提升、善于社交、行为得体；

- 一个有创造力的人，不断变化和发展，在每个成功时刻发现自我（Rogers，1983：295）。

在我看来，我们正面临着一种全新的教育形势，教育的目标……是促进变化和学习。真正受过教育的人是那些学会了如何学习……如何适应和改变……的人。变化性，即对过程而非静态知识的依赖，是现代世界唯一有意义的教育目标（Rogers，1983：120）。

最后大家一致认为，生存最基本的要素之一是……培养更强的合作意识、团体意识和为了共同利益而团结一心的工作能力，而不仅仅是为了个人利益（Rogers，1980：332）。

作为新兴范式的个人中心视角

与跨学科系统理论相一致，个人中心视角形成了一种新兴范式（Motschnig-Pitrik et al.，2013）。它通过研究将理论与经验联系起来，假定存在单一的内在动机结构，关注人际交往的质量和一种"全人"（whole-person）教育方法。个人中心视角培养了一种尊重文化但又超越文化的存在和联系方式，它提供了一种更普遍的元文化，这种元文化基于实现人类存在与联系的价值观，与任何特定的文化无关，只依赖于明确但非特定的人际氛围（Rogers，1980）。所有这些特点使得个人中心视角成为最有前途的、基础坚实的通用框架，在我们所处的这个快速变化的工作世界中，它适合作为实施有效领导、管理和团队合作的支柱之一。

历史视角下职场中的个人中心视角

现代工作环境的主要特征似乎就是要更善于灵活、开放地自下而上获取来自组织成员和工作环境的新信息。他们必须快速地建立信任以开展工作，也就是以更加有效的沟通方式来运作，因为参与的人们对新的观点和信息都更开放也更能接受（Senge et al.，2000），同时其自我也更加透明（Bennis，2009）。在这个电子通信的时代，几乎没有秘密可言。一个领导者不可能寄希望于对重要事实或人际影响的变化动态全权控制。因此，如果要成功做出最好的决定，领导者必须对他人的想法甚至感觉敞开心扉。

我们的感觉是，大量的项目持续失败，例如根据斯坦迪什集团（2015）开展的研究，大约2/3的IT项目都会失败，并伴随破损的人际关系，这表明在工作中需要更好地沟通。例如，卡尔·罗杰斯描述了把一个人的自我、想法和观点放在一边，至少暂时性地放下，全神贯注地听演讲者讲话的好处。这种所谓积极倾听的练习非常简单，但在对话却非常少见（见第十七章）。大多数人都忙于预测自己对所听到内容的反应，以至于这种内心对话干扰了罗杰斯所提倡的共情倾听（empathic listening）。但如果我们不认真倾听，又怎么能理解对方呢？

显然，个人中心视角提供了实践理论和价值基础；然而，我们需要发现并调整它，以匹配管理者、领导或团队成员，或者任何有勇气开始这一兴奋旅程的人的心理模式。这就是我们想从这本书以及正在进行的研讨会、工作坊和课程中启动的东西。

从历史上看，积极倾听一直是罗杰斯理论的一个口语化表述，直到戈尔曼（Goleman, 1995）提出的情商概念开始普及，他将共情作为情商四个基本成分之一。现在，人们对更开放的情感交流，以及所谓"透明度"产生了浓厚的兴趣。具有讽刺意味的是，虽然这种兴趣往往被视为现代领导力研究的最前沿，但这正是半个世纪以来个人中心视角所一直倡导的东西。例如，罗杰斯和勒特利斯伯格（Rogers & Roethlisberger, 1952）在著名的《哈佛商业评论》上发表了一篇影响深远的文章，讨论了沟通的障碍和手段，这篇文章在大约40年后（1991年）重印，并附有一篇回顾性评论。但也许更有影响力的是托马斯·戈登的领导效能训练（*Leader Effectiveness Training: L.E.T.*）（Gordon, 2001）。它采用个人中心思维方式编写，同时也明确地考虑到管理者这一核心受众。

最后，我们两人一直在领导、管理和团队合作的背景下倡导个人中心视角（Ryback & Motschnig-Pitrik, 2013）。赖伯克（Ryback, 1998）出版了一本将情商用于工作的著作，其中包括与卡尔·罗杰斯在领导力的个人中心视角问题上的几次对话，尽管使用了情商的术语，但书中的个人中心价值基础是显而易见的。最后，雷内特和她的团队（iCom Team, 2014）最近发表了一篇关于"国际团队的建设性沟通"的"经验指南"，其中包括几个案例，它们都借鉴了个人中心视角及其在商业、研究和团队合作中的应用。接下来，我们将进一步阐述前文提到的一些特别机遇，以便让读者对本书如何应对当代工作中的挑战有初步了解。

挑战和机遇来自哪里

工作场所中的感受

罗杰斯（Rogers, 1961, 1980）指出，情感作为与世界互动的基础具有重要意义。在我们这个时代，这比以往任何时候都重要。例如，我们必须快速做出决策而几乎没有犯错余地。最好的决定是基于感觉而不是思考，尽管两者都不可或缺。目前的脑研究指出，决策过程的无意识部分大多数时候是最准确的。大脑中这个过程的核心部分（功能上和解剖上）被称为岛叶皮质，根据最近的研究，"当我们在决定执行一次股票交易的时候，我们的大脑是足以在一个瞬间做出决定的"（Cloud, 2011）。这个经过千万代演变的机制正在成为21世纪的必需品。我们或许不再会根据剑齿虎的威胁来决定是否做出战斗或逃跑反应，但是在互联网时代，我们仍被要求非常迅速地做决定。国际组织之间对即时沟通的需求，无疑也要求我们依赖一种个人中心谐振模式，基于感觉做出决策（Mount，2005）。

决策速度

当今领导者面临的一个最大挑战就是决策过程到底要以何种速度来进行。计算机的工作在几分之一秒的基础上进行，而人类大脑至少需要几秒钟，在一些复杂的情况下，可能需要数小时才能做出最好的决定。那么，我们如何才能应对快速思考和决策这个当代挑战呢？

微软首席执行官史蒂夫•鲍尔默（Steve Balmer）提出的一个解决方案是在开会前获取信息，以应对快速思考和决策的挑战。他宁愿在会议前就主题做好准备，也不愿在大家都坐到桌边时浪费时间来达到要求。既然这些信息可以事先分发，让决策过程更快更有效地向前推进，为什么还要所有与会者在会议上浪费时间去学习会议主题呢？（Bryant，2009）

对我们来说，为会议做准备是很有意义的。从个人中心视角的观点来看，事先为我们的会议伙伴提供有用的信息，表达了对伙伴的关心和关注。而事先阅读这些信息则表明，双方的关注和关心相互呼应，这也是在接下来探讨变革性沟通（transformative communication）关键场景的章节中，我们可以进一步探讨会议有效性的原因。不幸的是，在实践中，我们往往对会议毫无准备，因为我们往往要承担太多的责任。

流畅的沟通过程

根据个人中心视角，有效的领导和管理需要一致性（congruent）或透明性（transparent），并与他人的感受相协调。脑研究表明，即使在我们的智慧贡献没有得到同伴的赞赏或接受时，脑中的杏仁核也会将其识别为情绪危险。杏仁核是大脑感觉区的一个核心部分，会在出现危险情况时激活大脑皮质和内分泌系统，有时也被称为"威胁警报器"。此时，我们只会表现出一种接受态度，不会制造麻烦，但是我们的心里和身体内却会产生压力、退缩和脆弱感，因为我们所提供的东西没有得到认可。在过去，做一个好领导意味着支配那些被管理的人，但是现在人们逐渐意识到 PCA 是需求的核心，也就是领导者和管理者及其下属之间基于完整性和尊重的流畅沟通过程。它与支配无关。在《连接的能力》（Connect Ability）一书中，我（戴维）指出，需要"长时间放下自我去倾听"，这是个人中心视角的重要成分（Ryback，2010：21）。无论组织规模有多么广阔或全球化，仍然需要一个细心并有同情心的倾听者。这将成为本书第二部分提供的案例研究的中心议题。

那些处在领导位置的人常常可以毫无依据地指责他人，做不到有理有据。当我们在领导位置上时，批评别人是很容易的——我们不需要考虑我们的批评所产生的影响，只是做出反应，然后继续下一个挑战，在身后留下伤害和怨恨。但加州大学洛杉矶分校商学院的研究表明，领导者在沟通方式上采用个人中心视角是至关重要的（Weisinger，1989）。根据一项对 108 位经理及其下属的研究（Baron，1990），激励员工最糟糕的方式是在员工犯错误时进行不适当的批评。

为什么不在尊重他人的同时，以一种个人中心视角公开分享你的看法呢？让我们一起寻找所需要采取的措施，来客观地、有个人支持感地改善状况。如今，提高工作效率的压力越来越大，我们很容易忘记需要尊重他人的感受和情感，但这让友情和感激之情显得尤为重要。毕竟，我们是高度社会化的生物，而不是仅需完成工作的机器人。

> **请思考：**
>
> 　　在工作中，是否有一些情况让你觉得不能像自己希望的那样坦诚？
>
> 　　思考两三个这种事例，想象一下，如果你变得更坦诚，会发生的最坏和最好的情况是什么？是否可以改变这种情况以提高透明度？
>
> 　　你希望别人在与你的交往中更坦诚吗？主要是谁？在与对方的互动中，你是开放的还是需要隐藏自己的想法？
>
> 　　如果你对别人隐瞒了什么，你会有什么感觉？

有效利用虚拟空间

在这个电子通信占主导地位的时代，一个团队[国际建设性交流项目（the International Constructive Communication Project, iCom，由雷内特领导）]通过互联网研究在完成项目时尝试集体分享的透明度，他们想看看他们能做到多大程度的开放，以及可以采用怎样的方法（iCom Team，2014）。他们注重决策中的包容性和共识性。当他们成为一个有力的团队时，他们发现他们可以克服最初对开放性的恐惧，最终开始相互信任并试着增加更多的透明度。这个团队甚至将他们项目的潜在客户作为平等的伙伴，通过面对面会议和在线会议达成了高度的透明。他们发现了互补技能的动力，一个人可以从另一个人停止的地方继续工作，一个技能可以弥补另一个技能的不足。项目中的另一个经验是，在时间允许的情况下，将电子通信与面对面互动结合起来，以确保持续的深度信任。当大家不在同一区域时，通话或视频会议可以补充电子邮件的作用。

融合独特的个人品质

最终，一些个体可能会因为对这些问题的敏感性而得到认可，然后团队可能会从这些个体那里寻求持续的指导。卡尔·罗杰斯在这些动力方面有非凡的能力，这就是他在群体互动中赢得如此多尊重的原因。他对所有人的声音都怀有强烈的尊重，但也有一种在需要的时候把事情办好的微妙动力，而这一切都出于他自己所具有的非凡透明度。如何富有同情心地与他人合作，并通过共享过程实现共同目标，这是本书主要关注的一个能力。这个过程的核心大概需要三个成分：

- 主要表达内心深处的感受；
- 知道你的感受与手头工作是否相关；
- 知道你所分享的东西会如何被接受。

所以除了诚恳之外，当今的领导者和管理者应具备的两个关键能力就是灵活性和人际敏感性。

快速变化

"创新"是弥漫在我们文化中的流行语。任何东西都可以被修改，使其对消费者更具吸引力。这可能是因为消费者已经对这种变化上瘾了。新推出的苹果手机会吸引大批年轻消费者排队购买首发产品，新一代苹果手机的发布会占据我们报纸商业版的头条。黑莓手机的加拿大制造商——行动研究公司必须具备足够的灵活性，将其重点从排他性网络转向更开放的、能够与新兴技术融合的网络（Marlow，2012）。为了让这款产品继续在不断增长的市场上占有一席之地，安全性不得不让位于触摸屏技术。能够用一种持续的敏感性与消费者保持联系可以看作是 PCA 在技术中的应用（"倾听"消费者）。现代组织或团体要求更广泛地应用个人中心视角的价值观。如果对快速变化的产品所产生的迅速变化的需求没有持续的敏感性，随着世界的快速发展，企业将只能在惊讶中徘徊。如果苹果、微软、任天堂和索尼想要继续生存下去，它们都必须对这些变化极其敏感（O'Reilly & Tushman，2004）。

共情及其超越

就像情感在快速决策中很重要一样，共情（empathy）对当代领导力的成功也很重要。一位执行总裁曾说过："如果你真的想让人们发挥出最好的一面，你就必须真正倾听他们的想法，让他们觉得自己真的被倾听了。"罗杰斯说得再清楚不过了，现代领导人不仅必须倾听，还必须确保发言者感到被倾听。

但是，就像罗杰斯（Ryback，1998）所说的，只有共情并不能造就领导者。当我（戴维）问他，会给一个新手领导什么样的建议时，他回答说："我认为诚实是最重要的……作为每个人的基本表现而言……不做评判，不做指责，只是对某件事缺乏什么或可以做和改进的方面提供反馈，并报以温暖的微笑和令人安心的举止。"在个人中心视角中，共情很重要，但是同样重要的是，以一种公正的方式支持他人的成长和发展，高度支持他们，但是要让他们负起责任。

研究表明，成功的领导者所需的共情不仅是为了个人，也是为了团队的动力。一个团体会如何回应一位推广某种计划或项目的演讲者？当其同事通过眼神或者面部表情投票赞成或否决一个项目时，一个善于共情的领导能够读出什么？善于共情的领导比缺乏共情的领导处境要好得多。这种解读群体情感的能力被一些人称为"光圈"（aperture），指关注点的宽窄，就像相机可以聚焦在近处或远处的物体上一样（Sanchez-Burke & Huy，

2009）。这种敏感性可以让人更早地察觉群体反应，节省大量的时间和金钱。我们在第十五章会进一步揭示其内在机制。

罗杰斯在与群体的个人互动中描述和展示了个人中心视角的另一个侧面，就是在群体中，个人的开放需要一种安全感（Rogers，1970：53）。在21世纪的第二个十年中，这一开放性的安全港原则才得到认可。我们将这一点看作卡尔·罗杰斯早已埋下伏笔，却成为一项"新近"发现的例子之一。因此，其原著虽然完成于上个世纪，依然值得一读！

为冒险的脆弱性提供一个安全所，是一种让团队变得更有创造性和更高效的方法（Druskat & Wolff，2001）。如果你想在团队中试着"做自己"，可以在资源框1.3中找到指导。接下来会提供一个案例，以说明罗杰斯在群体中的开放性及其影响。

资源框1.3　做自己

　　兰西奥尼（Lencioni，2014：7）提出了一种实现团队动力的新方法，名为"高凝聚团队的五种行为"，其中有一种称为"个人历史"的练习。在练习中，个体可以分享自己选择某种行动的原因。这一方法的基础是建立信任。"脆弱性的核心，"他写道，"就在于人们愿意放弃骄傲和恐惧，只做自己。虽然一开始这可能有点胁迫感和不舒服，但最终对于那些厌倦了过度思考自己行为，并在工作中管理人际政治的人来说，这是一种解脱。"

卡尔·罗杰斯在团队中的开放性案例

　　在一次会议的一种叫"鱼缸"的练习活动中，一组6～8人席地坐在房间中心，分享他们最为私人的感受，而其余参与者静静地观察，但可以偶尔与内圈某个成员交换一下位置。随着时间的推移，我（戴维）惊奇地发现，每当罗杰斯在鱼缸组时，他的开放性会导致小组中其他成员冒险进行更大程度的开放。然而当他离开这一小群人，由一名观察员代替时，整体冒险水平就急剧下降。果然，过了一会儿，罗杰斯重新加入这个小团队时，信任和冒险的程度急剧上升，所有人的情感分享也大大增强。当然这仅仅是一个模式案例，但是罗杰斯的个性在这种动力中的影响是巨大的，在当时和后来，都让我相当震撼。

最后应该指出，尽管个人中心视角鼓励情感开放并为其创建一个安全港，但也需要负责，需要让他人对不受欢迎的诚实行为负责，尤其是当他们完全不同意自己所尊重之人的观点时。正如罗杰斯告诉我的："我宁愿有一个真正坚决反对我的人说'我不喜欢你的想法——我百分之百反对它们'，也不愿有人说'哦，我支持你的想法'，然后当我在工作中看到他时，发现他真的在编造一些非常非常虚假的东西。"（Ryback，1989）

团队和小组中的协作

　　在研究团队效率的人中，很多人很好奇，什么因素才能产生最好的结果。一篇探讨这个话题的详尽文章（Duhigg，2016a）提出了一个问题，即"如何造就最有效的团队？"2012年，谷歌对这个问题产生了兴趣，并开始了对该问题的研究。他们称之为"亚里士多德计划"，投入了大量人力来寻找解决方案。但是他们找到的更多的是困惑，而不是确定答案。"我们研究了来自全公司的 180 个团队。"谷歌人力分析部门经理阿比尔·杜贝说。他们收集了大量数据，但是对于什么人才能造就最优团队却没有明确的答案。"在对一百多个小组进行了一年多的观察之后，"这篇文章解释说，"数据并没有提供明确的结论。事实上，数据有时指向相反的方向。比没有找到一个模式更糟糕的是，找到了太多的模式。他们想知道成功的团队是否具有某种共同规范。"

最终发现了两种模式：第一种，在成功的团队中所有成员谈话的数量是相等的；第二种，这类团队的成员"具有较高的'平均人际敏感性'，这是一种有趣的说法，表明他们善于根据他人的语调、表情和其他非语言线索，通过直觉发现他人的感受。此外，根据哈佛商学院教授艾米·埃德蒙森（Amy Edmonson）的说法，除了这些情感敏感性和"话轮转换"的特征之外，"团队成员都有一个共同的信念，即冒险性的人际互动是安全的"。她接着说，这样的团队有一种"以人际信任和相互尊重为特征，让人们可以自在做自己"的氛围。

简直令人难以置信，这些结果与卡尔·罗杰斯几十年前的表述非常一致。这一新研究和一百多项针对这个主题的研究一起，证实了罗杰斯和他的同事在几十年前发表的观点。与其他研究一样，谷歌花费如此多的时间、金钱和人力，想要发现有效团队合作的最佳因素（Duhigg，2016b），最终的结果却与罗杰斯多年前的研究结果一致。令人惊讶的是，在我们这个时代，相比以前，罗杰斯所说的与我们更具有相关性（Ryback & Motschnig-Pitrik，2013；Motschnig-Pitrik，2015）！

总结

因此，为了能更好地适应管理和领导，并在今天和未来的工作中更好地沟通，如下所述的特质尤为重要。一些与此共鸣和互补性的想法，参见奥哈拉和莱斯特的相关工作（O'Hara & Leicester，2012）。

- 灵活性、适应性；
- 建设性、创造性、有效地处理新情况；
- 终生学习，对新鲜事物充满兴趣和好奇心；
- 有效沟通，保持或建立流畅的互动；
- 注意力经济（Davenport & Beck，2001）；
- 对个体和群体的共情；
- 适当的开放性，熟练和创造性地使用社交媒体；

● 能够建立和培养有建设性、运作良好的人际关系、团队、网络和社区（Barrett–Lennard，2013）。

现在我们要提出这样一个问题：个人中心视角是否会带来现代管理者和领导者走向成功所需要的一切？就像在本书其他部分所讲，我们相信它提供了基础，即在需要负责任的位置上保持人性的基石。然而，声称它能提供现代领导者和管理者所需要的一切，未免太夸张了。这就是为什么在这本书中，我们将使用一个多维度的方法，把各种理论放在一个可靠的基础上——个人中心视角。这种方法注重人际关系的质量和影响，承认我们第一视角经验的重要性，并强调对其加以反思的能力，并植根于经常要求实际结果的工作中。因此，我们看到本书的主要挑战和机会就是在任务取向和人员取向两个层面之间进行变革性沟通，在我们向着这两个方向前进时带来一种协同效应。

参考文献

Barrett-Lennard, G. T. (2013). *The Relationship Paradigm. Human Being Beyond Individualism.* Houndmills, UK: Palgrave Macmillan.

Baron, B. (1990). Countering the effects of destructive criticism. *Journal of Applied Psychology, 75*(3).

Bennis, W. (2009). *On becoming a leader.* New York: Basic Book.

Bohm, D. (1996). *On dialogue.* London: Routledge.

Bryant, A. (2009). Meetings, version 2.0, at Microsoft, *New York Times, May 16.*

Cloud, J. (2011). Thought control. *Time, 178*(19), 52–54.

Cornelius-White, J. H. D., Motschnig-Pitrik, R., & Lux, M. (2013a). *Interdisciplinary handbook of the person-centered approach: Research and theory.* New York: Springer.

Cornelius-White, J. H. D., Motschnig-Pitrik, R., & Lux, M. (2013b). *Interdisciplinary applications of the person-centered approach.* New York: Springer.

Davenport, T. H., & Beck, J. C. (2001). *The attention economy: Understanding the new currency of business.* Boston: Harvard Business School Press.

Druskat, V. U., & Wolff, S. B. (2001). Building the emotional intelligence of groups. *Harvard Business Review,79*(3), 80–164.

Duhigg, C. (2016a). Group study. *The New York Times Magazine (February), 28*, 20–75.

Duhigg, C. (2016b). *Smarter faster better.* New York, NY: Random House.

Goleman, D. (1995). *Emotional intelligence.* New York, NY: Bantam Books Inc.

Goodall, J., & van Lawick, H. (1967). *My friends, the wild chimpanzees.* Washington, DC: National Geographic Society.

Gordon, T. (2001). *Leader effectiveness training:* L.E.T. New York: Penguin. (first published in 1976).

iCom Team. (2014). *Constructive communication in international teams.* Münster: Waxmann.

Lencioni, P. (2014). *The five behaviors of a cohesive team.* NY: Wiley.

Marlow, I. (2012). Lunch with RIM CEO Thorsten Heins. *Globe and Mail, August 24.*

Motschnig-Pitrik, R. (2015). Developing personal flexibility as a key to agile management practice. In G. Chroust & Sushil (Eds.), *Systemic flexibility and business agility* (pp. 131–141). India: Springer.

Motschnig-Pitrik, R., Lux, M., & Cornelius-White, J. H. (2013). The person-centered approach, an emergent paradigm. In J. H. D. Cornelius-White, R. Motschnig-Pitrik, & M. Lux (Eds.), *Interdisciplinary applications of the person-centered approach* (pp. 235–252). New York: Springer.

Mount, G. (2005). The role of emotional intelligence in developing international business capability. In V. Druskat, et al. (Eds.), *Linking emotional intelligence and performance at work.* Mahwah, NJ: Lawrence Erlbaum.

O'Hara, M. (2003). Cultivating consciousness; Carl R. Rogers's person-centered group process as transformative androgogy. *Journal of Transformative Education, 1*(1), 64–79.

O'Hara, M., & Leicester, G. (2012). *Dancing at the edge competence, culture and organization in the 21st century.* Devon, UK: Triarchy Press.

O'Reilly, C., & Tushman, M. (2004). The ambidextrous organization, *Harvard Business Review,82*(4),74-83.

Rogers, C. R. (1961). *On becoming a person. A therapist's view of psychotherapy.* London: Constable.

Rogers, C. R. (1970). *Carl Rogers on encounter groups.* New York: Harper and Row.

Rogers, C. R. (1980). *A way of being.* Boston: Houghton Mifflin.

Rogers, C. R., & Roethlisberger, F. J. (1952). Barriers and gateways to communication.*Harvard Business Review，30*(4), 46-52.

Rogers, C. R., & Wood, J. K. (1974). Client-centered theory: Carl Rogers. In A. Burton (Ed.), *Operational theories of personality* (pp. 211–258). New York: Brunner/Mazel.

Rogers, C. R. (1983). *Freedom to Learn for the 80's.* Columbus, OH: Charles E. Merrill.

Ryback, D. (1989). An interview with Carl Rogers. *Person-Centered Review, 4*(1), 108.

Ryback, D. (1998). *Putting emotional intelligence to work.* Woburn, MA: Butterworth-Heinemann.

Ryback, D. (2010). *ConnectAbility.* NY: McGraw-Hill.

Ryback, D., & Motschnig-Pitrik, R. (2013). successful management with the person-centered approach: Building the bridge to business. In J. H. D. Cornelius-White, R. Motschnig-Pitrik, & M. Lux (Eds.), *Interdisciplinary applications of the person-centered approach.* New York: Springer.

Sanchez-Burke, J., & Huy, Q. N. (2009). Emotional aperture and strategic change: The accurate recognition of collective emotions. *Organizational Science, 20*(1), 22–34.

Senge, P., Cambron-McCabe, N., Lucas, T., Smith, B., Dutton, J., & Kleiner, A. (2000). *Schools that learn. A fifth discipline fieldbook for educators, parents, and everyone who cares about education.* New York: Doubleday/Currency.

Senge, P., Scharmer, C. O., Jaworski, J., & Flowers, B. S. (2005). *Presence exploring profound change in people, organizations, and society.* New York: Currency.

Standish Group, (2015). The Chaos report. http://www.standishgroup.com/. Retrieved September 1, 2015.

Weisinger, H. (1989). *The critical edge.* Boston: Little, Brown.

第二章　作为一名管理者，我能够以人为中心吗？
——双议程法则

> 真诚还包括愿意展现我心中的各种感受和态度，并用我的语言和行为表达。只有提供我内心真正的真实，别人才能在他心中找到这一真实。

卡尔·罗杰斯（Carl Rogers, 1961: 33）

本章重点：

- 描述双议程法则；
- 描述两个议程的特点；
- 描述遵循人员取向议程的前提条件；
- 通过案例描述和说明两个议程之间的协同作用；
- 借由双议程法则，描述把任务取向和人员取向交织在一起的领导风格。

这一章提出了本书的中心思想：无处不在的双议程法则（two-agenda approach），简称为 2agendas@work。其基本想法很简单：为了最好地应对当代职场挑战，在任务取向和人员取向的活动和技能之间需要一种成熟的"和谐"。本章的目标是提出一个概念化的简单方法——双议程法则，通过这个方法，引入"人员取向议程"（people-oriented agenda）的概念，并与更为人熟知的任务取向议程（task-oriented agenda）的概念相结合。使用"议程"一词描述任务和人员取向问题，有助于解释人员取向议程中的人际思维模式特点。这一"议程"关注于提高对透明度或渴求理解等"项目"必要性的认识，就像任务取向议程那样——它通常已成为任何会议公认的一部分。人员取向议程专门对其项目和遵循这些项目的必要先决条件加以分析和说明，因为这一议程在西方文化中往往被遗忘。我们会举例说明通过这两个议程之间的协同作用实现工作场所的变革性沟通（transforming communication），说明在两个议程之间，以及在使用并遵循两个议程的人之间存在一种良好的和谐性。

表 2.1 通过列出这两个议程的基本特点对它们加以描述。

表 2.1　双议程法则的基本特点

任务取向议程	人员取向议程
专注于特定的任务、目标或计划	注重提供基于证据的社会环境条件
遵循商业计划或施加影响力的计划	尊重自组织原则，共享责任、主观经验与意识
定义清晰、外显，通常在会议中处于前端	通常隐藏在后端，往往被称作态度和感受，偶尔才能被详细说明

任务取向议程	人员取向议程
相当短期，可以组合，并依据战略和目标变化而快速改变	需要经验学习和社会交往才能获得，也就是同化，也可以通过经验而成熟
计划性、战略性，遵循逐步推理的逻辑	可简单也可复杂，交织而动态，求同存异，关注"大格局"
有明确的最终目标	是不断进行的可持续过程，流畅而非稳定 其要点最好通过使命陈述来进行解释

双议程法则

作为一个管理者、领导者或团队成员，我们可以同时遵循两个议程，即任务取向议程和人员取向议程。

- **任务取向议程**：明确指定为达到某个目标和结果，或为遵循某个计划而需要完成的任务。它往往非常短暂，其周期可能是一个会议、一个项目或为一个特定结果开展的工作。以前开展的有价值的工作（Doyle & Straus，1982）和在线资源为设计和遵循任务取向议程提供了指导，以推动会议进展（KnowHow，2016）。

- **人员取向议程**：内隐持有并在适当场合表现出对社会环境条件的需求，以及由此产生促进所有相关人员个人成长的行为，并在工作场所中形成具有建设性的人际关系。简而言之，人员取向议程主张提出以个体和关系为中心的存在方式，承认我们首先是人（Rogers，1980；Barrett-Lennard，2013）。人员取向议程利用了人类数百万年进化的成果，但不是以一种朴素的方式，而是与最先进的研究证据所发现的人际知识、技能和态度无缝结合（Cornelius-White et al.，2013a，2013b）。注意"议程"这个术语在此处是被象征性地使用，其目的是让我们能明确地意识到人际维度，就像众所周知的实际议程一样。

正如科特·勒温（Kurt Lewin，1951：169）所言："没有什么比一个好的理论更实际了。"然而，在我们竞争激烈、瞬息万变的工作环境中，这一理论的实践可能极具挑战性。例如，一个项目处于风险中或者产量下降时，我们可以留下员工却没有钱支付他们的薪酬。此外，时间压力也可能不利于我们寻求所有人都接受的解决办法。或者我们需要员工在截止日期前完成工作或者获得新的项目，同时知道他们的家庭也需要他们。我们往往面临着模糊性和冲突性，需要我们使用所有能力来找到解决办法或应对方案。

创造性张力

一次又一次，我（雷内特）深刻体验到这两个议程所产生的创造性张力（creative tension），这是我在阅读圣吉（Senge, 2006）的相关著作时，首次遇到的一个引人深思的术语。一般来说，当我们想要在愿景与"现实"之间搭建一座桥梁，或者当我们想要同时朝两个方向前进，比如一方面要取得一些目标、任务或结果（生产力），另一方面又要提高如加德纳（Gardner, 2006）、戈尔曼（Goleman, 1995, 2011）、莫奇尼格和尼科尔（Motschnig & Nykl, 2014）、罗杰斯（Rogers, 1961）、赖伯克（Ryback, 1998）所说的人性和社会能力（自我实现、社会资本、多元智能）之时，创造性张力就会产生。例如，设想一个组织想要制造并推销一款最先进的手机，与此同时，又希望改善研发设计团队中的人际关系，使他们能够在这个项目和下一个项目中开展合作（Motschnig-Pitrik, 2015）。

下面，我（戴维）回想所遇到的一次情况，当时在其他人都认为正确的"标准"决策和另一个更具体、"违反规则""只此一次"的决策之间产生了冲突。

案例

当时，我正在终止与某位高管的远程咨询关系，我的咨询费由一家大型事务所支付。由于已有合同已经到了约定结束期限，并且不允许延长期限，这位高管询问我是否可以自己掏腰包来继续这一咨询关系。我最初的想法主要有两方面：① 这里存在一个边界，如果我继续咨询就可能会违反它，导致我和事务所之间产生利益冲突；因此，我不应该考虑这个提议。② 我非常喜欢和这位高管一起工作，我们的互动已经演变成对他生活问题极有意义的探索。所以现在，我需要探索自己内心的想法，用一种对各方都有利，或者至少无损任何一方的方式来应对这种新形势。

任务取向议程是尊重事务所的需求，不能损害其与客户的合同，也就是说，要确保我在代表事务所与客户打交道时，不会去招揽业务。人员取向议程则是以我自己的身份与客户合作，但要确保只有在第一次关系明确终止之后，才能够创建这种新关系。

所以当客户问我，在和事务所的合同结束后，是否可以接受他为自己的客户时，我的回答是："在第一份合同明确终止之前，我们先不要考虑这个问题。在合适的时间之前，我不想和你考虑这笔生意。只有在第一份合同明确结束后，这个时间才会到来。"合同结束后，我等着客户向我提出他的要求，他也照做了。于是在我们开始新合同之前，我和事务所进行了核实，他们认为按照他们的政策，这种做法是完全可以接受的。

在本书第二部分探讨具备人员取向思维模式的领导者和管理者如何整合两种议程之前，我们先使用布莱克和穆顿（Blake & Mouton, 1964, 1985）或本尼斯（Bennis, 2009）等人所说的经典领导术语对两种议程进行比较和对比。

领导风格之旅

传统上，领导风格主要由两个基本维度来刻画：任务取向和关系取向，通常用笛卡尔坐标系的 x 轴和 y 轴来表示（图 2.1）。这给我们一种印象，即维度是相互独立的，每个领导者的个性都可以放在这两个轴构成空间的某个范围内，就像布莱克和穆顿（Blake & Mouton, 1964）提出的著名的领导方格理论那样。

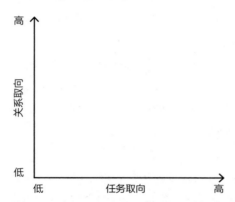

图 2.1　经典观点中任务取向和关系取向领导风格作为领导力的两轴

但这幅图并没有描述我们领导团队时的感受。我们的目标是在任务和人员 / 关系两方面之间紧密互动，进而在两者之间形成循环运动，如图 2.2 所示。其目的是为每一项任务、目标或问题找到一种解决办法，能够同时满足如下两个条件：

（i）尽可能有效地完成任务、目标或解决问题；

（ii）尽量和以个体和关系为中心的原则和价值观保持一致。

为了简洁起见（当然也可能过于简化了）让我们将（i）称为任务取向，将（ii）称为人员取向。我们有意采用"取向"这个词语，而非维度，是因为维度（如水平、垂直）的概念倾向于表示相互独立。通常而言，维度是独立的，而取向可以有一个共同的投影，在不同时间可以指向稍近或者稍远的端点（图 2.2）。

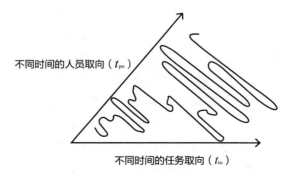

图 2.2　变革性沟通中不同时间的任务和人员取向

通常情况下，在多大程度上追随人员取向取决于任务取向的程度，反之亦然，但是假如我们有选择余地，人员取向将不可避免地影响我们对任务与目标的选择。例如，人的因素会对我们参与的项目或任务以及我们选择如何完成项目产生影响，这可能需要非传统的方法。然而从长远来看，任务和人员取向交织在一起，在满意完成任务的同时，产生信誉和合作，形成建设性的关系。这是因为总体方向中的人际成分总是与"我们是谁"，或者更科学地说，与自组织（Goldstein，1939；Kriz，2008；Rogers，1951）和人际发展（Barrett-Lennard，2013）的原则一致。这种机制在教育中得到了证实，也在组织和管理中有一定体现（Cornelius-White & Harbaugh，2010；Gordon，2001；Rogers，1975，1978；Ryback，1989，2010；Ryback & Sanders，1980；Ryback & Motschnig-Pitrik，2013）。

需要说明的是这两个方面的相互依存性。我们需要达到一些目标，完成一些事情，同时也尽可能成为一个以人和关系为中心的，成熟、机智、合作的人。我们需要在人性意义上保持真实，不是付之阙如或用"本质如此"来搪塞，但在一些情况下，可以这么说，我们要根据一些挑战来明确我们的个性和关系，这可以帮助我们作为社会性动物朝着某个特定的任务或目标前进。我们会引入我们的文化和个人倾向，但同样要意识到人和事是错综复杂地交织在一起的（Böhm，2016）。

为了形象化地描述这个新想法和洞见并在工作中与人们交流，我们创造了"双议程法则"。理想情况下，我们的沟通和行为应该同时表达这两种目的，尽管我们常常变换对二者的关注度。本书第四部分会讨论我们的脑对遵循这两个议程的支持方式，以及相关脑网络之间的竞争关系。

为了使双议程法则的概念更容易理解，让我们举例说明二者之间的相互作用，以戴维的经验为例。

案例

多年以前，在我年轻的时候，在和一群联邦雇员一起培训时，我一方面要"完成工作"（明确任务），也就是要确保每个参与者都能顺利完成每一项任务，另一方面要留有余地，让参与者能尽其所能地享受这个过程中产生的冲突。特别是有一位女士，她就是不想参加其中一个练习。我当着全班同学与她对峙，多多少少强迫她至少在一定程度上参与进来。我这种行为是高中和大学阶段的传统教学经验遗留下来的，在那里，学生的成熟程度没有那么高，偶尔会有学生自认为他是在挑战权威，并将其视为他性格的一部分。在这种情况下，学生的消极态度和我对反抗的控制能力之间的较量，证明我所拥有的力量是正确的。

在学生反馈我的要求太过苛刻之后，我意识到不管出于什么原因，试图强迫让这个女人做她觉得不舒服的事情都很愚蠢。我完全被"完成工作"的要求掌控，却没有去倾听一个人对自主和自我导向的需求，这让我不知所措、深受打击。尽管这是一个痛苦的教训，但是我明白了一些东西。我领悟到，要允许更多的基本议程进入情景中，并把我对控制的需求放到一个不那么死板的环境中。明确目标和基本态度相结合，才可以螺旋式上升，让培训方法变得更加成功。

　　随着时间的推移，我逐渐意识到在我们复杂的人际交往中，尤其是作为培训师或领导者，个人中心视角并不总是那么容易表现出来。"双议程法则"使我们能够更清楚地看到挑战所在：我需要尽可能高效地完成工作，但是我还能培养部分自我，去考虑他人的感受、需要和情感。当这两者随着时间的推移融合并螺旋上升时，我们就都是赢家。这种创造性的包容正是个人中心视角在工作中美的体现，因为我们允许这两个议程融为一体。

人员取向议程

　　人员取向议程是基础，任何会议或活动都需要将其作为基石，以推进如下项目的进展：

- 参与者；
- 主题；
- 参与者之间的关系；
- 参与者、主题和环境之间的关系。

核心原则

　　遵循基础的人员取向议程，因为它在某种程度上表达了"我们是谁"。它不是为了达成某件事，而是为了遇见另一个人，并因此最终遇见自己。它的作用本质上是保持思想、感情、意义、想法、言语和行动在我们之间流动。与流动相反的意思是被卡住，无法从某个位置往其他位置移动。

起源

　　人员取向议程是基于以人为中心的心理学和相关领域的原则和最新研究，以及作者在商业、领导力、项目管理、教育环境、跨文化团队、研讨会等多种工作环境下的实践经验而构建的。

议程项目

　　议程中的项目虽然有逻辑顺序，但始终是相互联系和相关的。它们可以被想象成管弦乐队中的乐器，为正在演奏的杰作做出贡献。特别是，任何时候都不应该完全忽略任何项目。这些项目包括用最高水平，当然在特定情况下是合适水平，表现如下能力：

- 相互接触；
- 目标、愿景和参与者的透明度；
- 对他人、自己与环境的尊重；

- 努力达到深入彻底的理解和被理解；
- 合作与共享。

表达和实施议程的方法有很多，资源框 2.1 以简洁的形式提供了一些，而后续的例子和经验会提供更加生动的信息和思考。

资源框 2.1　一些表达和实施人员取向议程的方法

- 相互接触
  - 以可行和得体的方式建立和保持接触；
  - 问候、握手、鞠躬、点头、眼神交流（在某些文化中）；
  - 花时间在一起、出席会议、回复信息、回复电子邮件、打电话等。
- 目标、愿景和参与者的透明度
  - 说明和详细地阐述目标；
  - 诚实、坦率，在适当的时候开放对话；
  - 尽量避免隐藏的议程；
  - 表达清晰；
  - 适当地展示自己，敞开心扉。
- 对他人、自己与环境的尊重
  - 通过口头语言和肢体语言或行为表达自己；
  - 尊重对方和自己的自主权并予以支持；
  - 在会议、做决定、信息交流、社交事件等情况下接纳他人；
  - 积极期待，与他人和自己相遇时展现信任态度；
  - 以与人平齐的眼光和人交流，尽量做到公平公正；
  - 感受并尊重自然和生态。
- 努力达到深入彻底的理解和被理解
  - 积极倾听；
  - 对他人和全部环境有共情性的理解；
  - 基于手头的主题背景对他人有丰富而包容性的理解，并对项目及其背景有丰富的理解；
  - 澄清；
  - 适当简化；
  - 从多层面表达自己，促进理解；
  - 使用别人能理解的语言。
- 合作与共享
  - 做一个机智的人；

—— 移除障碍，达成个体内和个体间的流动性；

—— 富于建设性、欣赏性，同时进行批判性的反馈；

—— 共同感知、共同反思、共同实现（Motschnig-Pitrik & Barrett-Lennard，2010），并培养一种包容感和归属感；

—— 合作态度，用合作方式寻求解决方案并共同拥有它们；

—— 避免有害的竞争；

—— 促进自组织，认可系统动力。

■ **相互接触**

就像鸟用眼睛互相打量，狗用鼻子互相嗅，蚂蚁用触角互相触碰一样，我们人类也用看不见的触角互相接近。在西方文化中，人们最喜欢握手或拥抱；在日本人的传统中，鞠躬姿势高低取决于其地位差别；传统的因纽特人互相碰鼻子；官场上则通过交换礼物的质量来评估彼此。当然最有可能的是，当我第一次见到你的时候，我们的眼睛会看向彼此，伸出手来一个传统的握手礼。无论什么仪式，在我们开始事务互动之前，启动和保持接触是至关重要的。

■ **目标、愿景和参与者的透明度**

我们中大多数人都非常珍惜时间。如果我们一开始就保持诚实，就可以最有效地利用时间，相信大多数人都同意这一点。我们能够早一点清楚地说明会议的要点吗？我们能够平静地面对被带到会议桌上的分歧，而没有怨恨和恶意吗？我们能否尊重和赞赏这一点：一旦分歧得到澄清和解决，只会让我们更接近成功？没有什么比团队成员之间的透明度更能推动工作快速有效地完成。根据新罕布什尔大学约翰·迈耶（John Mayer，2014）教授的说法，我们越了解对方，我们就越能了解如何与他们互动。

■ **对他人、自己的尊重**

作为一名顾问新手，我（戴维）被教导："每个人穿裤子都是先穿一条腿。"我由此意识到，每个人，甚至最受人尊敬的执行总裁，在一天结束的时候都是一个凡人，都是一个与其地位无关的个体。多年以前，卡尔·罗杰斯来我所在的大学发表过一次主题演讲，当我为其主持的时候，我就意识到这一点。每个人都对他心存敬畏，希望能在他的面前待一两分钟。一天早上，当我要处理一些事务的时候，我把卡尔单独留在中央大楼附近。当我回来的时候，我发现卡尔和一个陌生学生正在进行一次深入的交谈，那个学生穿着极其随意，仅仅是碰巧路过。虽然不应该如此，但我依然对卡尔这种平易近人的态度很惊讶。他对待每个人，真的是每个人，都有同样的尊重、欣赏甚至关心，与他对待他的好朋友或优秀同事的态度一样。

- **努力达到深入彻底的理解和被理解**

在我们（雷内特的团队）这个由来自工业界和学术界的成员组成的跨文化团队中，我们总是尽力理解并回应商业伙伴的商业需求，而不是认为他们太"贪婪"，对这个项目的科学性一无所知。随着他们感受到被理解，他们变得开放并尽力用学术支持我们，最终将终端用户的一项研究结果纳入正在构建的软件中。努力理解成员的不同背景肯定会带来回报，所以最后这个项目成功结案，即使有些时候，误解和冲突似乎让合作变得不可能。

- **合作与共享**

在招待卡尔并主持了他在我（戴维）任教大学里的主题演讲后，我们养成了交换信件的习惯，我随后告诉他想和他一起做一些项目。他一直拒绝我，说他更喜欢独自工作。但几个月后，他打电话给我，邀请我到拉荷亚，让他的同事们考虑是否让我承担一项任务，帮助他们在新的维度，如商业和教育领域，发展他的团队。除此之外，当他对我应用个人中心视角进行国际和平谈判的想法保持开放后，我还可以与他合著一篇重要的论文。这件事件给我的启发是，将我渴望与他合作的愿望坦诚地告诉他，并也让他诚实地表达他并不想这么做的想法，并共同反思我们不同的风格，最终我们两个人能够以舒适的方式进行合作。乐于与我们不同风格的人"共同建设"一段关系，最终促成了建设性的项目，让彼此都能有所裨益。

人员取向议程的特点

人员取向议程具有如下特点：

- 它独立于特定的国家文化、工作领域或科学门类。

- 但是这并不意味着议程项目的表达在所有文化中都一样，这只是说议程项目对所有文化都有效，即使表达的方式和强度可能有很大的不同。

- 它由所有参与者共享，这意味着所有参与者可以协作性地遵循议程。

- 它适用于任何一种会议，这个会议以每一个体或每一方面的利益或价值为导向，并考虑所有参与者之间的人际关系。它排除了纯粹的独裁领导（autocratic leadership）风格，并倾向于民主、情境化、包容和变革性的领导风格。

- 它模糊了任务取向和关系取向领导风格的传统区别，因为它需要参与者长时间追求这两个目标。这并不意味着每时每刻都必须考虑两个目标。但总的来说，至少在一定程度上需要同时考虑两个目标。

- 它并不单独存在。通常情况下，在特定的工作环境中，它会与某些任务取向议程交织在一起，但不是必须如此。这个议程中的项目可以被想象成管弦乐队的乐器，正在轮番演奏一段旋律的不同部分。

- 它的实施可以非常简单，也可以是一个极大的挑战，这取决于具体情况，以及参与者在多大程度上内化了人际能力和技能。
- 它是为了实现在人际关系环境中向前发展，也是为了达成一种建设性和变革性的学习和认知。
- 它往往具有变革性。它的最终结果是开放的，但并非不能列举。人们基于实证，在建设性气氛中自组织地向前发展，所以可以期望，遵循人员取向议程所取得的结果往往是有利的，不管在具体情景中"有利"意味着什么。相关案例参见本书第二部分。

围绕着人员取向议程，会出现一个不容忽视的悖论：

我们越确信和自然地执行基本的人员取向议程，它实际上就越不会发挥一项议程的作用，直到它不再成为一项议程。它可以被想象成转变为在参与者身上展开的深刻而有意义的学习。你可以把它看作是具有"传染性"的，潜藏在参与者体内，等待着一次又一次的释放。换句话说，这可以看作是人的一种自然倾向，就是想要更多了解别人，欣赏他们，同时也感到被了解和欣赏。这满足了人们的一种根深蒂固的感受到彼此联结的需要。环境越让人感觉到安全，这种自然倾向就越会大行其道。而威胁感则可以很快摧毁这种倾向。其挑战就在于如何用开放性与透明度来处理不可避免的冲突，以避免这种威胁感。

在没有威胁的情况下，人们可以很好地理解他人。根据兰德尔·科尔文（Randall Colvin）的研究，人们能很容易地"在 5 秒钟内"发现外向性、尽责性、智力水平以及任何负面情绪。判断者只需再多花几秒钟，就能准确地判断出开放性、亲和性、神经质以及积极情绪（Weintraub, 2015：49）。

人员取向议程另一个有用的特点就是，它能够作为分析工具使用（参见表 2.2 的问卷）。我们假设，通过追溯每一种人际冲突，都可以发现人员取向议程中至少一个（或者多个）项目没有被恰当处理。

遵循人员取向议程的先决条件

遵循人员取向议程可能非常简单，也可能非常困难，这取决于我们和其他人的人际能力和具体情景。为了"适应性"地遵循这一议程，需要满足以下一些先决条件。在个人层面，包括：

- 能够了解我们的感受并能恰当地表达出来；
- 对新鲜的、不熟悉的、模糊的事物，多样化的现实，无组织的事物，以及宇宙的自我组织原则和系统动力，都能保持足够的开放性；
- 尊重自己和他人并能够表达出来，让他人也能体验到；

- 能够并渴望积极倾听，希望从他人的角度理解他人；
- 了解系统动力学原理和自我组织能力；
- 拥有与团队合作的经验，这无疑是一个相当大的优势。

从一个组织或项目的角度来看，遵循人员取向议程是由许多环境因素促成的，例如：

- 培养一种沟通方式，让表达感受成为可接受甚至是受欢迎的行为；
- 让员工参与制定项目目标和决策；
- 让员工共同对项目的成功负责；
- 为员工提供全面了解项目或组织的机会，包括与客户及周边系统的对接；
- 采取行动支持一种社区感（feeling of community），并在员工之间形成超越纯粹商业事务的联系；
- 在不妨碍项目成功的领域，给予并支持每个员工的响应能力和自主权，并表现出一种领导风格，在需要时提供指导并贡献个人支持。

特别是"自主性支持"（autonomy support）因素，已被证实在人们的主观幸福感中发挥着深远的作用（Lynch et al., 2009）。在自我决定理论（self determination theory, SDT）的研究背景下，作者发现，当人们与那些不强迫或控制他们，而是接受其本来样子甚至支持其自主性的伴侣在一起时，他们会经受更少压力（或者压力水平适当）。有趣的是，自主性支持的积极作用在中国、俄罗斯和美国这三个国家的群体中都得到了证实。

有趣的是，蒙特利尔大学伯尼尔等（Bernier et al., 2010）的研究发现，那些被母亲鼓励自己做决定，而不是被告知要做什么的孩子，比起那些受到母亲过度控制、被告知要如何回应的孩子，更能控制冲动并关心他人。即使把母亲的教育水平和认知能力考虑进去，这一结论依然成立（Hane & Fox, 2006）。

我们得出这些先决条件的策略是综合各种信息来源，如圣吉的学习型组织的5个原则（Senge, 2006）、罗杰斯的人格和人际关系理论（Rogers, 1951, 1959, 1961）、巴雷特－伦纳德的关系范式（Barrett-Lennard），以及达马西奥（Damasio）在社会神经科学上的贡献，然后将它们用适于工作情景的方式表述。我们决定将它们作为研究假设提出，再将进一步的实证检验留给后续研究。按照我们的观点，为了遵循人员取向议程，这一清单还可以添加更多先决条件。

表2.2旨在通过回答5个关键问题，逐项评价你自己或同事在人员取向议程的表现，最后第6个问题（F）是评估你自己或同事在任务取向议程中的能力，以便能够将人员与任务取向特征相联系。

表 2.2　遵循人员取向议程所需态度条件问卷

　　A.　相互接触

领导或同事是否：

1. 尽量避免接触，总是把办公室门关上，无论是实际或是象征性的；

2. 很少与他人接触，很难与人交流；

3. 只在需要时保持联系，在必要时才会主动联系他人；

4. 有兴趣与人接触，有时会主动接触他人并有开放的交流；

5. 对他人有真诚的兴趣，会发动并保持彼此接触。

　　B.　透明度和公开性

领导或同事是否：

1. 回避问题，难以接近，拒绝开诚布公的谈话；

2. 隐藏在他的职位后面，与其沟通很难有任何透明度；

3. 以某种程度的开放性应对问题；

4. 倾向于公开透明的交流；

5. 沟通完全透明，给出诚实的反馈，给人真诚的印象。

　　C.　尊重

领导或同事是否：

1. 与同事交流缺乏任何尊重，从不考虑满足同事的请求；

2. 不尊重同事的请求和呼吁；

3. 不太尊重同事的需求和要求；

4. 大多数时候尊重同事，并鼓励他们；

5. 对同事充满信任，鼓励他们，让他们体验到接纳感。

　　D.　努力理解

领导或同事是否：

1. 完全忽略了同事的需要；

2. 很少回应同事的需求和兴趣；

3. 不太能够回应同事的分享；

4. 通常会对同事们分享的东西做出适当的反应，让他们感到被理解；

5. 完全理解同事的需求和兴趣，并给予支持。

　　E.　合作的态度

领导或同事是否：

1. 以一种消极的方式与他人会面，忽视他们的想法，不邀请他人参与合作；

2. 对任何合作都表示不感兴趣，并尽可能避免合作；

3. 在能够看到好处时，选择合作伙伴进行合作；

4. 总是支持他人共同推动进展；

5. 鼓励和支持他人，积极主动地促成合作。

　　F.　专业领域能力：通向任务取向议程的路径

领导或同事是否：

1. 看起来在会议或项目广阔的专业领域中迷失了；

2. 似乎在其自身专业领域很无能；

3. 在专业领域有适当的能力，并能够合理地表达出来；

4. 给人以胜任的印象，并能熟练地表达专业领域的关键问题；

5. 能够证明自己在该领域的专业度，并能提高同事的工作热情。

　　表 2.2 是评估在工作情况下遵循人员取向议程所需态度条件的问卷。问卷扩展出对"专业领域能力"特征的评价，以与任务取向议程建立联系，从而可以评估在特定主题领域遵循这两个议程的能力。该问卷大致遵循阿斯比（Aspy，1972）的问卷计分方法，基本采用 5 点量表，"3"代表人员取向沟通的及格线（雷内特与莫奇尼格 2014 年编写的 1.0 版本）。

　　在一项针对计算机科学学生的研究中，人际能力得分较高的教师同时也是那些最能激励学生参与课堂学习的教师（Motschnig-Pitrik，2005）。有趣的是，在人际关系方面得分较低或中等的教师，在学科相关能力方面得分也较低，这表明，与学生互动方面表现不好的教师在学科上的胜任力也较差。

　　在以上问卷中，采用 5 点计分法，3 为临界值。在从 A 至 E 所代表的任何态度上得分低于 3，表明他会在某些情况下放弃人员取向议程。对于这些人来说，很难一直遵守人员取向议程；3 及以上意味着测试者满足了遵循人员取向议程的前提条件。在任何情况下，我们都认为我们可以一直进步。下面的案例旨在说明随着对人际问题的敏感性变化，领导和团队成员在整个互动过程中的两种模式（iCom Team，2014：185-186）。

案例

下面两段对话都是为了制订一个计划以解决发货问题。

情境 1

领导（用批评语气）：你把系统发给客户了吗？

团队成员：还没呢。他们提供的是一些旧数据，我们的数据库没法上传。

领导：怎么会出现这种状况？

团队成员（防御性地）：这事没有明确说明。谁知道他们想要从这么古老的数据库版本中导入呢！

领导（生气地）：为什么在说明中没有交代这个？你应该知道说明中有任何遗漏和错误，都会造成很大的损失！

团队成员（试图解释）：我们已经从客户的数据库中指定导入数据了，并且根据他们的样本测试到版本 5。但客户的代理拿到的却是更老的数据，他们说这些数据也必须处理。

领导：因此要么你可以在未来三天内提供一个扩展版本，要么我们就要跟他们争论，说这些老掉牙的版本不在合同中！为什么老是有工作不正常！

团队成员（恭顺地）：我会尽快处理。不过客户肯定会很难搞。

情境 2

领导（用一种感兴趣的语气）：嗨，今天好吗？已经把系统交付给客户了吗？

团队成员：还没呢。他们提供的是旧数据，我们的数据库没法上传。你可以想象，因为这事我真的不太开心。

领导：我知道。(停顿)他们提供的是一些旧数据，嗯，我想这是不是没有事先明确说明？(抬头看团队成员，团队成员点头表示同意，停顿了一下，然后用一种好奇和开放的声音说)嗯，你对这事怎么看？

团队成员（沉思，像在出声思考）：好吧，据我所知，他们真的需要这些数据来做业务统计，所以我会扩展一下代码来覆盖旧数据格式。（停顿）我想我需要看看这意味着要干多少活。我感觉这不是什么大问题，我可以很快解决，或者要求他们延期一段时间。（停顿片刻后真诚地说）我觉得，我们这一次与他们打交道和服务的方式，会对今后的接触有决定性的影响！

领导(坦诚地)：这样我就明白多了。尽管放手去做，什么时候需要我或者事情有啥进展，随时都可以告诉我。祝你好运，很高兴有你同行！

请思考：

你对这两种场景产生了何种共鸣？你会如何描述它们，或者给它们一个什么标签？

这两种情境在多大程度上运用或忽略了两种议程？

在什么情况下，经理在头脑中产生这两种议程？

这名团队成员会对这两种情境如何反应？

在第一种情境下，人员取向议程的哪些项目被忽略了？第二种情境在这些项目上有何不同？

作为领导，你会怎么做？作为团队成员，你会怎么说？

整合人员取向议程的想法和灵感贯穿全书，下面我们讨论一下哪些措施可以提升我们的人员取向"适应性"：

（1）开放性。对别人提出的问题保持开放。对于他们所持造成其问题的观点具有同情心，因为这可能比你提供一个答案更为关键。与其对这个问题进行完整回答，不如让它成为人们相互理解的桥梁。

例如："我该怎么做，A还是B？"回答："看起来你是要做一个艰难的决定。告诉我，是什么导致你必须要在A和B之间做出选择？"

（2）做一个中介者。激发别人去探索他们的选择，同时也和他们一起冒险去考虑他们认为对的是什么，而不仅仅是别人对他们的期望。

例如："如果我的理解正确，协调专员希望你作为专家对网络门户的设计做出决策，同时你也知道要和终端用户一起找到一个管用的解决方案。在这种情况下，你觉得接下来做什么比较合适呢？"

（3）循序渐进的工作方式。要意识到，利用变革性沟通的人员取向议程与人沟通——而不是那种好像你掌控所有细节的传统方式——这一点都不容易。它伴随着相当大的风险，需要共情来产生圆融的互动。要知道，一旦给予他人自由，就很难再收回，如果要在以后再加以控制很可能会造成很多麻烦。因此，与其从对他人的控制激进地变为给予他人完全的自由，你可能想要点"外交手腕"：首先建立良好的沟通，然后循序渐进，这样所有人都能学会处理新获得的责任。

（4）不做评判的立场。不要小看那些坚持常规、固守传统的人。要理解这个世界中两种方式各有其位置。否则，我们就有可能以民主名义行权威之实。

例如："哦，你忘掉了过渡阶段活动的详细计划？我明白了。要不你继续从你的角度提出一个计划？然后一旦我们可以在客户网站安装软件，就可以看看这能不能帮助到我们。"

（5）终身学习。无论你在和别人相处中获得了怎样的技能或技巧，要相信你可以继续提高，成为一个更好提升他人和自己的人。对各种情况下的经验学习和变革保持开放态度，因为这往往会使你自然而然地变得圆融，获得处理人际关系的策略，但却更有真实感。

（6）冲突与支持力量。在你使用非传统的方法并因此带来冲突时，不要惊讶。在这种情况下，你需要承认差异，并继续保持开放和圆融。哥伦比亚大学的米歇尔教授认为，这种自我控制是未来成功的重要因素（Mischel，2014）。在你身边要有他人存在，他们能理解保持开放心态所带来的挑战以及偶尔的孤独和脆弱，这都是在这一极富意义的过程中持续的支持力量。就像你支持其他人追求真实性一样，你也能拥有一个由赞赏这一过程的人构成的安全社区，并从中受益。

（7）反思并寻求意义。任何经验都可以看作一种学习资源，如果自己，尤其是与他人一起对此进行反思，就会带来倍增的效果。

例如：试着从多个角度来反思，是什么导致一个小项目失败，这样可以避免在下一个大项目中重复同样的错误。

（8）创造性张力。通常，给定的"现实"与我们的愿景、计划、解决方案等之间都存在差距。这种差距被认为是造成张力的原因。这取决于我们是否可以利用这种张力，通过敏感地倾听他人，而不是按照我们所认为的解决方式匆忙将其"固化"，从而让新鲜、有创造性、受欢迎的想法不断发展。

（9）身体健康。充分地活在当下、机智、灵活、拥有真正的兴趣、在冲突中生存，这些都会消耗能量。针对教师的研究发现，身体健康是长期维持建设性人际关系的必要条件（Rogers，1983：214）。此外，与身体健康水平较低的实习教师相比，身体健康水平较高的实习教师更经常接受学生的想法，批评学生的次数较少（Rogers，1983：214）。我们认为，在非教学工作场所中，尽可能保持身体健康也是保持建设性人际关系的一个优势。

（10）自我接纳是通向力量的桥梁。保持对自己和他人的开放性，才能获得力量，就是那种自我接纳和自我尊重的感受。你的个人成长，以及对他人成长的分享和支持，是一种向"新的人际策略"的转变，是一种值得追随和享受的幸福。

> 请你找出上面一两件对你有触动的事情，想象一下你如何在项目或组织中运用它们。

总结

本章认为，要实现长期有效的工作，需要和我们人际本质中复杂的、来自进化的社会和人性基础紧密相连，并通过终身学习、经验和知识而得到丰富。为了说明工作中任务取向与人员取向之间的相互依赖性，我们引入了双议程法则。它能使人明确区分任务要求和人类需求（即人员取向议程）。然而，这两个相辅相成的议程意味着，我们必须牢记这两个议程，然后轮流将一个议程置于前端，而将另一个议程留在背景中等待。本章的重点是介绍两个议程的方法，阐明人员取向议程的"项目"，而第十二章将探讨在谈判、冲突管理和决策等关键情境中如何整合人员取向议程。

那么，这一切是如何促成职场中人际关系动力的转变呢？"双议程法则"为改变我们在职场中方方面面的沟通方式奠定了基础。通过从一开始就变得更加坦诚和透明，我们开始了解会议或项目的基本内容。我们更仔细地听取对方的意见，更愿意深入地了解目前的有关问题。我们对自己的反应更诚实，让其达到真实的程度。当这一切发生时，变革也就发生了。变革所改变的是，对所有这些保持诚实有助于形成一种沟通方式，不仅更丰富更有意义，而且也能更有效地达成解决方案，以让工作更加有效。如果这听起来是革命性的，那么它仅仅是搞明白了什么才是行之有效的。互动中对他人的观点持有真正的开放态度是挑战所在。但是客观的现实很清晰，这会胜过过去不太管用的传统和习惯的模式。

因此，设法整合这两个议程——保持创造性张力并意识到由此产生的潜力——往往会产生变革的效果。这种变革的大小取决于我们从哪里开始，以及其他人如何跟上；然而无论如何，它往往有一个建设性的方向，让我们感觉对路，压力不断减小。

参考文献

Aspy, D. N. (1972). *Toward a technology for humanizing education*. Champaign, IL: Research Press Company.

Barrett-Lennard, G. T. (2013). *The Relationship paradigm. Human being beyond individualism*. Houndmills, UK: Palgrave Macmillan.

Bennis, W. (2009). *On becoming a leader*. New York: Basic Book.

Bernier, A., Carlson, S. M., & Whipple, N. (2010). From external regulation to self-regulation. *Child Development*, *81*(1), 326–339.

Blake, R., & Mouton, J. (1964). *The managerial grid: The key to leadership excellence*. Houston: Gulf Publishing Co.

Blake, R., & Mouton, J. (1985). *The managerial grid III: The key to leadership excellence*. Houston: Gulf Publishing Co.

Böhm, C. (2016). *A framework for managing diversity in ICT projects—Processes and Techniques for explicating soft facts and dealing with behavioral differences*. (Unpublished doctorial dissertation). University of Vienna.

Cornelius-White, J.H.D., Harbaugh, A.P. (2010). *Learner-Centered Instruction: Building Relationships for Student Success*. Thousand Oaks, CA: Sage Publications.

Cornelius-White, J. H. D., Motschnig-Pitrik, R., & Lux, M. (2013a). *Interdisciplinary handbook of the person-centered approach*: Research and theory. New York: Springer.

Cornelius-White, J. H. D., Motschnig-Pitrik, R., & Lux, M. (2013b). *Interdisciplinary applications of the person-centered approach*. New York: Springer.

Doyle, M., & Straus, D. (1982). *How to make meetings work*. New York: The Berkley Publishing Group.

Gardner, H. (2006). *Multiple intelligences: New horizons in theory and practice*. New York: Basic

Books.

Goldstein, K. (1939). *The organism*. New York: American Book.

Goleman, D. (1995). *Emotional intelligence*. New York: Bantam Books Inc.

Goleman, D. (2011). *Leadership: The power of emotional intelligence*. Northhampton, MA: More Than Sound LLC.

Gordon, T. (2001). *leader effectiveness training: L.E.T.* . New York: The Berkley Publishing Group.

Hane, A. A., & Fox, N. A. (2006). Ordinary variations in maternal caregiving influence human infants' stress reactivity. *Psychological Science, 17*(6), 550–556.

iCom Team, (2014). *Constructive communication in international teams—An experience-based guide*. Münster: Waxmann.

KnowHow NonProfit, (2016). Making meetings work. Retrieved June 1, 2016, from. https://knowhownonprofit.org/people/yourdevelopment/working-with-people/copy_of_meetings.

Kriz, J. (2008). *Self-actualization: Person-centred approach and systems theory*. Ross-on-Wye, UK : PCCS-books.

Lewin, K. (1951). *Field theory in social science: Selected theoretical papers*. New York: Harper & Row.

Lynch, M., La Guardia, J. G., & Ryan, R. M. (2009). On being yourself in different cultures: ideal and actual self-concept, autonomy support, and well-being in China, Russia, and the United States. *The Journal of Positive Psychology, 4*(4), 290–304.

Mayer, J. D. (2014). *Personal intelligence*. New York: Farrar Straus Giroux.

Mischel, W. (2014). *The marshmallow test: Mastering self-control*. New York: Little, Brown.

Motschnig-Pitrik, R. and Barrett-Lennard, G.T. (2010). Co-actualization: A new construct for understanding well-functioning relationships. *Journal of Humanistic Psychology 50*(3): 374–398. New York, USA: SAGE.

Motschnig, R., & Nykl, L. (2014). *Person-centred communication: Theory, skills, and practice*. UK: Open University Press, McGraw Hill.

Motschnig-Pitrik, R. (2005). Person-centered e-learning in action: Can technology help to manifest person-centered values in academic environments? *Journal of Humanistic Psychology, 45*(4), 503–530.

Motschnig-Pitrik, R. (2015). Developing personal flexibility as a key to agile management practice. In G. Chroust & Sushil (Eds.), *Systemic flexibility and business agility* (pp. 131–141). India: Springer.

Rogers, C. R. (1951/1983). *Client-centered therapy*. Boston: Houghton Mifflin.

Rogers, C. R. (1959). A theory of therapy, personality, and interpersonal relationships, as developed in the client-centered framework. In S. Koch (Ed.), *Psychology: A study of a science* (Vol. 3). New York, Toronto, London: McGraw-Hill Inc.

Rogers, C. R. (1961). *On becoming a person. A psychotherapist's view of psychotherapy*. London: Constable.

Rogers, C. R. (1975). The politics of education. In *Keynote at the Second National Conference on Humanistic Education*, West Georgia State University, Carrollton, GA.

Rogers, C.R. (1978). *On Personal Power*. London, UK: Constable.

Rogers, C.R. (1980). *A Way of Being*. Boston: Houghton Mifflin.

Rogers, C. R. (1983). *Freedom to learn for the 80's*. Columbus, OH: Charles E. Merrill Publishing Company, A Bell & Howell Company.

Ryback, D. (1989). An interview with Carl Rogers. *Person-Centered Review, 4*(1), 99–112.

Ryback, D. (1998). *Putting emotional intelligence to work*. Boston: Butterworth-Heinemann.

Ryback, D. (2010). *ConnectAbility*. NY: McGraw-Hill.

Ryback, D., & Motschnig-Pitrik, R. (2013). Successful management with the person-centered approach: Building the bridge to business. In J. H. D. Cornelius-White, R. Motschnig-Pitrik, & M. Lux (Eds.), *Interdisciplinary applications of the person-centered approach* (pp. 151–176). New York: Springer.

Ryback, D., & Sanders, J. A. (1980). Humanistic versus traditional teaching styles and student satisfaction. *Journal of Humanistic Psychology, 20*(1), 87–90.

Senge, P. M. (2006). *The fifth discipline. The art & practice of the learning organization*. New York: Doubleday.

Weintraub, P. (2015). The 10-second take. *Psychology Today, 48*(6), 46–88.

第三章　变革的动力和过程

本章重点：

- 变革的概念，包括促成变革氛围的特征；
- 思考为什么工作场所需要变革；
- 通过一个案例说明变革性沟通；
- 作者个人的变革经历；
- 在承担变革风险的同时获得的好处。

自世纪之交，改变"铺天盖地"而来（Allee，1997：5），许多学者探索了变革（或者更准确地说是变革性学习）的性质、条件和影响，其中很多内容同样适用于变革性沟通。这就是为什么我们首先关注对其过程的描述和认识，并注意到在所有情况下，这些认识都是以亲身经验作为知识的来源，并通过反思获取变革经验。随后，我们探讨了我们个人身上的变革，并描述了实施变革性沟通和学习的效果。一次变革性经历会引发一些改变，包括对各种情况作出更丰富的反应、拥有更善于处理改变的能力，以及与他人互动时更多的信息交流。本章的目的是提供一些理解变革性沟通现象和过程的关键性信息。

变革的经验基础

伯尼·内维尔（Bernie Neville）认识到，承受变革的风险首先需要没有威胁，其次需要一个包容、不加评判的环境。在如下他对教育环境变革的引文描述中，我们建议读者用"团队成员"代替"学生"，用"领导"代替"教师"，这丝毫也不影响其有效性，并且与他们的领域更加相关。

在面临威胁的情况下变革很少发生。受到威胁的人学习（如果他们还学习的话），是为了生存，而不是为了改变。你需要承认，假如有部分学生认为他们对于暴力或种族主义的价值观、假设或者自我感正在受到威胁，或者他们认为这些价值观和假设将会受到威胁，那么他们抵制关于暴力或种族主义的教导就是完全合理的行为。如果你教学的内容确实威胁到某些学生，你就得让你的教学环境尽可能支持他们——对于建立好师生之间、学生与学生之间的关系保持高度关注，接受你的学生而不加以评判，认真倾听和对待他们所说的。我相信个人的改变几乎总是发生在人际关系环境中，你班级里的人际关系（包括你和每个学生的关系）质量越高，你的学生就会变得越开放，从而不仅改变他们获得信息的数量，也会改变获得信息的质量（Neville，2011：48-49）。

内维尔为我们指出了变革的另一个核心动力，即如果我们不接受影响，那些影响也就没法对我们施加任何影响。他写道：

　　……如果我们想认真对待教育变革，如果我们希望有机会见证学生的假设或态度发生重大变化，我们就需要……准备放弃我们"已知的"，我们对自我的固有观念（Neville，2011：49）。

奥哈拉则见证了紧密群体中的深远变革。既然我们相信紧密合作的团体（team）会共享紧密群体（group）经验的一些（虽然不是全部）特征，那么让我们来听听她的经验和观察，一个有爱心的他人的支持可以将大多数不利情境转化为某种程度的变革性学习：

　　通过与那些努力寻找出路的人们亲密接触，我们见到了……但其实是经历了他们的变革，他们变得更具适应性，也更接近他们对于自我的真实感受，更触及他们存在的深层意义，变得对同伴更慷慨、更开放。我们都经历过，当从一个关心别人的人那里获得适当的支持时，即使是最令人困惑或焦虑的情况也会导致其心理成长和意识重塑（O'Hara，2003：67）。

在更为普遍的层面上，奥哈拉观察到"当旧模式解冻和重置时，才可以在深层、变革性的水平上发生新的学习"（O'Hara，2003：74）。她与经验丰富的团体推动者基思·伍德（Keith Wood）指出，放弃需要一种信念，这种信念是否以上帝、自然、自私基因、进化、物理或生物实存的永恒规律、自我组织系统、人类创造力或隐含秩序这些形式呈现并不重要，关键在于，相信宇宙并非随机、无意义的信念使得人类能够改变自己，并走向更整合的有序整体（O'Hara & Wood，1984）。

在更实用的层面上，奥哈拉与莱斯特（O'Hara & Leicester，2012：28）提出了下列可能引发某种变革的行为的特征。这种行为应该是：

- 鼓舞人心的；
- 能够激励他人的；
- 令人向往但不可及的（因此需要变革能力来达到）。

有趣的是，这种行为可以从任何水平和规模开始，因为其影响不是由其规模而是由其质量所决定的。

戴维·赖伯克和雷内特·莫奇尼格将变革性沟通过程描述为一种与他人沟通的完全不同的方式。一旦变革性沟通发生，个体就不再躲在强大而正确的面具背后，而是可以选择成为一个透明而脆弱（即降低谨慎、戒备的程度或更开放）的人来跟他人沟通，能接受他人的脆弱性，并对这些人给予支持。简言之，这种情况下会有更丰富的沟通选项，而在以前这并不容易获得。这可以认为是一种情感、认知和行为技能的增强。人们不需要再花费那么多精力去隐藏、伪装或压抑自己的某些方面。

这样在每次交互沟通中，一旦一个人接受了本书中所描述的变革，他就可以选择更开放、更脆弱、更真实、更透明地与他人在一起。我们相信，这包括了选择对谁保持透明的决策，因为不分场合、不分对象地使用这种互动方式，会忽视对方可能关注的真实情况和背景，这有些自我中心。这种转变涉及选择性地与他人分享转变后的自我。理想情况下，群体中的成员个体随着时间的推移成长，这样变革性沟通就会变得更舒适和常见。当它融入我们的个性当中时，其他人也会开始期待这种变革。

> **请思考：**
>
> 试着回忆一次变革性的经历。你会如何描述它对你的影响？
>
> 以下是作者认为的伴随变革性沟通而来的一些变化。他们能引起你的共鸣吗？
>
> - 不再是老样子，出现了本质上不同的东西；
> - 原本隐藏的东西变得可见，并与强烈的启示感（sense of revelation）相关联，就像拼图完成后呈现一个画面一样；
> - 感受到一种使用这种启示感的欲望，不是任其消失，而是与它一同前进并使用它，这使人感到更有动力；
> - 会有一种深刻的意义感，与我们和他人分享时的关注点更为相关；
> - 好像有了一个更清晰的视角，有助于更容易地解释复杂的想法，更能帮助彼此互相理解。会有一种价值观切换的感觉，使得分享的事物更有意义、更强大。

为了让我们的描述更加生动，我们从商业环境中寻找了一些例子，以说明管理者（manager）或领导者（leader）角色在进行传统性沟通与变革性沟通之间的区别。这是我（雷内特）以前的学生马库斯·谢特（Markus Schett）从他的经历中总结出来的一个案例，谢特现在是一名成功的项目经理（管理者）。

案例：管理者和团队互动

正式领导与"平等"式领导

情境：项目团队正面临交付的关键时刻。软件中仍然存在一些漏洞，如果要高质量地完成，很可能需要团队在周六加班——假如团队士气还可以的话。团队压力很大，但每个人都在尽力而为。一个额外的限制是所有员工都有全包工资，仅在特殊情况下才能为员工额外工作时间支付工资。由于预算限制，在这个项目中无法支付额外费用。因此，项目经理只能依赖团队成员在这个周六来加班这个良好愿望。

问题是，项目经理该如何向其团队说明希望他们周六来加班，而不是享受他们所期望的休闲时间？下面你会看到两种可能的场景，一种是正式传统性的，另一种是经验变革性的。

管理者：项目经理；团队成员：彼得、伊娃、苏珊、费力克斯。

（1）"正式"流程

项目经理："我看了下已有的漏洞列表，在交付之前我们有很多问题需要解决。我和领导谈过了，他说我们需要按照客户的期望时间来交付。这就代表我们需要本周六加班。请大家考虑一下。很不幸的是，我们没有多余的钱来支付加班费，但是我想我们都知道按时完成这个项目有多重要。"

彼得："我为什么要来？如果公司不愿意花钱付加班费，那我也不想牺牲我的周六。而且顺便说一下，我在周五就能完成我的任务。"

苏珊："哦，真厉害！大部分活都交给我了。就因为我在这个领域比别人懂得多点，周六我就该来？我绝对不干。"

费力克斯和伊娃也一脸不悦。

点评：从这个角度来看，要激励人们在周末做无报酬的额外工作几乎是不可能的。

（2）实验性的"平等"流程

项目经理："前几天我们在修复漏洞方面取得了相当大的成功，看起来我们有办法在周一交付了。你们觉得怎么样？"

彼得："没问题，我可以在周五完成我的部分！"

苏珊："时间会非常紧张，我还有一些关于某个主题的问题，我觉得我在周五完不成。"

项目经理："嗯，我们可以帮你做点什么吗？要不把这些事分到团队里面？费力克斯和伊娃，你们有多余的时间吗？"

费力克斯："绝对没有。我到周五才能做完。彼得已经给我两个漏洞了，因为我处理起来更快一点。"

伊娃："我还要做质保。所以即使其他人在周五完成，我肯定也完成不了。"

项目经理（停顿，环顾四周）："我没法推迟周一的交付时间。而且，成功交付对我们也有好处，这样我们就有时间做下一步，压力会小点。我觉得目前我们快要达到极限了。越快结束越好。你们觉得呢？"

伊娃："事实上，你是对的，我不能再看测试案例了……"

项目经理（微笑）："是啊，我也不喜欢这样。质保也是如此。（对伊娃）我会帮助你完成质保。我可以周六来加班。你会这样选择吗？"

伊娃："这绝对不是我会喜欢的选择。"

项目经理："所以至少我们两个都是不喜欢它的人。还有其他志愿者愿意牺牲周六休息吗？我会给你大大的赞美和永远的感激，同时我还会提供比萨。"

彼得："如果你在我的模块里发现漏洞，我会来加班修复它。但我希望你可以给比萨多加点意大利香肠。"

点评：项目团队在关键时刻成功完成了高质量的交付。周六很有趣，同时时间也不长。

请思考：

在这个个人中心视角的案例中，是什么让项目经理取得了成功？

你认为是否可以通过某种方式学习如上所述的"平等"情景？如果是的话，试着解释如何学习，如果不是的话，试着解释为什么不能学习。

下面的说法对你也适用吗？你能回忆起一个支持你观点的例子吗？在成功或者失败的情况下，花一些时间反思这些经历可能会让你了解到更用心的好处：到底哪里出了问题？哪里感觉比较好？你对成员个体、战略、行为和行动的看法是什么？下次你想做的会有什么不同？

只有当你自己真正被一个问题触动时，你才能成为解决方案的一部分。你同意吗？

为了捕捉变革这一复杂过程的一些特征，让我们首先认识一下那些推动而非阻碍变革过程的特征。

推动变革的特征举例

- 感觉自己足够安全，并为他人提供一个安全的环境。
- 坚信建设性的改变是可能的，并建立支持性的人际关系。
- 用新的开放性对待他人的想法、应对挑战的方法和观点。以一种新的动力处理分歧：灵活把握自己的议程，以便接纳他人的议程。
- 让自己被问题或挑战触动，以便切身感受到它，并成为解决方案的一部分。不与问题保持距离，不切割系统。
- 启动对话或行动，激发一些初步变革发生发展。
- 期待团队对于底线目标有共同认识并形成团队承诺。

这些特征可以解释变革启动的实际过程。尽管如此，它们与上一章所说的人员取向议程有相同的方向，并以相同的价值基础为前提。

变革可能带来的变化

你可能看到的变化有：

- 在适当的时候增加透明度和开放度，使互动变得更加真实，同时也保持足够的尊重；
- 团队成员间出现更多支持性的行为，彼此之间的隔阂减少；
- 更清晰地意识到并尊重他人的存在方式和工作方式；
- 更丰富的选择和途径，包括非传统和创新性的选择和途径；
- 承认模糊性和无序状态是把握变化的临时步骤；

- 团队成员或同事们的团体感增强，所有人对项目或企业的了解达到令他们满意的程度，感到作为一分子被纳入其中并为之负责；
- 团队成员对集体的贡献如同对个人取得的成绩一样感到自豪，并期待更成功的结果；
- 基于更多的洞察力和更少的无助感，在整个过程中人们对所有经验更感恩，对发生的事情抱怨更少，因此，我们可以更享受我们的工作，使它更有意义，变得更投入并逐步改善结果。

请思考：

根据我们的经验，工作环境中的变革也会对员工的家庭生活产生影响。这是因为体会到项目或组织的错综复杂之处，员工往往会将大量的时间和精力投入工作中，并通过成功和赏识获取丰厚的回报。这可能会导致其与家人的紧张关系，因为家庭可能跟不上工作环境的积极变化。如果未能有意识地进行明智处理，就会导致家庭尤其是儿童被忽视的风险，给社会带来不利后果。

你认为上述问题是一个挑战吗？如果是这样，在你看来，可以做些什么来将变革扩大到家庭生活？

就个人而言，我（雷内特）确信我需要一次又一次的变革，才能变革别人。我想说的是，"被变革"不是那种"全或无"的状态——它在你身上发生一次，然后就全部完成了。我觉得它需要一遍又一遍地再造和重现，这样你才能保持变革状态而不会倒退。环境并不总能提升变革质量，而且有时正好恰恰相反。例如在媒体上，你会听到人们说他们有多伟大、取得了多少成就，却很少分享他们的弱点。因此在我看来，在某些刻意选择的时刻，你需要逆流而上，同时要首先相信自己前进的方向是正确的。换句话说，要创造并培养你的变革机会。

变革是一个终身、非线性的过程，有波动期和稳定期，发生在人们互动、适应环境，或者反思这种互动的过程中。这种变革通常会给一个人带来一些可以被他人感知到的重大改变。它往往会引起一个人的系列反应，让我们更好地适应不断变动的环境。发生变革的不仅是我们的人，也是我们的沟通方式。

由于每种情况都有所不同——有些更容易处理，只需要开诚布公的沟通，而有些则具有相当强的阻抗性——这些阻抗性的情况就是挑战。当另一方坚持认为讨论中不能代入情绪时，我们如何能够对其保持情绪觉察和敏感性呢？不难想象，如果对方对开诚布公的互动完全封闭，变革了的这一方就会碰壁。此时，我（戴维）自己就会转回阅读罗杰斯的相关著作，寻找一个在这种阻抗性的环境下能够持续下去的模型。

有罗杰斯的精神支持，我可以更容易地揭示对"房间里的大象"的自我觉察，这一点很重要，但却没有被明说，也没有得到确认，这与当前的问题完全相关，我也意识到了这一点。我坚信，正是由于拥有自我觉察，而不是试图把它强加给对方，才使它如此强大和不可否认。我并非试图说服对方，而是对尚未看到的人"坦白"我自己对某事的觉察。然而，如果我对自己的觉察是真实而诚实的，那么对方很可能不会否认它。

但这并不意味着，我总能成功地让对方在更含蓄的情绪层面上敞开心扉。我们是不同的人，有些人就是不愿意敞开心扉。那么挑战就来了，我如何既带着自己的真实感受与那个人打交道，同时又不强求对方也这么做。我可以尽力接受对方身上那些不是我偏好的东西，不做过度的评判。

雷内特：戴维，你完全表达了我的经历。有时候我觉得很受挫，因为我没能以我希望的方式与对方交流，这让我能够简单接受这种经历，并相信其他人那样表现也有自己的理由，就像我这样表现有我自己的理由一样。有时过段时间后，继续探索这些差异会产生某种元沟通，出现一些令人着迷的启示，但也并非总是如此。在其他时候，双方各进一步变得更像彼此，这也可能改变整个动态。对我来说，最无助的事就是我感到沮丧的时候，但同样也有例外，因为正是这种经历改变了最近一种没有成效的沟通模式。所以我依然同意，适当处理一个人真实的感受才是真正的挑战。

为了让那些喜欢读"故事"的读者更容易理解变革的概念，激发他们同化这些想法，下面我们将提供三个对我们来说具有变革意义的经历。

案例1 当卡尔·罗杰斯感受到变革时

[戴维·赖伯克对卡尔·罗杰斯的采访摘录（Ryback, 1989: 102-103）]

几年前我有一个工作坊，很高兴我的女儿也是其中的工作人员……我个人认为自己对正在发生的事情很开放也很有推动力，然后有人说，早上的大型讨论中发生的一些事完全可以拿来作为特别分组讨论的议题。我说："是的，他说的这些点，他说的另一些点，都可以成为非常好的话题。"而我女儿却一下生气了。她说："女人呢？你为什么完全没提到起来发言的女人？"这真的打击了我。我想了一会儿，然后说："好吧，我想我的觉察还没有到这一点。"……所以，我完全确信不断从点滴经验学习，变得比以前更加开放一点是一个终生的过程。

案例2 雷内特经历的变革

最近，我在报纸上看到一张音乐家的照片，标题是她将代表奥地利参加著名的欧洲歌曲大赛。照片显示的是一个非常瘦、长着胡子的女人，留着黑色的长发，胳膊上有些文身。我想："这是怎么回事？奥地利没有比这更有美感的代表吗？奥地利不可能拿到一个好的名次。"之后的一段时间，我根本没有去关注歌曲比赛，直到我在新闻上听到，奥地利代表肯奇塔·沃斯特赢得了比赛！我简直不敢相信自己听到的，就变得很好奇。怎么会这样呢？我一定忽视了什么。我在网络上找到了肯奇塔的歌曲"凤凰涅槃"，我在听的时候一定发生了什么深刻的变化。一旦我停止判断这位长胡子的女士到底是男人还是女人，我就发现穿着金色礼服的这个人太棒了，姿态、肢体语言和手势是如此有表现力。这个人看起来如此真实，能从她的皮肤和美妙的声音中感受到她自己。民谣的歌词似乎与肯奇塔的现实相符，一切都非常完美地搭配在一起，无疑是一首音乐杰作。我立刻对自己最初的判断感到相当羞愧，我怎么能在我原以为自己相当开放的地方抱着这样的偏见呢？但同时我更关注于对自己的经验进行审查，而没有停留在自己的偏见上。这是一次深刻的学习——它具有深远的后续影响。其中一点就是肯奇塔和她所唱歌曲的副歌："在褪色光中我展翅飞翔，像一只凤凰一样，在灰烬中寻求而不是复仇……"我们要追随自己的道路，永远寻求，别太担心别人对此可能产生的负面反应。正如肯奇塔在后来采访中所说的那样（按照我的记忆重新措辞）："我总是试图看看自己如何融入比赛。然后我意识到，我宁愿成为游戏本身。"所以在这里，你看到了肯奇塔所分享的另一个令人惊奇的变革，对于那些遭受他人支配，却希望有机会改变点什么的人来说，这可能会极其令人振奋。

案例3　戴维经历的变革

我与卡尔·罗杰斯的互动非常具有变革性，但我花了一段时间才认识到这种变化。我第一次见到卡尔是我在圣地亚哥州立大学读书时，当时他来心理学研究生班讲课。他谈到无条件积极关注，也就是不期待任何回报地关爱他人。对我这样的人来说，这种想法有点太新了。我对这种单向的关爱关系感到不解。

我还记得在灰色的天空下，散着步和他一起走到他的车旁。我终于说出了我的担忧。很明显，这不是我们这种文化背景中的人们会做的事，他怎么能推荐这种单向的关爱关系呢？

我不记得卡尔怎么回答我的问题，但他觉得这是一个有意义的问题，而没有因为这个问题挑战了他的哲学观点就随便打发我，这种开放态度给我留下了深刻印象。所以在那一刻，我转变为他的思维方式。我和人互动的新做法就是对他们的需求持开放态度，对他们做出回应而不期待任何回报，这种做法改变了我的生活，让我从一个害羞、非常保守的人转变成可以突破这种羞怯，无论去到哪都会主动跟人接触的人，在我能注意到的时候满足他们的需求，创造可以持续很久的开放关系。我被变革了，变得对别人开放，让我能更关注如何支持他人，这使得我体会到对别人具有重要意义的满足感。

同样，卡尔教导我说，我自己的开放可以鼓励其他人像我一样透明，让我有信心帮助别人变得更加真实，无论是在两人关系还是群体关系中。

总结

在本章中，我们从文献资料以及自身经验出发，对变革现象进行了研究。基于此，我们描述了推动变革性学习的组织或团队氛围，并研究了其带来的一些影响。综上所述，我们提出以下问题：

冒险进行变革性学习和被变革的好处是什么？我们认为，其可能会带来如下改变：

- 更好地应对剧烈变化和新情况的能力；
- 在给定且通常是此前完全没碰到的情况下，以更有益的方式去改变的适应能力变得更强；
- 对各类情境的反应更丰富，更具创造力；
- 整体上更丰富的选择；
- 更高的投入度、兴趣，更强的责任感、归属感，更理想的结果，达成更高层次的共识；
- 由于有更多机会接触所有内部资源以及我们的同事，因此有更多的互动。

在任何情况下，一次变革性学习经历通常会揭示一些已经存在，但被潜意识地、心照不宣地掩盖或忽略的东西，就像俗语所言的"房间里的大象"。它现在被意识觉察、注意，并最终被表达。每发生一次这种情况，都是开启了一种新的觉察，就像种子会长出一株新的植物。

参考文献

Allee, V. (1997). *The knowledge evolution: Expanding organizational intelligence*. Newton, MA: Butterworth-Heinemann.

Neville, B. (2011). Teaching and transformation. *The Person-Centered Journal, 18*(1–2), 35–52.

O'Hara, M. (2003). Cultivating consciousness: Carl Rogers's Person-centered group process as transformational andragogy. *Journal of Transformative Education*, 1(1), 64–79.

O'Hara, M., & Leicester, G. (2012). *Dancing at the edge: Competence, culture and organization in the 21st century*. Devon, UK: Triarchy Press.

O'Hara, M., & Wood, J. K. (1984). Patterns of awareness: Consciousness and the group mind. *Gestalt Journal, 6*(2), 103–116.

Rogers, C. R. (1970). *Carl Rogers on encounter groups*. New York, NY: Harper and Row.

Ryback, D. (1989). An interview with Carl Rogers. *Person-Centered Review, 4*(1), 99–112.

PART 2

第二部分

·
·
·

变革性沟通的案例研究

·
·
·

第四章 案例研究：芝加哥大学卡尔·罗杰斯咨询中心

雷内特·莫奇尼格和戴维·赖伯克

在罗杰斯于 1945 年创建芝加哥大学咨询中心时，他逐渐意识到个人中心视角可能会带来行政程序的颠覆。罗杰斯问自己："如果我信任我的客户，我能同样信任员工吗？我们能分享权力吗？"他觉得这是一种非常有建设性的人际互动方式（Rogers & Russell, 2002: 146）。罗杰斯在咨询中心更充分地实施了这一方法。这个案例的目的是抓到罗杰斯领导经验的本质。

卡尔·罗杰斯的领导力实践对参与式管理的启示

背景

在罗杰斯领导芝加哥大学咨询中心的 12 年中，该中心发展成为拥有大约 50 人的工作队伍。罗杰斯获得了很高的研究赞助以支付员工的工资。该中心在履行主要使命方面取得了令人难以置信的成效：提供高质量的咨询与服务并同时发表研究报告。罗杰斯写道，他在芝加哥期间从未见过"如此专注的群体忠诚，如此富有成效和创造性的努力"（Rogers, 1978: 93）。工作的时长毫无意义，工作人员来工作是因为他们想工作。不过罗杰斯也表示，工作人员似乎始终无法找到正确的方式来运营，这让他感到沮丧。所有决定都是由达成共识来做出的，这太麻烦了。当他们把决策权委托给一个小组的时候，决策过程就太慢了。随后他们选择了一名协调员，并同意遵守她的决定，尽管她可能会被投不信任票。罗杰斯才逐渐意识到，其实并没有正确的途径，咨询中心的活力和成长能力是与它缺乏刚性的特征，以及它能够改变集体思想、采纳新运作模式的惊人能力齐头并进的（Rogers, 1978: 94）。

参与式管理

该中心的行政管理是以真正民主的方式进行的，所有权力都掌握在整个群体手中。该组织完全以人为本，是一个参与式管理（participatory management）的真实范例。罗杰斯真的想尝试一下他的个人中心视角能否在一个真正的组织中发挥作用，又能发挥到多大程度？如何才能实施这一取向？这对招聘、解雇或提拔员工以及薪酬方面意味着什么？例如，该中心没有规定的工作量，所有人都被认为是自我负责和自律的人。他们会对自己的工作负责，人们也假设他们会尽可能多地处理个案。如果你需要时间来做研究，那是你的决定。

罗杰斯发现，当权力被分配下去后，获得协调员、主席或者其他什么角色并不是一件大事。例如一名实习生可能担任预算委员会主席，从而熟悉预算委员会的运作。

该中心的一个显著特点是所有人都是平等的，罗杰斯对此从不进行伪装。罗杰斯过去平等待人，是因为他确信自己从人们身上学到了很多东西。对于罗杰斯来说，这种平等主义态度并不是一个姿态，他的确希望能从这个人身上学到一些令人兴奋的东西。如果罗杰斯可以深入了解一个人的真实情况，那对他来说总是令人兴奋的，并充满了学习的乐趣。

处理冲突

罗杰斯在行政事务中体会到，个人感受具有巨大的重要性。人们通常花费数小时时间来争论一些微不足道的事情，直到一个善于觉察的工作人员感受到问题背后的情绪并说出来，比如敌意、竞争或不安全感。一旦情绪表达出来了，一个人真的被倾听了，问题很快就解决了。每当工作人员进行公开交流时，即使是预算分配或采用一项新政策等沉重话题也会在几分钟内得到解决。

工作人员会发展出处理危机的有效办法。当威胁或攻击来自外部，例如另一个部门时，该组织往往会联合起来，将权力下放给某些或某个成员来解决危机。当危机来自内部时，也就是工作成员之间的冲突或质疑某成员行为的伦理性时，他们倾向于召开全体工作人员的特别会议，以促成某种可接受的人际解决办法。

无结构员工会议

员工会议上，什么事情都有可能发生，即使是最新的成员也可能提出各种问题。例如，他们可以问："我们为什么要这样做？"员工会议总是令人兴奋，因为人们永远不知道会发生什么。这是一个无结构的过程，也会产生很多收益。这个过程与等级制组织中所发生的事情截然相反，给人非常兴奋的体验。这带来了一个程度难以置信的承诺，比如有一次罗杰斯把东西忘在办公室里，然后感恩节期间来取。当他到咨询中心的时候，发现大家都还在工作。

推动成长的氛围

该中心的一个标志性特征就是，人们可以超越最初所培训的事务而成长。例如，一个人最开始担任协调秘书，做了很多打字工作。起初打杂的她逐渐对游戏治疗产生了兴趣。在做秘书工作的同时，她把部分时间花在了游戏治疗上，然后慢慢意识到除非有更高的学位，否则她无法在职业上有所进步。于是她继续前行，在罗杰斯离开后甚至完成了博士学位。对于罗杰斯来说，这个故事说明了他和他的员工在咨询中心所创造和培养的个人中心氛围会给人带来多大的成长。

与组织其他部门明确清晰地对接

罗杰斯意识到，随着组织层级的提升，个人中心视角的影响变得非常罕见。咨询中心并没有改变其监管院长的行政做法，也没有改变大学的等级结构。罗杰斯得出的结论是，一个持个人中心哲学的人可以开辟出一个自由的领域，就像罗杰斯在与院长的人际互动时那样，然后在其组织部门中对其下属充分实施这一理念。然而，除非高层也有高度的接受能力和创新精神，否则个人中心视角不可能向上渗透。

因此，该中心的工作人员充分地认识到，世界并不是按照咨询中心的方式运作的，所以他们得尽力处理这一局面。例如，选择一个人正式向院长提交预算，以满足外部需求。因为，获得整体上还是等级制组织的接受和认可是非常必要的。

更深入的洞见

在参与式管理背景下，卡尔·罗杰斯有了进一步认识：

- 在团队中授权的愿望必须是真实的。如果有人对分享权力感到不满，喜欢在某些地方保留控制权，就需要开放坦诚地表达出来。
- 一个组织或团体完全可能用既保留自由又带有控制的方式运作，只要明确地表明拥有权力的人要控制什么，以及哪些地方是个人或团体享有自由选择的领域。然而，在一场危机中给予团队"虚假"的控制权，然后又从他们手里夺走，这对所有相关的人来说都是毁灭性的经历。
- 首要的前提是，需要建立良好的沟通，然后才可以分享权力。一开始没有建立良好的沟通，以后也不能弥补。罗杰斯（Rogers, 1980: 40）说，他在威斯康星州期间，违反了他在芝加哥所学到的东西：在一个针对精神分裂症患者的大型研究项目中，他把权力和职责交给了团队，但他没有进一步建立好对于履行这些职责来说最为基础的密切、开放、良好人际沟通的氛围。然后随着严重危机的出现，他犯了更致命的错误，试图将他给予该团队的权力收回到自己手中。出现反抗和混乱的结果也就不难理解了。对罗杰斯来说，这是最让他痛苦的教训之一：不对企业进行参与式管理会有怎样的后果。
- 罗杰斯认为，当他分享权力时，他的影响力总是在增加。通过解放人们，让他们"做自己的事"，他丰富了他们的生活和学习，同时也丰富了自己的生活和学习。

总结

罗杰斯尽可能用个人中心视角领导咨询中心的经验为我们提供了有趣的洞见。首先，它是一个规模较大的单位，大约有 50 名成员，同时又是在一个传统、纯粹等级化的组织——一所著名的大型大学中，按照个人中心视角运作。罗杰斯很好地阐述了他的单位和分管单位（即精神病学系）之间的对接条件。当然，他与院长彼此信任的人际关系对罗杰斯实施一种与"规范"相当不同的管理方法非常有帮助。

回顾与思考

首先，戴维将分享他对罗杰斯作为领导者的看法和见解。随后，我们会反思一下在我们看来促成咨询中心成功的一些特征。

作为领导者的罗杰斯

罗杰斯本人有一种独特的特质，那就是在做一位固执的领导者的同时，却有着温柔、敏感和安静的特点。但是他的力量是如此微妙，以至于他周围大多数人误以为这种力量具有某种温和的、被动接受任何东西的特征。是的，卡尔非常温柔，他高度接纳人性的各个方面，甚至是那些别人可能会严厉评判的方面；并且看起来也是被动的，因为除了用询问和接纳的方式，他几乎不会在那些需要对峙的情况下与人对峙。他的立场是：我可能不明白你在说什么和做什么，但我对你为什么这么做很感兴趣；而且如果你是开放和真实的，我会尽最大努力来支持你的努力，让你用对待学习那样的开放性来对待生活。

说出"房间里的大象"

卡尔是我（戴维）见过的最自然也是最有效的领导。他不是靠指挥，也不是靠说服，而是靠他能够说出"房间里的大象"这种真实开放的态度和勇气——这些隐藏的情绪既隐私又脆弱，却又高度相关——隐私是因为它们可涉及某人的个人史，脆弱是因为它们可能与讨论方向格格不入，相关是因为它们直接针对当前的主题。这是个人中心领导者的力量。但是这种领导力可以在团队所有成员中传播，尽管它只需要某个人或某些人为其他人树立榜样。

在西方文化中，尤其是在管理、人文或其他领域，很难想象一个完全没有领导的团体，尽管领导的动力可以弥散地分布在其成员中。我们从卡尔·罗杰斯那里得到的最有力的概念是，任何团体如果不处理所有成员潜在的情绪，就不可能发挥其作为一个团体的最大潜能。换句话说，以适当的方式关注人员取向议程对于团体、小组或组织的成功至关重要。

领导者如何变革组织而使成员成长和组织成功

以下是戴维·赖伯克在《在工作中使用情商》（*Putting Emotional Intelligence*）一书中的一段话，回顾了戴维和卡尔在走过他位于拉荷亚市的家后面的沙滩时的谈话：

"因此，每一步，"我说，"员工都需要，或者至少可以运用诚实的反馈——更少层级化、更多理解性的反馈。"

"你看，"现在卡尔开始有点兴奋的迹象，"这就是魔力发生的地方——这种当两个人正在放弃外部形式，真正交流，产生真正的分享时的特殊感觉，所以两个人都在学习。"

"老板在学习什么？"我问道，我知道答案，但想听听卡尔用自己的话说。

"对一个你真心关心他幸福的人给予关注，你会得到其中的'魔力'，"他说的时候眼睛里闪烁着一种特殊的光芒，其理论优美的简洁性，胜过一大堆教科书，"如果那个员工真觉得被倾听和理解了——被深深理解了——那么他就会尽自己最大的能力工作，渴望成长，并极其忠诚于公司。"

感受到被倾听和被理解是这种新型管理方式的基石。这听起来可能非常简单，但是，正如您可能经历过的那样，这可能会带来一个真正的挑战，因为需要深入了解在此刻的组织背景下这个人到底在乎些什么。

人性化管理

在我们看来，最好的人性化领导者（humanistic leaders）是其自我出问题最少的人。最优秀的人性化领导者并不渴望权力或关注。相反，他们会因为权力和关注在团体内的传播而感到满足，会感到公正、关切和真实。他们倾向于询问别人的想法和意见，而不是宣传自己的想法和意见，在了解周围个人的全部资源时，他们更容易表现出犹豫和矛盾，甚至被动。人性化领导者一有机会就放弃他们的权力，就像罗杰斯一样，但他们"领导"的核心，正是他们决心给每个人一个安全空间，让他们可以用一种负责又积极的方式放心说出他们的行动选择，对当前主题提出一个看法或者解决办法，并最终让领导者的权力和关注度变得消失不见，除了保持现状朝着人性化方向发展所必需的敏感性和公平心。

除了罗杰斯的个人能力、他对员工的信任以及对权力的分享之外，还有一些突出的特征对芝加哥大学咨询中心的成功产生了一定作用。

保持与外部对接的条件

从一个拥有很多单位和部门的等级制组织角度来看，罗杰斯和他的团队与组织其他部门对接的方式值得关注。罗杰斯和他的员工保持了我们所说的"对接条件"。为了与该组织其他部门的行政管理相协调，他们把开放、灵活的做法转化为一些刚性的文件。通过这种方式，他们满足了该组织的要求而不是干扰分管他们、以传统方式进行管理的大型组织的运作。简言之，"在对接上务实"——从罗杰斯的角度来说——是为了遵守当权者的规则。

员工会议

另一个关键特征是员工会议，所有工作人员都参与其中，并可以自由表达任何相关内容。这让我们想起了一次个人中心视角的社区会议，这种会议让每个人保持透明、开放，带着尊重的语气和深刻的愿望去理解对方。这是更新和强化个人中心态度的手段，从而可以提高个人、人际和组织前进的动力，无论前进对每个人及其组织意味着什么。

合作大于竞争

一种关键的动力是把工作人员之间的合作以及他们在推进自己项目上的合作永远放在

竞争前面。尽管如此，还是需要一定程度的竞争，因为资源一般是有限的，并非所有工作人员都能长期在此工作。并且在传统意义上，除了在研究和实践上的追求和卓越得到认可，获得研究资助之外，并不存在与外界的竞争。

商业角度

在任何行业，如果企业要生存，利润至关重要。一个人性化的企业不仅可以在经济世界中生存，而且还可以创造一个工作空间，让所有员工都可以用本应如此的方式享受相互团结的过程（Ryback，1998）。共情是润滑剂，它能够使团队成员最有效地团结在一起工作。研究表明，这类团体赚的钱更多（Spencer & Spencer，1993），职员离职率更低（Spencer et al.，1997），在管理风格上获得更好的评价（Lopes et al.，2006），最重要的是，团队成员会发现他们的工作最有意义（Rode et al.，2008）。这可能是未来潮流。

个人中心态度和技能

然而我们认为，咨询中心有一个特点对其他单位来说可能是很难实现的：个人中心视角"运作"和影响的基本核心，即工作人员已具备一定程度的个人中心态度，所以才能在组织内外体会并传递它们。因此，作为下一代的我们，当我们见证到没有外部控制或监管时，人们身上真实产生的难以置信的变革，以及其所导致的难以置信的生产力，想要推动和发展这种取向的话，我们就会面临一个棘手的难题。我们如何才能促成人们产生个人改变，能够在一个真正民主、真正以个人为中心的单位（如果不是组织的话）真的发挥作用，并带来罗杰斯的观念在其咨询中心释放出来的难以置信的创造力和生产力？

在接下来的章节，我们会倾听和反思四位体现了人性化领导风格的同事、朋友所经历并愿意分享的经验，来进一步阐述这个问题。

参考文献

Lopes, P. N., Grewal, D., Kadis, J., Gall, M., & Salovey, P. (2006). Evidence that emotional intelligence is related to job performance and affect and attitudes at work. *Psychothema, 18*, 132–138.

Rode, J. C., Mooney, C. H., Arthaud-Day, M. L., Near, J. P., & Baldwin, T. T. (2008). Ability and personality predictors of salary, perceived job success, and perceived career success in the initial career stage. *International Journal of Selection and Assessment, 16*(3), 292–300.

Rogers, C. R. (1978). *On personal power.* London, UK: Constable.

Rogers, C. R. (1980). *A way of being.* Boston: Houghton Mifflin Co.

Rogers, C. R., & Russell, D. E. (2002). *Carl Rogers the quiet revolutionary an oral history.* Roseville, CA: Penmarine Books.

Ryback, D. (1998). *Putting emotional intelligence to work* (p. 28). Boston: Butterworth-Heinemann.

Spencer, L. M., McClelland, D. C., & Kelner, S. (1997). *Competency assessment methods.* Boston: Hay/McBer.

Spencer, L. M., & Spencer, S. (1993). *Competence at work.* New York, NY: Wiley & Sons.

第五章 案例研究：就任世界个人中心与体验式心理治疗和咨询协会主席的经历

杰弗里·H. D. 科尼利厄斯－怀特 ❶（Jeffrey H. D. Cornelius–White）

这个案例揭示了世界个人中心与体验式心理治疗和咨询协会（WAPCEPC）的宗旨、目标和结构。接下来，我会分享我作为其主席的经历，关注于令人惊讶的无权力领导活动、世界各地的虚拟交流，以及对个人中心主义领导作用的反思。

WAPCEPC 致力于在国际上推广个人中心的、体验式的观念。其宗旨是作为一个推动研究、理论、实践交流的论坛，并与其他心理治疗研究取向进行合作与对话。WAPCEPC 以符合个人中心与体验式取向的特殊规则来运作，并且对由此带来的发展和阐述持开放态度。它的运作目标在于推动组织之间的合作，支持个体，推动相关科学研究和社会政治进程，组织国际会议并出版高质量期刊（WAPCEPC, 2000）。

WAPCEPC 由个人和组织成员以及各种区域分会的形式组成，由各类理事和个人监管不同职能，所有成员都在法规或章程范围内开展工作。协会约有 505 位个人成员和 35 个组织成员（WAPCEPC, 2012）。全体大会每两年举行一次。理事会就具体议题向全体大会参与者作报告，并要求其对章程或任何重要新项目的修改进行投票表决。理事会在会议间歇期间管理组织，并提出相关政策以执行大会的决定，并由一名兼职管理员监督日常工作。按规定，理事会成员最多 9 人，由主席、财务主管和秘书组成，他们经常担任或兼任其他职务，例如新闻编辑和会议组织委员会的联络员。会议组织委员会、科学委员会、审计员、选举委员会以及其他一些小组分别执行特定职能。

WAPCEPC 出版一份索引期刊《个人中心和体验式心理治疗》（*Person-Centered and Experiential Psychotherapies*），印刷版和在线版的订阅者超过 2000 人。该期刊由一群编辑共同领导出版，其中包括数十位评审和其他人员（如书评编辑、文案编辑、语言审稿人等），以帮助征集、指导和发表作品。

---

❶ 杰弗里·H. D. 科尼利厄斯－怀特：心理学博士、执业心理咨询师，是密苏里州立大学的心理咨询教授，于密苏里大学哥伦比亚分校获博士学位。他是《个体中心杂志》的前任编辑，《个人中心和体验式心理治疗》的共同编辑。他发表了 75 项成果，包括《学习者中心的教学》（2010）和《卡尔·罗杰斯：中国日记》（2012），并与雷内特·莫奇尼格和迈克尔·勒克斯合著了两本大型著作——《个人中心视角的跨学科手册》和《个人中心视角的跨学科应用》。杰弗里在芝加哥咨询中心、前治疗研究所以及芝加哥的罗斯福大学和阿尔格西大学从事研究。

成功与失败的领导行为

我在 2006 ~ 2010 年担任 WAPCEPC 理事会成员，任期两届，并于 2008 ~ 2010 年间担任主席，任期一届。我说了什么？做了什么？很多。有成千上万的电子邮件。有些事情令我感到骄傲。我想强调在我担任主席期间的几个主题：为组织原则和准则服务，沟通的频率、方法和质量，彼此依存和相互促进。

仆从式领导

我觉得我学到的第一件事就是领导者是有限制的。在像 WAPCEPC 这样的大型民主组织中，领导的职责更多是服务而不是命令。这对于"当领导者是什么感觉"的典型印象来说是一个反转，对我来说，这甚至也反转了在其他环境，包括个人中心环境中当一个领导者的感觉。我认为我作为 WAPCEPC 主席的目的是为组织服务，这意味着遵循员工大会的呼声，遵循章程和法规。作为主席，不同于个人成员、组织成员代表或者理事会成员，我感到有责任理解和维护这些原则，在每一次活动与讨论中遵循章程和法规。这让我对领导力的感觉"不太好"，因为它并没有明确地培养我周围的人，而是在实质上维持了组织的完整性；它强调角色应负的责任，与不扮演角色、忠于自我的个人中心价值观正好相反。当理事会成员抛出想法或制订计划，以进一步实现组织目标时，我觉得自己就像理事会成员倡议的反对者、魔鬼的代言人，会将理事会的局限性表述为团队按计划本应遵守的原则，会向全体大会提出新计划，而不是直接领导或发起计划。通过他人的影响，在任期内我缓和了自己的观点，我的第一个认识是在个人中心化组织中，个人中心领导者和其他人代表了不同的东西，它代表了限制。

沟通

理事会通常通过大量的电子邮件进行沟通，特别是在我担任主席期间。我要强调的第二件事是，电子邮件式沟通是一种认识核心个人中心态度的糟糕方式。格拉范纳基（Grafanaki, 2001）的一项小型研究发现，与电子邮件式沟通相比，口头交流中彼此间的共情高 3 倍、一致性高 23 倍。经过惨痛的教训我才学到这一点。我看到自己和其他人经常被视为倾听专家，但是在电子邮件环境下，关于倾听这一点做得就非常差。一旦发生了糟糕的倾听，通过电子邮件解决冲突就更困难了。我们有时会转向电话和线上视频谈话，这些谈话非常成功，但那些失败可能已经损害了理事会成员的潜在效力和生产力。从积极的一面来看，理事会的确应该向全体大会和未来的董事会提出建议，提供资金以增加更多的视频谈话和面对面交流，这在一定程度上是为了增加个人中心交流的可能性。

推动

第三个主题是关于相互依赖。当领导者的透明度和推动力足够高，以至于他们不再被特别关注时，一群人才能发挥出最佳作用。这似乎与以上两个主题背道而驰，但在讨论个人中心实践时这恰恰是合适的。领导者是主要的推动者、良好的倾听者，为同事赋能助其成长，并通过个人愿景和行动帮助达成整个团队的目标。从这个意义上说，我非常感谢与我一同提供服务的其他理事会成员。我很荣幸能与他们一起提供服务，并看到一个群体的互补性能如何释放智慧和激励他人，尽管有时是由冲突引起的。我特别要感谢 WAPCEPC 的其他主席。

其他主席对个人中心的深刻洞察

埃尔克·兰伯斯（Elke Lambers）于 2000 ~ 2008 年担任主席，任期为三届，并为组织和我提供了宝贵的动力、责任、稳定性、清晰度和洞察力。苏珊·斯蒂芬（Susan Stephen）于 2008 ~ 2014 年担任理事会成员，任期三届，并于 2010 ~ 2013 年担任主席。苏珊代表了协会的外交。帕特里西娅·麦卡恩（Patricia McCann）自 2012 年起担任董事会成员，任期两届，从 2013 年至今担任主席一职，现致力于提升协会组织的目标。我邀请他们分享自己的一些感悟。

2015 年 7 月 6 日对埃尔克·兰伯斯的案例采访

首先，我（埃尔克·兰伯斯）对"变革"这个词并不很感冒，我不会用它来形容我作为 WAPCEPC 主席的意图。

当我成为主席时，这个组织还处于起步阶段。我们已经在提高对成员的兴趣方面取得一些进展，但仍然不得不与一些偏见和误解作斗争。人们对于这个组织及其所支持的目标存在非常消极的看法，而在理事会里面也存在一些哲学差异，这一点在广大成员群体中广为人知、长期存在。理事会成员对自己在理事会中的角色和责任也有不同的期望，在我担任主席的几年里，我必须保持理事会的活力，并在起起伏伏中推动协会的发展。

对我来说，"变革性"这个词意味着创造能够实质性改变事物的变革，是再造或重塑，可能是革命性的变化。

这不是我所理解的自己的任务，也不符合我作为主席的经验，尽管我认为在我作为主席的那些年里，我为协会的发展和成长做出了贡献，并且有所改变。但对我来说，这意味着促成一个过程，而不要太在意结果。

我总结一下推动变化和发展的领导力的几个方面：

- 理解并应对在改变的倾向和愿望与对改变的迟疑和恐惧之间的动态关系，并尊重这两者，尤其是后者；
- 具有广泛的文化理解：欣赏世界不同地区、不同文化或群体的观点和经验差异；
- 对文化理解有敏感性和共情，特别是在害怕主流意识可能压制少数派的情况下；
- 拥有"愿景"，了解事物可以是不同的，对变化过程有信心，并理解其中的起伏；
- 对我们所走的路线有一个概念，并时刻关注目标，但有准备去迎接路上出现的任何东西；

- 明确其他人期望的是什么，能够针对过程和任务进行沟通，欣赏和尊重他人，信任他人的能力，鼓励主动性；

- 不要过于在意结果，谦虚，别太自我，有自我觉察——理解自己的反应，并试图去理解别人对我的感受，知道自己何时急于求成；

- 鼓励他人冒险，探索各种可能性，信任他们所做的贡献，重视他们的优势和不同的才能；

- 理解变革和发展不是一个线性过程，它是朝着各种方向发展的，有时是向后的；

- 在自己精疲力竭之前离开，不要觉得自己是唯一能有所作为的人，乐于成为这个过程的一部分；

- 在所有这些方面中，"鼓励"是对我来说最有意义的词语。

2015 年 6 月 21 日对帕特里西娅·麦卡恩的案例采访

作为理事会的成员和现任主席，我（帕特里西娅·麦卡恩）的工作经验是，往往存在很多二分法。以前团体里很多人都是彼此认识或闻名已久。现在一个人不用必须参加理事会成员当选的会议跟他们会面，也不能从以前的经历了解他们，或者他们真的生活在不同的时区。这就是目前的情况。为了解决因此而引起的各种问题，我们以线上方式会面。我建了一个跨世界各时区的定期视频会议，还得留意夏时制的变化，以便所有人都可以参加。在同一个会议中，时差可以从墨尔本的晚上 11 点到加拉加斯的早上 6 点半。

理事会的个人成员已作出自愿承诺，理事会的目标一般是行政服务，方法则以人为本。考虑到这些"相互竞争的承诺"，如果一个成员受到打扰，无法完成自愿承担的工作，而这份工作如果不完成，对理事会又会产生很严重的后果，此时主席应该怎么办？当互联网总是出问题并且退出，影响到关系建立和问题理解时，又该如何推动线上会议的讨论？

理事会的每个角色都要负起责任，传统上这是由主席来安排的，如何通过谈判来完成一项任务本质上是关系性的，也充满各种不愉快。

变革

"谁会被变革？"这个问题最容易回答，是"我"。我认为，个人中心视角是保持开放性，让自己去学习，并被别人改变。用无条件积极关注去接受，用共情去理解他人，同时努力无条件地接受和（或）理解你的这种（一致性）反应，实际上就是让你自己被改变。这是一个矛盾的过程，你意识到你常常无力直接改变他人，但却能让自己改变，从而向他人示范如何通过对自己和他人开放来改变自己。话虽如此，这个过程常常非常混乱。这意味着受折磨。在我担任主席的这段时间遭受了许多折磨！同样，组织也完成了许多事情，更重要的是，它是通过一个受个人中心视角影响完成的过程。

反思性对话

按照我们的理解，下面这个案例揭示了一个问题，即严格的等级制如何影响、指导或者限制那些开放、透明、富有同情心的领导，而这种领导又担任着支持这种价值观的组织的主席。从这个意义上说，这是一个值得我们考虑的完美案例，因为它直接处理了领导者如何能够在保持开放、透明和不以自我为中心的同时，对本组织的成功保持一定程度影响力的问题。换句话说，本案例解决了这些问题：作为一名主席，我是否可以按照个人中心价值观在一个大型的等级制组织中生活和行动？如果一个领导者自己是开放、透明而灵活的，却选择作为一个有着严格法规和章程、传统而等级分明的组织的主席，他会面临什么样的挑战？

事实上，这个挑战我们的案例可能是能找到的最好的例子，因为这个组织（世界个人中心与体验式心理治疗和咨询协会）的价值观看起来与我们在本书中提倡的价值观是一致的。因此，摆在我们面前的挑战是很纯粹的，因为不受其他价值体系的影响。然而，真正的问题仍然存在。

戴维：作者引起我们注意的第一个问题是其角色，是要如何在维护章程和他人提出违反章程的计划意图之间保持完整性。也就是，应该如何整合自己的情感和对团体的愿望。他有时会觉得"很糟糕……像魔鬼的代言人"，而不是忠于自己的内心感受。

雷内特：没错，我猜他正面临这种两难困境，即"是我自己的（也是我担任主席的组织所拥护的）价值观重要，还是当我选择担任主席时决定遵循的组织政策更重要？"

戴维：这是不是一个普遍存在的领导问题？跟随"政治正确"的选择，还是与其相反的个人直观感受？将完整性的动力用在哪里——是忠于自己，还是看起来更为客观的组织？

雷内特：似乎某种程度上两者都需要，不是吗？追随一个人的内心世界，以保持完整性的愿望为依归，同时不打破规则，尊重组织策略或者文化。这似乎是一个真正的困境，或者像玛琳·奥哈拉在她书中所说的那样，是"在刀锋上跳舞"的艺术。

戴维：对。杰夫还提到了另一个更碍事的挑战。现代领导的问题之一是对电子邮件式沟通的依赖。我们可能都同意，电子邮件式沟通不是解决问题的最佳沟通方式。深刻理解和认识其他人想表达的内容依赖于非语言线索，例如面部表情、肢体语言和社交距离。至少我们可以在这一点上达成共识。

我们已经知道，"领导者主要是推动者"，这是一种戏剧化的陈述，虽然很容易理解。我们是否都同意，"一般"领导者与变革性领导者之间存在差异？如果存在差异，那么领导者，尤其是那些改变他人的领导者，能否仅仅是推动者呢？我依然要借鉴卡尔·罗杰斯的观点。

罗杰斯的独特之处在于他具有如此强的个人完整性，以至于其他人似乎都会对他的评论和建议产生共鸣。罗杰斯说话总是发自内心。即使他主张一些对别人来说非常具有挑战性和陌生的东西，他也能够带着深刻的个人情感来分享引发他思考的经历，所以他这些不同寻常的挑战现状的提议，通常带着一种变革性的方式，且对他来说都是发自内心的陈述。他显然有一种独特的能力，能以一种开放的心态，冒着自我毁灭的危险，将自己的深邃智慧包裹起来，冲破正常的阻力。这是多么强大的个人力量的展示啊！

雷内特：戴维，我对你刚刚说的有几点反馈。首先，最简单的一点，我对罗杰斯也有同样的感觉——事实上，他有一种特殊的天赋、才能和技巧，无论你怎么称呼它，它都能影响他人，使其朝着更和谐、更"有效"的方向发展。其次，你认为杰夫所说的"领导者主要是推动者"是一个戏剧性的说法，并指出领导者，尤其是那些改变他人的领导者，不能仅仅是推动者。如果强调的是"仅仅"，我想我可以赞同这一点，对我来说杰夫的表达（"领导者**主要是**推动者"）的确抓住了重点。我认为，这种为推动自我进而扩大到推动他人的事实是一种艺术。变革性领导的"魔力"就在于推动组织和作为组织重要一部分的你共同进步，换句话说，就是推动性的领导、被推动的人和组织的一种共同成就。

戴维：我完全同意你的观点，如你上面所说，这是一种将一个人深信的内心信念与所领导组织的价值观和需求共同实现的艺术。理想情况下，作为推动者的领导者对组织正在进行的过程具有敏锐的感知——不仅仅是组织的规则，同时也要考虑到其领导的团队的个人需求和观点。领导团队就像一个经过调音的管弦乐队，对每个成员演奏的音乐都很敏感——尤其是当它涉及合奏的音乐段落时，所有乐器必须相互补充，而其推动性的领导者就是指挥。

回顾与思考

我（雷内特）带着特别兴奋的心情接触了WAPCEPC的案例：世界个人中心与体验式心理治疗和咨询协会就像个人中心视角的"旗舰店"，由个人中心视角的研究人员和从业者组成——它是如何被组织起来？这个组织是否完全在个人中心视角的基础上开展工作？个人中心视角是否显而易见并被证明适用于一个大型国际组织规模的领导？这会有什么结果？主席会有什么感觉？他会对自己的领导经验有什么反思？

起初，我有些震惊，觉得很惭愧。仆从式领导（servant leadership）、数以千计的电子邮件，以及角色责任……这些情况都与我所想象的相反！而且，听到"遵循"（to follow）这个词让我感到非常惊讶。在个人中心视角中，是什么可以让主席在一个民主却又是等级制的大型组织中遵循、传承和激励呢？

渐渐地，我开始问自己：为什么会这么惊讶？杰弗里所描述的情况，难道不是与我最近领导的一个欧盟大型项目中所经历的部分情况非常相似，甚至可以说是互为镜像吗？实际上，对结果负责也意味着成为团队的仆从！如果一位同事病了，无法向合作伙伴展示我们的企划案，我无论如何都得去，因为我们不能冒险毁掉合作，熄灭共同奋斗的激情——

显然，杰弗里宝贵的案例研究似乎揭示了在大型的复杂组织中需要对计划负责任的普遍现象。也许在继续阅读之前，您可以试着回答以下由杰弗里的案例引发的问题。

请思考：

你在领导或管理个人或团队的时候做过仆从吗？如果没有，你能想象出这样的情况，以及你会对此做出什么反应吗？如果有，那段经历对你来说有何意义？你认为你付出的个人资源有意义吗？你认为你担任领导或主席时对组织或项目有帮助吗？可以做些什么来减轻仆从功能，或者有其他方式可以让你的领导功能得到更多回报吗？

在一个大型组织中，法规和章程的存在是为了保持组织的稳定性和连续性，但其损失的是灵活性、创造力、对人的直接培养和对自己的真实，所以这位主席认为这是"糟糕的领导力"。在这种情况下，你认为我们是否可以以某种方式兼顾两者：激发一位主席或领导者的主动进取心，在直接培养人的同时，又兼顾维系一个世界性组织的结构和使命所需要的原则、法规和章程？

你能想到用其他方式来管理一个以促进（或实现）个人中心思想为宗旨的世界性组织吗？你认为与一个已经存在和运行了几年的组织相比，一个还在发展期的大型组织需要不同的核心流程和领导能力吗？如果是，应该有什么不同？

这个案例研究给我的印象是，在个人中心视角方面，协会主席可以带来很多东西并做出贡献，比如塑造氛围、倾听、推动成员或理事会做出贡献；但是，如果牢记个人中心视角所带来的温和却具有革命性的力量，通过人们的坦率、完整性或一致性来培养其力量，将会带来更大的影响力。由于存在过于刚性的规则和章程，在民主而又是等级制的大型组织中，个人中心式沟通的真正效果似乎受到了严重限制和削弱。放松这种等级结构会不会有点太冒险？这与一个人的自我结构很相似，研究已经证实（Rogers，1961），过于刚性的结构会阻碍自我的最佳调整和完全运作。如果允许更多的自组织，例如引入由小团队运作的项目，并且在某些特定的时间和目标下引入更大程度的自由度、创造力和沟通强度，这会带来什么风险？

与"人员取向议程"一致，营造氛围并倾听同事的意见是协会主席的核心任务。如杰弗里所言，一个重要的贡献是主席与员工和理事会的沟通方式。为真正理解而倾听是任何进一步行动的必要基础，这意味着全天候的努力工作。然而，在繁忙的生活中，我们越来越多地诉诸电子媒体式沟通。虽然通过电子媒体（特别是电子邮件）进行虚拟会议，可以推动某种联系，并且对于帮助全世界成员彼此共享是必不可少的，但它在解决更复杂的问题和冲突方面的潜力有限。另外，它无法在同事之间建立牢固的社会关系。尽管视频会议已经被证明在解决问题方面比电子邮件有一些优势，但经验表明，它不能取代面对面会议所带来的社交丰富性。这就是个人中心式沟通可以马力全开的环境，这些环境至少时不时会被认为有必要加以推动。如果没有加以推动，那么可想而知，沟通的质量甚至自愿的承诺就会发生明显变化，正如麦卡恩所说的那样。

　　有趣的是，似乎组织规模越大，维护其稳定性的结构和规则越多，领导者 / 主席的推动性沟通和为组织服务的意愿就越明显。推动组织所拥护的特定目标很可能抢夺领导者或主席创造力的优先位置，而这种创造力本可以通过民主选择的目标来实现。此外，组织规模越大，全球化程度越高，与主席人际接触的时间就越少，如果还有直接接触的话，这会带来深远的影响——难怪卡尔·罗杰斯不喜欢正式的等级制，并且一直在寻找更灵活、更可调节，尤其是更整合的个人力量来代替这种力量。

参考文献

Grafanaki, S. (2001). What counseling research has taught us about the concept of congruence: Main discoveries and unresolved issues. In G. Wyatt (Ed.), *Rogers' therapeutic conditions* (Vol. 1, pp. 18–35). Congruence UK: PCCS Ross-on-Wye.

Rogers, C. R. (1961). *On becoming a person—a psychotherapists view of psychotherapy*. London, UK: Constable.

WAPCEPC. (2000). Statutes and bylaws. Retrieved May 22, 2015 from http://www.pce-world. org/about-us/statutes-and-bylaws/statutes.html.

WAPCEPC. (2012). Minutes of the general assembly WAPCEPC (World Association for Person-Centered and Experiential Psychotherapy and Counseling). Retrieved July 9, 2012 from http://www.pce-world.org/for-members/general-assemblies.html.

第六章　案例研究：以一致性和完整性进行管理变革、评估绩效和实施控制

伊娃·索拉洛娃 ❶（Eva Sollárová）

本章展示的观点基于作者担任管理者与领导者的角色，除了使用个人中心视角（PCA）作为他人的推动者之外，她本人还在恶劣的环境中工作。本章包括四个故事，个人中心视角所占的位置和所起的作用均不相同：前两个是关于领导者在危机环境中应对威胁；第三个故事反思了以一位个人和群体的帮助者、推动者身份担当管理者的经历，以及所带来的关系变化或绩效后果；最后一个故事则分享了一个处在"坏消息信使"位置上的管理者的行为和感受。作者的评论说明，个人中心视角可以帮助构建和管理有效的工作关系，以取得良好的结果，可以在危机甚至敌意环境中发挥效能，并有足够的能力和勇气根据一个人的完整性和目标作出决定。

作者的说明

来访者中心治疗（client-centred therapy）有疗效的事实是不可否认的。然而从领导者或管理者的角度来看，个人中心视角在商业关系，特别是在组织中效果如何，就不那么清楚了。为什么这值得讨论？自 20 世纪 70 年代以来，个人中心视角和人本主义心理学对组织发展和管理理论的影响已经减弱（Montuori & Purser, 2001）。其中一个原因是，在动荡和不可预测的环境中，管理者更青睐能够带来务实结果的实践工具和干预措施，而不是像一些曾经（现在依然）被认为是"卿卿我我"的个人中心方法那样的群体过程类型的干预措施。即使在个人中心视角社群中，你也可以听到一些观点，认为个人中心视角不适合危机环境，仅仅适合渐进发展的环境。

在我的讨论中，我想要表明我的观点，而令我惊讶的是，这往往不被认为是个人中心视角的规范议程——管理者和领导者除了作为他人的推动者实践个人中心视角之外，本人还在恶劣的环境中工作。他要么受到来自外部环境的压力威胁，要么在个人或伦理上对其他人发出强硬信息，从而引发反抗。个人中心视角是否以及如何在这些情况下运作，是我的案例研究所关注的内容。

即使我的"案例研究"是高度个人化的，它也可以作为在涉及管理者或领导者角色的关键情况下，阐述个人中心视角的一种方法。这些情况也促使我在管理者和领导者的职位上，在个人中心视角的激励下成长，其结果影响了我自己、我的同事和机构。

---

❶ 伊娃·萨拉洛娃：哲学博士，是康斯坦丁大学社会科学与医疗学院的心理学教授。在过去二十年中，她在大学学习项目中积极引入个人中心视角以帮助职场人士，并在劳动部和教育部推动全国范围的终身教育与学习以帮助职场人士和管理者。

简要的个人经历和背景介绍

很多时候我都很幸运，以下两件礼物都与我将要分享的东西有关：

- 我经历了罗杰斯所说的理想情况，接受"重要他人"——我父亲——的提议，接受家庭价值观（对此我后来极为珍视），并将其作为我力量和勇气（也是我个人中心的存在方式）的源泉。

- 我在合适的时间受到罗杰斯的影响。首先，他的书《自由学习》（*Freedom to Learn*）的标题概念令我着迷，这个概念精准地象征和描述了我所需要的。后来，我通过了罗杰斯的治疗训练。根据个人中心"存在方式"，我"变得"越来越"个人"，在所有的角色、环境、情境下，我自然而然地变得以人为中心。也许因为心理治疗并非我的主要工作环境，我对罗杰斯的方法在治疗之外的使用范围和方式变得敏感。当时作为一个管理者，我尤其被个人中心视角在这种环境下的应用吸引。我最初产生通过个人中心视角建立和管理有效工作关系的想法，是在2000年圣地亚哥ADPCA会议中聆听厄尼·米道斯（Ernie Meadows）的演讲时。在参加他的研讨会和培训后，我开始在我自己的管理角色以及管理人员研讨会中应用和发展个人中心视角。

今天，可以说我在管理变革、失败的组织或处在危机中的组织方面有丰富的经验。这可能会将我的注意力引向一些管理角色和情景上，它们主要来自困难的环境，对构建目标、策略、标准、性能和结果有较高要求，会给改变过程带来很大的压力、抗拒和冲突。我对个人中心视角力量的"信念"带来了效果（Sollárová，2005，2008；Sollárová & Sollár，2013）。为了达到本案例研究的目的，我会强调在困难危机或敌对环境中发挥效能的观念，将这作为一种做决定的方式，能够根据个人的完整性运作或实现自己的目标。

以下案例故事选自我过去15年主要在斯洛伐克一所大学担任院长的管理经历。为了理解故事发生的背景和环境，下面列举了一些主要特征，说明我在内部和外部环境经历的变化：

- 我接受了校长布置的任务——设计、管理、授权和领导新的学院。在过去的两年里，这项工作由两个团队执行，但都没有成功。变革计划遭到了所有相关人员的厌恶。

- 新法则削弱了院长的权力，增加了校长的权力，再加上一个真正专制的老板，这是我陷入决策困境的原因。

- 公立大学经费筹措情况恶化，相关部门出台了根据高校的绩效指标分配预算资源的新规定。

- 对于一流员工的工作没有明确的标准，对于绩效也没有压力。非常典型的就是，无论是在教育还是科研方面，士气低落、表现不佳，再加上低下的资历结构。尽管如此，人们依然可以拿工资，并不存在任何意义上的威胁。

在此背景下，我和已发生改变的环境中的人们一起尝试，并实验了如何在已经改变的环境中有效地履行我的职责。随着对个人中心视角越来越熟悉，它逐渐成为一个宝贵的资源，不仅帮助我们生存，还可以帮助我们为他人创造一种新的环境。以下4个案例是对当时的情况、所发生的事情的回顾。它们都包括三个部分：背景介绍、故事本身以及我对个人中心视角的相关评论。

案例研究

与我自己的个人中心能力的经验和觉察有关的突破点

背景　在大学里，两个团队两年来一直未能成功地拟订校长的战略任务——整合现有院系，建立一个新学院。这引起了所有有关方面人员的厌恶。我由校长任命来完成这一任务。在两个月后，我提出了一种构想，不会威胁现有院系的担保或财务系统。虽然在批准的过程中也有一些顾虑，但校长没有做任何改动就批准了。然后在正式任命我担任这一职务后，我就成了被指控的对象。我被传唤到院务会，当时我正在担任副院长一职。

故事　在院务会期间，一位经常攻击他人并制造争吵的同事以一种非常具有攻击性和接地气的风格对我开始了长达 15 分钟的指责和攻击。在所有这些攻击中，他还提到了一些大家主要关注的问题，就是通过转走利润丰厚的系来削弱学院。我觉得我好像在最高法院等待被定罪并在火堆上烧死。当他说完，我站起来，双手和声音颤抖着开始说："亲爱的同事，我看得出来，你把我看作一只到处搞破坏的老鼠，伤害了这个学院。我很抱歉，但这是目前我所能为你做的。现在我准备回答你的问题……"（我简短而清晰地回答了他的问题）。当我说完后就坐下来，让我惊讶的是，再也没有发生什么。

评论　我觉得自己还不够称职，我感到困惑，尽管如此，它还是奏效了。这是我第一次复杂的经历，个人中心视角起作用了！我所做的就是倾听对手提出的每一件事，接受他的指责和攻击，并平和地陈述我的立场。随后我回答了他的问题。按照我的理解，这段经历证明，当我在面对冲突、具有威胁性的情境（指控）时，个人中心视角可以帮助我变得更有效率，也让我意识到在遇到威胁的情况下，运用个人中心视角会有什么好处。

做出并通过一个严肃的重大决定

背景　学院一成立，我就被任命为院长。除了推行任何一个新项目都很困难之外，其他情况更加剧了我的困难处境——新法则、组织非全日制学习的条件发生变化、预算以绩效标准为基础，以及一个按自己规则行事的专制老板。很多时候，我觉得自己好像被期望不带着大脑来上班。我确信，如果不做战略调整，学院会衰败……因此，我开始避免承担责任。冲突不断升级，我的不适感也逐渐明显，六个月后，就在我的老板用了 3 个小时的独白宣布他不会询问别人的意见，会自己做决定之后，我意识到我不想做这样的工作，于是我决定辞职。我飞越了半个地球，找到厄尼讨论我的困境，并确信我人生中最重要的决定之一是正确的。

故事　1 个月后，我向院务会和校长宣布辞职，当时我说："我没能执行我认为对学院未来正确的战略，我愿意为此承担责任。"这完全出乎院务会和校长的意料，他们都不愿意接受我的辞呈。对此我的反应是："我不是在征求意见，我是在宣布我的最终决定。"

结语 我的预测实现了，由于没有做出战略改变，学院开始衰败了（我把它比作泰坦尼克号）。

评论 对我来说，这个故事的关键点是，我没有放弃自己的价值观、信仰或完整性。个人中心视角让我能够在严肃的情况下做出会带来重大后果的一致性决定。作为一个全面发挥作用的领导者，我与自己保持联结，了解自己身上发生的每一件事，并有足够的勇气按照我的座右铭做出决定，即"我过着奢华的生活，我允许自己做自己"。这个故事发生在塞利格曼和契克森米哈伊（Seligman & Csikszentmihalyi, 2000）首次阐述积极心理学的时候，随后积极心理学成为一种成功的主流心理疗法，它与个人中心视角高度兼容。对我来说，这说明个人中心视角是与时俱进的。

后续 4 年后，在一位新校长的带领下，我以院长的身份重返"泰坦尼克号"，下面我将总结我 8 年的院长生涯。这就是下一个例子的内容。

担任个人中心视角的教练和推动者角色

背景 作为一名院长，与同事开会和交谈是每天的例行公事。他们给我提供了巨大的倾听空间——不安全感、恐惧、压力、威胁，通常隐藏或隐含在各种主题中，人们在发生各种事情时都来找我：职业生涯的失败、同事之间的紧张关系和冲突、不知道如何与青春期的孩子相处……倾听有助于识别这些事情，我称之为"捕捉对共情的呼唤"。这些遭遇成为最有意义的收获。

故事 作为一名与人打交道的院长，我的主要任务是实施通过审批的战略，提高工作人员的绩效，让我们能够满足上级的要求，这是年度预算资源的依据。另一项任务是满足研究项目所需的必要条件。所有这一切主要是与各系负责人直接合作完成的，对他们来说，这是一种新情况，因为到目前为止，他们通常是任务的组织者和管理者，只需要向院长提出请求，然后接收所要求的东西就行了。他们不会用经济学方程基于自身绩效来计算其需求。我的计划是让他们对各系的绩效负责，并有兴趣追求更好的成果，以确保按照所规定的教育和科学绩效评估方法拿到足够的财政资源分配。我让计划合规化——我制定策略，并得到学院官方机构（院务会和科学委员会）的批准。我提出的目标是要发挥出机构 100% 的绩效水平，而系领导的任务则是制订一个如何让各系发挥出 100% 水平的计划，并加以保障。他们明白，他们的任务就是为达到 100% 的水平设计一个有效的计划（平均而言，这意味着将他们的绩效提高 20%）。在开始接受任务之后，在小组会议上，他们提出的模糊、不具体的口号，变成如何取得成果和相互激励的实际、良好的活动和想法。我试着多听，让同事们提出想法。我扮演着调节者的角色，倾听并明确他们到底会如何控制和管理他们的具体绩效。最初的危机情景很快就变成了一种成长情景，只是因为他们"提出"了他们的想法。

结语 结果鼓舞人心，我们成为大学最好的网络学习学院，连续数年获得最高的人均科研项目经费，在六年一度的评估中，我们员工取得资格证书的种类数量增长是最快的。

目前，我们的绩效考核参数得以在大学层面使用。至于结果，我会引用校长的话："你们成功地把一个破产的学院变成了一个稳定的学院！"

评论　我所做的是将"软标准"转变为严格、可衡量的绩效标准，让各系领导负责战略制定、工作管理。如何让人们对自己的（管理）工作负责，这个过程就是对该做什么有一个合理的要求，然后让他们按照自己的方式去做——利用他们对员工长处、偏好和选择的理解。他们为自己制订计划。我的任务是提供他们需要的东西，例如协助他们在项目、教育和培训中做好准备，以提高新型任务所需的技能与能力，使他们拥有一切必要条件，达到100％的绩效。

个人中心视角在组织中起作用的证据是，它通过个人中心管理风格提升绩效水平，这种管理风格将危机环境转换为支持和要求团队成员承担责任的发展性环境。消除阻力、为变革提供"必要和充分"条件的最佳策略，第一点就是"责任自由"——也包括与业绩和目标相关的参数。对我来说，个人中心视角并不意味着"卿卿我我"的风格，它不仅是改善人际关系或气氛的必要前提，而且是提高业绩的必要前提。

我的经验证实了罗杰斯所提出的领导力（以团队为中心的领导力）这一新概念的潜力，其中领导者将"推动领导力的分配，并加速团队的发展，以最大限度地利用其潜力"（Rogers，1951：333），小组成员都有参与机会，并在无威胁、心理开放的气氛中进行沟通。我不会将这种风格称为"治疗性小组领导"[正如汤姆·戈登（Tom Gordon，1951）所提到的]，但从某种意义上说，它高度兼容并超越了个人中心视角自身的最新概念或模型，例如共同实现（co-actualization）（Motschnig-Pitrik & Barrett-Lennard，2010）、个人中心视角的教练模型（Joseph & Bryant-Jeffries，2009）、真实型领导（authentic leadership）（Avolio，2007）或变革型领导（Schaubroeck et al.，2007）。

做"坏消息信使"

背景　除了提高员工的工作绩效，我的第二个主要目标是创造一个以工作士气和职业道德为标准的环境。在某些情况下，我改变了规则——例如我改变了本科入学考试制度，以消除任何主观干预。在另一些地方，我亲自检查了程序，例如担任检查机构的一员。有一种情况相当普遍，即内部人员帮助特殊"客户"以不正当的方式通过考试，有一次，我发现一位系主任正试图做手脚——他在我所要求的职业道德标准方面出了问题。

故事　当博士入学考试还在进行时，一位系主任帮助两名成年学生（在部委担任高职）抽取考题。令考试委员会所有人感到意外的是，他们两人都说他们抽到了同样编号的考题。我检查了他们的编号，发现他们卡片上的数字和他们说的不一样。作弊被发现了！考试委员会主席说，这是误会，然后重新抽取了学生没有事先准备的考题。我意识到，我必须拿出切实的证据，证明那位同事的行为在道德上是不被接受的。考试结束后，我把他叫到我的办公室，告诉他："根据我今天在考场的经验，我知道你那里出了什么事。这对我来说是一个重要的信息，我会做好一切必要的安排。"对他来说，这不是一种明确的信息，所以他一直想找出更多的细节。当他发现我不会解雇他，"只是"不会再任命他为任何一个考试委员会的成员时，他整个人缓和多了。

结语 我决定不解雇他，只是留意他在任期结束前会做些什么，也不想再任命他为下一个任期的系主任。与此同时，他准备了一次反击，发动了一场持续一年多的战争，并威胁不会在下一届任期的选举中支持我。

评论 对我个人来说，我不解雇同事的决定既不合适也不明智。我低估了对手，只依赖于我所认为的底牌——在战斗中它毫无价值。我不会因为这段经历而把责任归咎于个人中心视角。在我担任院长期间，我通常能够坚持我认为合规的标准，而在这种情况下，我自相矛盾，从而招致这一后果。

评论与总结

个人中心的存在方式使管理人员具备以下能力：

- 帮助他人在沟通和互动中变得更有效；
- 在团队和同事之间建立和管理有效的沟通和互动；
- 使自己在交流和互动中保持高效（尤其是在困难或敌对的情况下）。

一个心理整合的人在组织环境中充分发挥自身功能——这可以作为一个有效管理者的原型。

个人中心视角所提倡和推动的"风格"非常类似于在治疗中为关系中另一方的改变"提供"必要且充分的条件，其结果都是让人的功能更健全，无论这对于特定环境或情况中一个特定的人来说意味着什么。这一观点在理论上和实践上都可以应用，我认为个人中心视角的教练模型（由教练和管理者应用）是个人中心视角在应用领域能够获得显著影响的最具潜力的一个领域。

对于管理者而言，这个观点是否涵盖了在组织背景下个人中心视角可以发挥的全部潜能？在这种背景下，关注目标、结果、评估和评价、危机和（管理）变化是当今世界经济形势的典型特征，最典型的可能是企业之间的竞争。所有这些都在工作环境中产生了压力，尤其是对管理者来说。问题是，主要关注人际关系的个人中心视角能否与通常以结果为导向的不同方法竞争？个人中心视角的哲学观是否不利于结果导向？关注人际关系就是目的本身吗？或者说，它是否也能在组织内产生良好甚至出色的结果？

可以肯定的是，它可以。个人中心的存在方式或个人中心能力会给管理者带来什么结果？在这种管理角色和情景下，一个管理者的任务是管理新的、通常要求很高或不受欢迎的任务或目标，做出困难的决定，或坚持高标准。在这种角色中，其最重要的是在沟通中注重自己的完整性和一致性。当其面对阻力、冲突、分歧、批评时，所表现出的共情性倾听和无条件积极关注的态度将为建设性对话创造条件。再加上管理者一方一致性的沟通方式，它可以为达成双方都能接受的合规结论创造适的素材。

在这些情况下，我们的主要目的不是促进他人成长，而是聚焦于决策、解决问题和冲突、管理变革、任务分配或绩效评估，这意味着管理者的完整性和自主性具有重要作用，个人中心视角也可以为管理者或领导者服务！

因此，为了支持建立和管理有效的工作关系以作为实现良好结果的手段，为了在困难、危机甚至敌对的环境中发挥效率，并且为了变得有能力和勇气根据一个人的完整性和目标做出决定，个人中心视角确实提供了很多选择！

回顾与思考

作为一名欧洲学术机构的院长，作为一名高度负责、自主和支持绩效的领导者，作者以令人耳目一新的开放性引导我们回顾了她生活中的重要经历。

以个人完整性为基线

第一个案例说明，对所收到的同事信息的体验保持完全开放是有效的（对讲述者和环境而言），即使这一信息旨在击倒你及其计划。院长充分认识到人身攻击及其所传达的信息内容，即同事的观点，并明确回应了同事的情绪及实际问题，从而有机会展示她的个人完整性和力量。这种情况让我（雷内特）想起了罗杰斯所说的："经验对我来说是最高权威。"（Rogers, 1961: 23）虽然倾听别人的意见可以提供有价值的线索，但自己的亲身经历最重要，也能提供指导。罗杰斯相信他可以相信自己的经验。我觉得，在前面这种特殊情况下，对院长来说也是如此。而对我来说，这个案例说明了一致性，再加上提供回应的智慧或修辞能力被证明是有效的，甚至是在工作场所的冲撞和攻击情况下也是如此！

相信内心的声音

对我们来说，第二个案例，即所谓"在泰坦尼克号下沉之前离开"，说明无论是组织的上层还是下层环境，都显得过于困难、不利、不合作，你觉得你需要"阻止破碎的游轮沉没"，看起来遵循自己内心的感觉，而不是浪费精力去承担或推动一个无望的任务或情形似乎是明智的。有趣的是，"内心指南针"被证明是正确的，这个过程带来了一个新的和更好的参与机会。正如经常发生的那样，如果我们相信这个过程，保持警觉，不要在沮丧、混乱、受伤和防守中迷失，情况就会发生变化，就会有更多的成功机会。

虽然大多数教职员会想当然地认为，校长是在帮他们，也是在为他们做决定，而院长则是为自己做决定。但是忠于自己内心最深处的道德价值观，不让自己被迫为别人的价值观做事，肯定需要很大的勇气，从长远来看，这最终证明是正确和有效的。

从破产走向繁荣的领导"魔力"

第三个案例很好地说明了一个领导者或管理者在人际关系以及与绩效相关的方面的权力：

- 通过为可度量的绩效结果担责，实现自我赋权；

- 将大量个人中心态度、技能和随之而来的过程落实到位；
- 努力为她的团队成员（教职工）赋能，使其以一种最大限度的参与、包容和自我组织的方式，在考虑和感受自己的同时，也为学院进行考虑；
- 在战略规划和决策中包容、支持和信任员工，而非通过专制的命令手段来实现业绩指标；
- 作为其员工的推动者，不回避在个人和与工作相关的层面上与人打交道——许多父母都可以做证，更好地"管理"家中处于青春期的儿子会为工作腾出大量资源，不是吗？

与个人中心理论相一致，面对挑战，建设性气氛和关爱性支持有助于提高绩效，也能帮助每个人最优地遂行社会性和与任务相关的职责。虽然个人中心理论中并未明确说明，但本书中强调了院长所展示的协作态度。通过这种方式，所有努力实际上变成了共同实现潜力，与同事一起工作和成长，构建一个拥有共同愿景和独特形象的成功组织。

"坏消息信使"案例则说明了一种存在很多隐藏信息，因此缺乏透明度的情景。当对手被当场抓获时，他违规的不道德行为就变得不可否认。他在许多同事和上司面前丢了面子，很明显，他害怕后果，不再能卸下防御心，因此不再适用个人中心方法，后续结果也就不再存在。很可能，院长和她的犯错同事之间不再进行公开交流，从而大大降低了任何实施理性解决方案的可能性。或许为了维护自身形象，为了报复或证明自己的权力，这位同事选择了对院长进行低下的攻击，而没有理性地考虑正是院长让他没有受到任何严重后果的影响，比如失去工作，等等。一旦交流停止，人与人之间就会存在巨大的障碍，而打破这一障碍的手段是难以想象的，更是难以实施的。所以说，没有清晰的沟通（从长远来看）意味着没有接纳和共情，带来了与推动个人成长相反的氛围。但问题是，在这种情况下（对于作弊者就像泰坦尼克号那样），退出是不是比逃避更健康、更合适。

这种情景增强了我们长久以来的一种觉察：就像一致性一样，缺乏一致性似乎具有传染性。所以，实际上每一次互动都很重要！

而另一种情景是选择与被当场抓包的"骗子"一起坐下来，允许他在没有院长评判（至少在他解释自己的情况时）的条件下描述一下他的处境，他为什么会做大多数人都认为既不道德又明显错误的事。他是如何理解环境，以决定自身行为的？是什么因素把他带到了那个方向？他是否意识到自己的行为是错误的，或者他是否有理由做别人认为是错误的事情？

这让我（戴维）想起曾和卡尔·罗杰斯有过的一段相关经历。当时我被邀请给罗杰斯的小组做一个演讲，谈谈我能为他的小组做些什么。我没有事先计划，因为我是被临时邀请的。遗憾的是，我的演讲效果很差。我没有集中注意力，只是漫无边际地谈我的一些想法。这给人的印象非常不好。罗杰斯没有批评我，而是带着好奇的表情问我想表达什么。他的态度是真正不加评判的，而且似乎纯粹是出于好奇。当然，我明白了，我的演讲很糟糕。我学会了下次做得更好。因此，我成了一个相当成功的演讲者。如果罗杰斯批评我或生气，我可能需要更长的时间才能在公开演讲中取得成功。但他不加评判的态度可能让我的成功之路变得更容易，而不是更艰难。

最后，我们认为公开分享个人经历的各种各样的场景是一份宝贵的礼物！ 因此，让我们特别感谢这次研究中的丰富案例——有些非常成功，另一些则极具挑战性和现实意义。所有这些都为学习提供了宝贵的资源！此外，案例研究作者的反思性评论生动地论证了作为一种思维方式和技能，个人中心视角可以在何种程度上帮助到我们：如果我们认同个人中心存在方式，它不仅适用于个人成长，而且适用于困难情境。谢谢你，伊娃，把这个鼓舞人心的故事讲得如此清楚！

> **请思考：**
>
> 如果你看到了同事或下属的不道德行为，你会有什么反应？
>
> 你是否曾在工作环境中经历过危机？ 如果是的话，你能在最近的危机中追踪到个人中心态度（一致性、接纳和共情性理解）是存在的还是缺失的吗？
>
> 在应对危机的过程中，这种态度（或者其中一项）的缺失发生在别人身上还是发生在自己身上？
>
> 你认同别人的一致性、开放性、透明度或真实性会推动你成为更一致、更开放⋯⋯的自己吗？ 你能回忆起你工作场所的一个例子吗？ 相反的情况也是如此吗？

参考文献

Avolio, B. J. (2007). Promoting more integrative strategies for leadership theory-building. *American Psychologist, 62*(1), 25–33.

Joseph, S., & Bryant-Jeffries, R. (2009). Person-centred coaching psychology. In S. Palmer & A. Whybrow (Eds.), *Handbook of coaching psychology* (pp. 211–228). London: Routledge.

Montuori, A., & Purser, R. (2001). Humanistic psychology in the workplace. In K. J. Schneider, J. F. T. Bugental, & J. F. Pierson (Eds.), *The handbook of humanistic psychology. Leading edges in theory, research, and practice* (pp. 635–646). Beverly Hills: Sage.

Motschnig-Pitrik, R., & Barrett-Lennard, G. (2010). Co-actualization: A new construct in understanding well-functioning relationships. *Journal of Humanistic Psychology*., *50*(3), 374–398.

Rogers, C. R. (1951). *Client-centered therapy*. London: Constable.

Rogers, C. R. (1961). *On becoming a person. A therapist's view of psychotherapy*. London: Constable.

Schaubroeck, J., Lam, S. S. K., & Cha, S. E. (2007). Embracing transformational leadership: Team values and the impact of leader behavior on team performance. *Journal of Applied Psychology*, *92*(4), 1020–1030.

Seligman, M. E. P., & Csikszentmihalyi, M. (2000). Positive psychology: An Introduction. *American Psychologist, 55*, 5–14.

Sollárová, E. (2005). *Aplikácie prístupu zameraného na človeka (PCA) vo vzťahoch*. Bratislava: Ikar.

Sollárová, E. (2008). Optimálne fungovanie osobnosti. Aplikácia prístupu zameraného na človeka na rozvojové tréningy. In I. Ruisel a kol (Ed.), *Myslenie—osobnosť—múdrosť* (pp. 237–252). Bratislava: Ikar.

Sollárová, E., & Sollár, T. (2013). Person-centred approach: Theory and practice in a non-therapeutic context. In J. H. D. Cornelius-White, R. Motschnig-Pitrik, & M. Lux (Eds.), *Interdisciplinary applications of the person-centered approach* (pp. 177–192). NY: Springer.

第七章　案例研究：将领导风格从命令和对抗变为开放、欣赏和个人中心视角

克劳斯·哈希斯 **❶** （Klaus Haasis）

在这个案例中，我将分享我作为公司首席执行官（CEO）的个人故事，探讨如何将个人中心视角的人性化原则引入我的领导风格来变革一所创新机构。当我被要求写一个关于我在管理中的个人中心观点的案例时，我最初的迷惘很快就被自信取代，我可以贡献一些我近 40 年作为学徒、经理、CEO、董事会成员和企业家的经验。和往常一样，我想起了来访者中心疗法创始人卡尔·罗杰斯一本引人入胜的书——《论人的成长》（*On Becoming a Person*）。卡尔在序言末尾致读者中写道："用最简单的方式说，这本书的目的是与你分享我的经验——我的一些事情。这些是我在现代生活的丛林中，在人际关系这个基本上没有地图可循的领域中所经历的。这就是我所看到的。这就是我所相信的。这就是我试图检查和测试我的信念的方法。这是我所面对的一些困惑、问题、担忧和不确定性。我希望通过这种分享，你可以找到一些对你有触动的东西。"（Rogers，1961）这句话写于 1961 年 4 月，时至今日，这句话仍然有效。

我想描述一下，我在一家公共创新机构的工作经历。该机构的目标是促进和推动德国南部信息技术和软件部门、媒体和创意产业的区域创新。我致力于建立创新生态系统，通过网络与全世界进行联结，主要目标是促进多样化的利益相关方之间的合作。我是公司的创始人和首席执行官，从 1995 年公司成立开始，我在公司工作了 18 年。当我结束首席执行官的工作时，公司已经有大约 100 名员工。我努力游说联邦政府各部门的工作人员、公共与私人机构以及监事会加强合作，支持创新活动。我试图为本机构的雇员工作赋予意义。

个人中心视角带给我的转变

在担任首席执行官的头 12 年里，我以一种传统风格领导和管理公司，我靠着我以前在一家大型跨国化工公司工作的经验，以我的父亲、老师、培训师和以前的老板为榜样。我的领导风格是咄咄逼人、命令式的。我企图教导并说服别人，告诉他们我的想法是实现目标的正确方式。我让员工们看到我总是很忙，万分紧张。我制造了很多冲突，处于一种持

---

❶ 克劳斯·哈希斯：工程学硕士、新闻学硕士、系统催眠教练和个人中心组织发展者，是一位教练、培训家、导师和天使投资人。他将十几年的领导力经验，个人中心顾问成就和系统催眠教练技能打包为技术部门、创意企业和政治领域的管理技艺，形成一种独特的混合体。克劳斯曾 5 次担任 CEO 并拥有超过 30 年的创新管理经验。多年以来，他一直在商业、科学、政治和文化背景下为经验丰富的管理层、新兴人才、新手企业家、团队和组织提供顾问与支持服务。

续的对外战斗和对内解决问题的模式中。我以这种风格成功地建立了创新机构，给予区域创新体系及科研、商业和公共部门的相关人员至关重要的创造性驱动。但我感觉到自己的领导能力是不恰当和不足的，与周围员工和合作伙伴的交往方式也存在不一致的地方。

在这样做了 12 年后，我自己进了医院的急诊室，大脑严重出血，可能导致死亡。在又经历了一次离婚后，在 2008 年我认识的一位治疗师邀请我参加一个来访者中心疗法的心理咨询课程。我持续两年多都在周末去上这个课程，努力在工作之余去完成它。这是我人生的转折点，也切实改变了我的领导态度。该课程的学员大多是来自社会部门的女性，如护士和街道工作者，我是唯一一个处在领导高位的人。这个群体中的个人中心氛围帮助我开始从不同的角度看待他人，尤其是在我的工作环境中。最后我明白了，员工不是"资源"而是人，当他们得到尊重和赞赏时，都会释放成长潜力。我从中得到的重要收获包括：

- 我了解到团体的变革性力量；
- 团体对话发展和提升了我对他人的尊重和关注；
- 我认识到所有人都"像我一样"，都有自己的感受、情绪、想法，都有过失去、悲伤、孤独和绝望；
- 我认识到，如果需要有效的对话，大家不用围着桌子坐一圈会更有效；
- 我明白了在作出任何批评性发言之前，首先提供一种赞赏和建设性的反馈是很重要的。

除了学习来访者中心疗法，我还参加了个人中心组织发展和催眠系统教练课程。这帮助我用一种系统方法拓展了我的个人中心主义视角。我渐渐能够从一种更宽泛的系统角度来看待个人中心事件。我学会了理解团体、组织和机构的目标和模式。我喜欢催眠系统方法的想法和假设。其中一个观点就是我们常常被问题"催眠"，陷入"问题催眠状态"。我学会了如何帮助人们重新集中注意力并进入"问题解决状态"，也学会了如何将它应用到自己身上。在开始参加培训后的 6 年多时间里我仍然是一名首席执行官，这样我就可以立即在日常工作中尝试新的理念，并"测试和检验我的理念"。

一些实例

变革发生之时，正是我明白自己所处的组织系统并不能完全支持我的目标、想法和梦想的时候。因此我决定离开这个组织，成为一名教练、顾问和导师。我想通过个人中心和催眠系统方法提供更多的帮助。所以我决定利用这个变革过程，为我离开机构系统和我周围的政治系统做准备。当我开始为成为一名个人中心组织开发者进行培训时，我在课上被要求为我想做的一个组织项目下定义。我很快理解，我的组织项目就是从机构中退出：我该如何帮助机构来处理我的退出？我怎样才能使员工在充满挑战的时期变得更有组织性和建设性？我该如何为更好地管理自我做准备？从工作了 18 年的熟悉地方离开，我如何帮助自己从伤感中走出来？

下面是五个我反复应用的重要的经验性例子：

- 我学会了改变我的肢体语言和身体姿态。首先，我试着笑得更多。以前在高度紧张的情况下，我的嘴角总是喜欢向下拉。这传达了一种消极、紧张、难以接近的印象。于是我开始训练自己提起嘴角。这带来两种效果：我看起来更友好了，我变得更积极了。具身研究表明，面颊肌肉的紧张（微笑）会改善情绪，对他人的态度更积极。这对我非常有用。

- 我开始改变自己在公司里走路的方式。我过去常常匆匆忙忙地穿过走廊，从不左顾右盼——这是一种古老的狩猎方式，专注于下一个要猎杀的动物。我养成了这个习惯，因为我认为一位重要的首席执行官应该这样走路。应用个人中心视角后，我试着在进入大楼之前关注我遇到的人。我试着放慢节奏，对人们说"你好"，简短地交谈，变得开放和积极。

- 我把会议室里的桌子搬走了。这彻底改变了会议室的气氛，人们感受到的障碍少了，能量流动也不同了。从个人中心视角来看，我看到了另一个去掉桌子的重要原因：在桌子后面，你只能看到人桌子上方的一半，另一半是被"断开"的。我觉得，如果你只看到人的一半，那么就更容易对他人"打折扣"。

- 在会议中我改变了自己和员工交谈的方式。我变得更加注意一件事：在每次谈话中，我倾听得越来越多，远远超过了我所讲的话。我总是试图让员工或合伙人先说话。我总是能从员工身上学到一些东西。早年间，我根据自己在家庭、学校、公司等经历提出我对于领导力的设想。在我构建的现实中，领导意味着给出指示、设定目标和控制结果。在个人中心视角培训课程的团体中，我看到了人们的潜力，正如罗杰斯所描述的那样："有扩展、延伸、发展和成熟的冲动。"所以我更加坚信，要修正以前的想法并且形成新的想法，例如：

  — 员工想为公司取得积极的成果；

  — 员工经常知道一些老板不知道的重要信息；

  — 员工和我一样有感情；

  — 在过去员工以积极的方式为公司做出了贡献，我们应该首先承认这一点。

- 我改变了启动改变过程的方式。改变总是意味着改变习惯和行为，打破常见的规则和结构。没有人喜欢这么做，而且大多数人都会先表现出抵触情绪。过去，当我试图说服人们成为变革的创新者时，我常常从其周围的威胁开始，并且觉得立即改变习惯和行动很重要。虽然我也获得过一些成功，但大多数时候是很困难的，消耗了很多精力。所以我开始思考如何以一种个人中心视角来启动改变过程。我认识到，为了达到目标，我首先必须认清现状并且了解其他人的成就动机。现在，我总是先给出赞赏的反馈，然后再讨论改变的选择。我也尝试着和利益相关方或者监事会成员一起做这件事，我想让他们明白我们的组织需要改变。我把这种努力放宽过于僵化的规则的做法称作"个人中心式地打破规则"（Haasis，2013）。

我还了解了调整积极互动和消极互动之间的比例所带来的力量：在与伙伴沟通时，根据经验法则，在给出 1 个消极或质疑性的反馈之前，平均需要 5 个积极的反馈才能应对消极反馈带来的麻烦。

我并没有完美地应用这些措施，到现在依然没有。这是一段终身学习的旅程。我发现自己一次又一次陷入旧的模式。但我每天都在学习和提高，这让我在处理人际关系时能够感受到快乐与一致。

变革仍在继续

2 年前，我辞去了公共创新机构首席执行官的职务。我明白，现在是时候开始一些新的东西了，为让我曾置身其中的"系统"开启新的道路。我在这里工作了 18 年之久，为了以一种感激而和平的方式结束我人生的这一篇章，我付出了很多努力。我经历过失败和巨大的失望，也取得了很多成功，丰富了人际关系，得到了社会的认可。所以我组织了一个大型的告别派对。我的员工为我设计了一张告别卡，这张卡的封面上写着："你带着创意而来，留下价值而去。"我被这种描述感动了。一个最初是我办公室的实习生，现在是我在公司里最喜欢的一位经理写道："看到你从紧张的克劳斯变成放松的克劳斯，真让人印象深刻。"这是对我想达到的目标的一个极好的肯定。我最新的实习生，26 岁的约纳斯，在我 18 年来收获了丰硕合作成果的 150 名朋友和伙伴面前做了演讲。他说："我希望看到组织中到处是感激致辞和支持资源。我希望看到更多的会议室地面摆满鲜花，椅子围成圈，没有桌子，看到更多'哈希斯合作金规'。克劳斯，你太棒了！"这使我变得感恩和谦虚，并给了我力量去开启人生一个新的篇章，我将作为个人中心和系统取向的教练、导师和培训师，建立我的新品牌"问问克劳斯！"

回顾与思考

我们（雷内特和戴维）对这个案例感到特别兴奋，这位首席执行官决定参加一个完整的个人中心视角咨询培训计划，然后改变了他管理其业务的方式。

明确的信息

我们对克劳斯·哈希斯为明确传达信息而做的努力很感兴趣。我们确实需要坚持一些基本的态度，并且以此改善我们部门的人际关系和个人氛围。而且，如果你是一个有创造力的首席执行官，你更有可能影响整个组织。最基本的一点是在批评别人之前，要对别人不止一次，而是一次又一次地表达欣赏，毫不含糊地表示感激。

身体语言

本案例研究也揭示了一个人身体语言的具身化表达，其重要性并不比语言和行为的表达差。事实上，我们看问题或行动的方式揭示了很多关于我们自身的事情。努力向同事表达我们的感激之情，对他们说"你好"，或者给他们一个简单的微笑作为回报，可以使工作氛围变得更加友好和开放。

> **请思考：**
>
> 你能想象没有桌子的团队会议吗？你打算试试这种会议形式吗？
>
> 你表达感激的方式是什么？你是如何意识到别人接受了你表达的感激？是什么让你感到被欣赏？
>
> 尽管在线视频会议并不能提供真正的面对面交流，但是在电脑屏幕上你能直接看到对方有什么特别价值吗？与坐在办公桌后面跟这些人谈话相比，你如何评价这种会议的深刻程度？

终身学习

我们完全认同这样一种假设，即员工或其他人总是知道一些我们可能不知道的重要信息。这有助于我们看到他人的价值，以尊重之心接近他们，而不是希望他们像我们一样思考，或者变成另一个人。这个信息对我们来说很容易理解，因为我们非常感激别人让我们成为我们自己，而不是根据他们的愿望塑造我们自己，或强加一些违背我们价值观的东西给我们。只要最终决定权在我们这里，我们总是欢迎诚实的反馈。

持续变革 / 变革边界能被推进多远

对我们来说，似乎克劳斯·哈希斯变得更加灵活、放松、感激他人、一致，在某种程度上达到了传统组织机构的极限。在这样一个系统中，似乎存在着一些规则和结构，即使通过现实的努力也很难突破。因此，虽然我们自己的变革继续朝着自组织、实现的方向进行，但系统发展可能会滞后，可能会增加人与组织之间的不匹配或一致性缺乏的程度。我们祝愿克劳斯在他的选择和道路上取得更多的成功，实现更多的自由，有更多自我导向的行动。

参考文献

Rogers, C. R. (1961). *On becoming a person. A therapists's view of psychotherapy*. New York: Houghton Mifflin Company.

Haasis, K. (2013). A person-centered approach to innovation management: Experiences and learnings. In J. H. D. Cornelius-White, et al. (Eds.), *Interdisciplinary applications of the person-centered approach* (pp. 193–198). New York: Springer.

第八章　案例研究：个人中心视角的社区变革思路

莫琳·奥哈拉 ❶（Maureen O'Hara）

20 世纪 70 年代，卡尔·罗杰斯搬到加利福尼亚的拉荷亚后，开始探索来访者中心原则在创建健康社区方面的潜力。在接下来的 20 年里，直到他去世之前，他和一群同事在人类研究中心创建了个人中心视角（PCA）项目，这个项目召开大型的团体研讨会，其中以来访者为中心的会心原则（encounter principles）被应用到全球各地的临时学习社区中，这些学习项目持续时间从 2 到 17 天不等（Bowen et al., 1979；Rogers et al., 1983；Rogers, 1977；Wood, 2008）。虽然这为探索个人意义、个人会心的力量和大群体进程的魔力提供了丰富的机会，但这些团体充其量只是在模拟情境，缺乏在真实社区中行动的高风险。它们仍然停留在治疗性视角中，参与者已经熟悉了罗杰斯著作中业已说明的基本原则。今后的研究还需要在一个风险较高、有关人员尚未了解个人中心视角的真实社区中探索个人中心视角原则。

一个苏格兰城市中的社区变革

国际未来论坛

2001 年，我应邀参加了国际未来论坛（International Futures Forum, IFF）的一个项目，探讨人们如何在一个复杂而流动、无章可依也无"成法"可循的世界中采取有效行动。这让我有机会在面临巨大挑战的现实社区中探索个人中心原则。

国际未来论坛并不认为自己是一个以人为本的组织。它是一个由在个人、组织和社会政策层面的变革过程中拥有丰富经验的资深思想家和实践者组成的国际团体。它不是一个咨询团体，而是一个学习型社区。它的使命是与那些组织和社区的负责人合作，使他们能够在一个日益复杂、不确定、不适合简单的直接命令和控制策略的世界中采取有效行动。然而，下面的案例会以元故事的方式描述一个城市的变革，展示个人中心视角原则的一些重要特征。

福尔柯克市下辖福尔柯克、格兰奇茅斯、博内斯、斯坦豪斯缪尔、丹尼和兰伯特六个地区，总人口约 16 万。IFF 应该市议会要求，审查其五年计划，如果可能的话，给市政执行官和她的团队提供关于该计划在解决迫在眉睫的社会经济危机方面的潜力的意见反馈。这一过程得到了既是赞助商又是参与者的英国石油公司的积极支持。当时英国石油公司宣布，其在格兰

---

❶ 莫琳·奥哈拉：哲学博士，是美国国立大学心理学系的一位教授，也是加州赛布鲁克大学的名誉校长。在与美国心理学家卡尔·罗杰斯博士的合作中，她协助发展了心理治疗与大型团体进程中的个人中心视角。近年来，她研究探讨正在发生的"大规模"变化与心理适应的关系，以帮助我们在当今这个我们难以理解或控制的世界中开展有效、人性化的行动。

奇茅斯的炼油厂要裁员 1000 人，而这家炼油厂是该地区的主要雇主。为应对这件事，福尔柯克行动计划（Falkirk Action Plan, FAP）提出了一系列让当地经济复苏、社区重建的创举。但对如何达成尚不清楚，因此 IFF 被邀请参加一个合作调查过程，以了解如何实现这一目标。IFF 的工作原则和过程在《在观念性紧急情况下要做的十件事》（*Ten Things to do in a Conceptual Emergency*）一书中有更详细的描述（Leicester & O' Hara, 2009）。

国际未来论坛的共享假设

虽然团队成员来自不同学科，知识背景各异，但他们心照不宣地共享一种与个人中心视角相一致的世界观。这反映在团队成员共同工作的互动方式上，也反映在一些关于人性、人与人之间的关系以及一个健康而促进成长的组织性质的基本假设上。这些假设包括：

- 相信生命的进程。所有生命系统都有一个内在的自我组织方向——一种"形成性趋势"，从单细胞到人再到社会，向着更加复杂的方向发展。
- 个人和群体往往都有所需的资源来应对他们所面临的挑战，而且在适当的有利条件下，这些资源可能会被释放出来，用于成长和创造性发展。
- 变革性的变化不仅改变了完成事情的方式，还改变了采取行动所依据的假设。当个人意识和群体意识之间产生共鸣，并且个体参与者的期望与团体创造性的方向之间存在一致性时，它就会发生。当反馈循环使得反思和学习成为可能，一个涌现式过程就会展开，给世界带来一些全新的东西。
- 领导者或推动者的作用是帮助建立和维持这种文化条件，为这些个人和团体提供一个肥沃的环境，使他们作为一个整体来实现创造潜力。
- 促成创造性过程的条件包括积极的民主参与、一致性、无条件尊重、深入倾听、跨越多样性的共情以及信任群体进程的能力。
- 在复杂的情况下，要产生变革行动，这一聚焦的行动需要对环境有一种具身（embodied）而整体的感觉（O' Hara & Leicester, 2012）。

调查过程

IFF 在福尔柯克市的工作不是作为一种"干预"，而是作为一种调查。我们开展的这一进程是在 IFF 成员与市政执行官及工作人员之间的合作对话中制订的。第一步是由一组 IFF 成员前往福尔柯克开展一段学习之旅。这个小组由一些深入了解自己所学学科的人组成，但是他们愿意暂时放下自己的"专家口吻"，作为一个学习者深入福尔柯克市，以便对市政执行官和她的团队所面临的挑战有具身的认识。在我们对何为重要因素有了共同的认识后，IFF 开启了另外几次学习之旅，去访问该区域内的人们、团体和组织，从他们多元化的视角了解和倾听被提出来的 FAP 是什么样子。其目标是深入表面叙述之下，倾听和理解当地不同的社区对他们未来的看法。IFF 团队成员背景广泛，涉及经济、化学、公共政策、社区组织、创意艺术、心理学、信息管理、科技、商务和政府领域。

在我们最初参与的过程中，对 IFF 团队成员来说，尽管通过良好数据和仔细分析了解了当地现状，但 FAP 似乎存在一个重大弱点，可能会限制其目标的实现。尽管 FAP 激发了城市和商业领袖的热情，但是福尔柯克市民众却不受益，他们反而觉得这个过程夺走了他们的权力。一位民众表示："又一个自上而下的计划，不会有任何结果。"这表达了人们普遍的悲观情绪。IFF 在大量民众身上感受到沮丧情绪，甚至议会中一些工作人员似乎也怀疑这些态度能否被改变。我们反复听到的就是"这里的人们对未来没有太多的希望"（这里的一个例外是市政执行官本人，她对福尔柯克的人民挺有信心）。

在 IFF 成员看来，FAP 虽然做得很好，但反映了一种传统的世界观，它对任何可能参与其中的人、混乱或创造性冲动都没有太多信心。它似乎毫无生气，只关注就业和其他经济指标。它似乎缺少了一点地方精神（*genius loci*），直到后来我们才意识到，这是一个重大的遗漏。当地人引以为豪的成就之一是即将竣工的福尔柯克巨轮——一艘连接苏格兰两条运河的巨型升降船。当人们描述巨轮时，他们常常对过去福尔柯克市作为一个工程城镇的卓越成就感到自豪。这是一种怀旧的自豪感，不是向前看，而是向后看，尽管如此，这种自豪感还是支撑着他们。

通过听取公民意见，人们逐渐清楚地认识到，FAP 所体现的变革模式剥夺了公民的权力。这个计划是专家驱动的，把福尔柯克市人民视为计划的接受者或专业意见的消费者，公民在计划的创造和实施中没有起到什么真正的作用（Leicester & O' Hara, 2009）。

倾听每一个人

我们确保倾听了我们所遇到的每一个人的声音，包括怀疑者和反对者，我们也帮助他们彼此倾听。我们在一张大表中记录了他们的评论，包括艺术、图像、诗歌以及思想和分析。我们同时也逐字记录了每个人说的话，包括学龄儿童。我们遵循马克斯·博伊索（一位 IFF 团队成员）的模型，帮助团队将不成形的具身隐性知识转变为清晰的或"被解码的"含义（Boisot et al., 2007）。我们根据观察结果，向议会管理人员提供了详细的反馈，然后共同来解读这些评论背后的意义。

过程的参与者

虽然我们是各自领域的专家，但重要的是，我们以参与者而不是专家身份出现。我们以一种谦卑的心态，一种深切尊重福尔柯克人民能自己找到解决办法的心态，与市政执行官及行政人员一起工作。我们分享了我们的困惑、希望和我们对可能失败的恐惧。随着 IFF 工作团体对不同背景人群（如女性庇护所、石油管理人员办公室、艺术中心、博物馆和渔业社区）声音的倾听，我们开始听到 FAP 未曾涉及的新主题。

IFF 所做的不是采用一种方法，而是采用一种"思路"，其实质为个人中心的手段。这包括倾听那些"限制或可能限制福尔柯克雄心的语言、态度、过程、结构、心态，以及可以确保他们在未来不会这么做的方法"（Leicester & O' Hara, 2009）。我们并没有像传统顾问可能做的那样，提建议、做解释或客观化我们所听到的信息，以寻找符合某个特定变革理论的线索，而是试图用共情在表面暗示下辨别出他们真正想要说的话，然后我们一起思考，以确保我们理解了他们真正的意思。我们的立场不是主体对客体的，而是主体对主体的，因为我们实践了一种典型的治疗文化所用的，但在商业环境中很少见的倾听方式。这种倾听方式不仅要倾听个人的声音，还要倾听那些似乎有一种创造活力的信息流、模式、隐喻、图像和理想。

我们倾听得越久，那些原本就一直存在的其他声音就浮现出来。人们开始分享一些想法，超越了 FAP 中那些雄心勃勃的提议。人们分享说，他们担心自己的孩子会抛弃福尔柯克市，认为他们的未来在爱丁堡或苏格兰以外的地方。他们所表达的愤恨可以追溯到多年以前，那时候就有人认为这几个镇之间的资源分配不均。他们关心的不仅仅是工作，他们想要一个让他们的孩子感到骄傲的福尔柯克，一个能够提振其精神和激发其想象力的福尔柯克。一些人想要更好的社会服务，另一些人想要一些空间，让人们可以在其中创造艺术，感受激励而非冷漠，可以体验美，拥有健康的环境，并可以种植食物。在他们的愿景中，有发展的空间，也有"令人惊讶"的因素。

将计划变为祈求

根据在多轮谈话中出现的结果，该行动计划被重新设计然后重新启动，即"我的未来在福尔柯克"倡议。这不再是一个由专家设想，脱离公民的心之所想和生活，有预设结果的计划，而是一种祈求、"一个号召、一份邀请、一种精神"（Leicester & O' Hara, 2009：24）。当这种精神在社区中传播时，IFF 作为支持者和宣传者参与其中。而在那以后发生的事情令人震惊。

释放集体创造力

我们发现在这种情况下（以及其他项目中），一旦集体创造力被释放，旧的限制消失，这种能量和精神是不可抗拒的。该计划启动四年后，福尔柯克市获得的投资超过了最初十年计划的所有预期，增长了五倍。福尔柯克市获得了许多奖项。大多数奖项都颁发给那些在摆脱几十年来对石油工业的依赖后，公民对环境可持续发展的未来所做出承诺的项目。

重要的是，个人中心文化变革是一个长期命题。创举往往从小事开始，一旦成功，就会产生连锁反应，因为更多的人会受到激励，朝着同一个方向迈进。五年后，当 IFF 团队重返福尔柯克时，管理人员认为我们会发现一个"看起来更好、感觉更好、思路更不一样"的地方。我们的任务是通过与社区团体组织新一轮的倾听，来查明是否确实如此。

文化变革

这一次，我们采用了其他团体在进行文化变革时所用的成功方法。我们使用不同群体的真实语言，忠实地记录下来整个过程，然后制作了一组记录了社区智慧的卡片，并将其整理成关键词汇，以便更容易与其他群体分享。这些信息印在卡片上，以激发进一步的集体调查。"让它个性化""为别人的想象力释放一些资源""每个项目都是一种文化干预",这些只不过是卡片上列举的小例子而已。

但是在意识中,最能体现从专业到艺术转变的标志来自一个新的项目——螺旋公园项目。这个公园被设计成螺旋状,表现了所有生命都有的分子结构。最令人惊讶的是,最终设计中融入了神话般的想象力。由于获得了针对该项目的巨额拨款,福尔柯克市决定在螺旋公园的入口处创作两尊巨大的凯尔派(Kelpies)雕像,也就是苏格兰神话中的水马。现在雕像已经就位,吸引了附近好几公里外的人们前来观看。该地区的变革仍在继续,面临着新的挑战,并且展现出新的雄心。在 2011 年的一项民意调查中,福尔柯克市被评为苏格兰最适宜居住的城市,这是不到十年时间内发生的一个巨大变化。

与个人中心视角相一致的原则已成为当地治理文化的一个主要部分,尽管从来没有被如此称呼过。作为一个社区和政区,福尔柯克市正"在传统政治和官僚文化中,以实践愿景的组织方式"运作(Leicester & O' Hara, 2009: 25)。它在旧的东西存在时,积极地培育新的东西。在项目启动之时,取代了原有的犬儒主义和沮丧,而是用一种新的人文精神激活了对话,现在人们常常提到的是个人、参与、共情、信任、文化变革、释放人们固有创造力的重要性。

总结

我们从这个项目和其他社区项目中学到的是,人们渴望一种文化,能够接纳他们完整的自我,并为他们提供为更大的整体贡献其创造力和服务的空间。他们想要付出自己最大的努力,并且希望收获别人最大的回报。当这一切发生的时候,变革也就发生了,极其令人兴奋。一旦个人中心视角被制度化为"我们的方式",随着新项目的构思和完成,掀起的涟漪就获得了力量,生命力就在人们的心灵和关系中流动。

回顾与思考

团队合作

这个案例使我们更前进了一步。它使变革开始从一个领导者向整个领导团队过渡,在人性化原则的基础上一致行动。这是至关重要的,因为在特定情况下,很难想象一个人能够像案例中描述的那样,以如此重要的方式改变整个城市社区。这需要团队的努力,类似的原则(尽管规模不同)同样适用于 IFF 团队以及他们在社区的工作,而且同样是有效的。

协作精神

对此我们感受到意外之喜，一方面是因为英国石油公司负责任和合作的态度与行动，另一方面是因为福尔柯克市管理者接纳 IFF 的开放心态。当能量聚集在一起，很多事情就可以完成，当终端用户——在这里是指公民——受到尊重并平等地参与其中时，该项目就有更好的机会满足公民的需求并持续下去。看上去，社区变革的可持续性也是由于 IFF 团队成员的高水平技能和经验，使得他们能够深入倾听，并收获了随之而来的理解。

共同原则和愿景

该案例还描绘了基于当地的民众，如何建立一个具有"自然与文化"根基的复杂的共同愿景。正因如此，该城市才会表现出稳定的增长，甚至超过经济专家的预期。这个案例让我们确信，相信进程是一项可以依赖的原则，虽然也有风险。风险的大小很难计算，但是，要实施最初那个具体而微、以经济为主的计划同样存在风险。总而言之，IFF 团队意识到了风险，他们不是盲目相信这一进程，而是把他们的头脑和经验智慧结合起来，合作推动"我的未来在福尔柯克"的倡议。

> **请思考：**
>
> 你能举例说明本案例所列出的一些基本假设是如何在 IFF 小组的工作中被实践的吗？例如，你是否可以在项目进行过程中，追踪反馈循环和反思？你认为哪些变化属于"自我组织向量"？
>
> 你周围是否有你觉得可以与之合作的人？他们可以帮助你完成一些对你来说有意义的变革性项目吗？
>
> 在这个案例研究中你是否受到启发，让你可以开始一些变革？如果是这样的话，你会先做什么？你会和谁合作？
>
> 你能否在 IFF 小组的干预中，找到所实现的人员取向议程的任何项目？

参考文献

Boisot, M. H., MacMillan, I. C., & Keong, S. H. (2007). *Explorations in information space: Knowledge, agents and organizations.* Oxford: Oxford.

Bowen, M., Miller, M., Rogers, C. R., & Wood, J. K. (1979). Learnings in large groups: Their implications for the future. *Education, 100*(2), 108–116.

Leicester, G., & O'Hara, M. (2009). *Ten things to do in a conceptual emergency.* London: Triarchy Press.

O'Hara, M., & Leicester, G. (2012). *Dancing at the edge: Competence, culture and organization for the 21st century.* Axminster, Devon, UK: Triarchy Press.

Rogers, C. R. (1977). *On personal power.* New York, NY: Delta.

Rogers, C., Wood, J. K., O'Hara, M. M., & Fonseca, A. H. L. D. (Eds.). (1983). *Em busca da vida.* São Paulo: Summus.

Wood, J. K. (2008). *Carl Rogers' person-centered approach: Towards and understanding of its implications.* Ross-on-Wye: PCCS Books.

PART 3

第三部分

.
.
.

变革性沟通在工作
场景中的应用

.
.
.

第九章　变革性沟通的前提：建设性的人际氛围

　　然而我认识到，真实性、真诚性或一致性（不管你想用什么术语来形容它）是实现最佳沟通的基础。

　　　　　　　　　　　　　　　　　　　　　　　　　　罗杰斯（Rogers, 1980: 15）

本章重点：

- 构成建设性氛围的因素及其重要性；
- 有助于营造建设性氛围和工作进展的特质和技能，包括倾听理解、非评判态度、尊重、推动式的开放性和包容；
- 团队成员如何看待这些特质，它们通常会引发什么倾向，以及即使在工作场所具有提供这些品质的建设性意图，仍然会产生哪些问题；
- 在个人中心氛围中，管理者和团队成员倾向发展的方向；
- 个人中心管理者经常会遇到的问题，如外部规则、团队成员间的冲突、利益相关方缺乏透明度、紧张而严格的时间表，以及周边组织单位或系统的不兼容文化；
- 组织或项目的目标与个人中心态度间的匹配性。

　　家具的种类、形状、大小，桌子的摆放，房间的大小，颜色、光线、食物、气味等有助于塑造房间氛围，对此已有诸多论述。在创造一种建设性氛围方面，更为复杂但可能不太明显的是人们及其关系对这种氛围的贡献。在本章中，我们会揭示一些在人际关系中常常被隐藏的因素，以及它们在保持人们积极性、导致会议和项目成功或失败方面的重要作用。例如，在 IT 项目领域，主要的问题因素不是方法或技术问题，而是人的问题，如缺乏明确的目标、缺乏行政支持，以及项目利益相关方和项目团队之间低质量或者不恰当的沟通（Standish, 2016）。

　　为了揭示建设性与协作性氛围的本质，我们将继续探讨良好倾听所面临的普遍挑战。这是因为：第一，许多人仍然缺少良好倾听（见第十七章）；第二，倾听的功能一再被低估，而且没有得到足够的重视，尤其是在坚信要严格控制的等级制组织中；第三，一些证据表明，年轻的管理者特别看重这个问题，并认为倾听是一个有胜任力的领导需要完善的至关重要的成分，尽管很有挑战性！

　　本章的第二部分聚焦于人际交往的品质和技能，以促进建设性氛围和工作进展。为了说明和理解这些品质的影响，我们列举了几个工作环境中的具体案例与困境，旨在为管理者、领导者和团队成员提供有用的个人洞察力。表 9.1 概述了变革性沟通的改变方向。

表 9.1　变革性沟通的方向

变革前	变革方向
严格的组织结构	基于沟通流的灵活结构
严格的政策	根据特定的挑战解释政策
严格的人事政策	灵活应对特殊情况
不鼓励基于个人的考量	鼓励基于个人的考量
只鼓励个体成就	同时也鼓励团队成就
老板和雇员之间有清晰的界限	支持个人提升到与潜力水平一致的位置
站在客户的对立面	将客户视为合作伙伴
严格地履行合同	让客户满意

在工作中积极倾听

在回顾罗杰斯关于积极倾听的开创性工作之前，让我们分享一些在雷内特最近课程上的学生发言摘录，这是针对计算机和服务科学硕士生开设的沟通和软技能课程。

"我最喜欢的一项活动是'积极倾听'。从我自己的经验来看，它适用于生活中每一个出现交流问题的场景。我有点内向，在与人交流或在人群面前陈述某个话题时，我从来没什么信心。我希望通过这门课程能有所提高，但不知道能提高多少。现在，在完成了这门课程之后，我可以诚实地说，它确实起作用了。"

"我也许会说，最有价值的技能是积极倾听，在个人生活和职业生涯中都非常有用。"

"我学到了很多有趣的东西，比如积极倾听的重要性，说出来的话本身只能表达一小部分信息。"

"我既讨厌又喜欢积极倾听活动。我讨厌它，因为它是目前整个课程中最困难的事情。我的倾听技巧很糟糕，我必须非常努力地去倾听。如果我想到别的事情，甚至只是看着其他地方，我就会在谈话中迷失自己。但我知道忽视别人是不礼貌的，并且这样做对我学习能力的提升也不好。我喜欢它，是因为我有机会克服它，认识到我在这方面是多么糟糕。现在我知道我以后也要不断提升它。我们经常在一起交流，发现在我们生活的其他方面，积极倾听也特别重要。"

"我们学了非常好的话题，在每个话题中都学到了很多知识。我们学会了如何听、如何说、如何与他人产生共鸣、如何成为一个领导者和激励者……只选择一件事很困难，但如果我必须选择，我会选择倾听。真正细心的倾听是与他人交流最重要和最棒的方式。"

大约半个世纪以前，卡尔·罗杰斯和理查德·法森在一份商业期刊上发表了他们针对积极倾听的著名文章（Rogers & Farson，1987）。在文章中，他们以一种最强烈的方式表达了他们的态度以及该做什么和不该做什么。这就是资源框 9.1 中大量引用罗杰斯和法森文章的原因。

资源框9.1　在工作中有效积极倾听的态度、应该做的事和不应该做的事
积极倾听：态度、感悟、应做和不应做

- 一个人要想做到完全有效的积极倾听，就必须对说话者有真诚的兴趣。我们需要传达这样的思想："我认为你的感受很重要。我尊重你的想法，即使我不同意，我也知道它们对你是有效的。我确信你能做出贡献，我想理解你。"

- 如果我们只是做做样子，说话者很快就会注意到。

- 只有愿意冒险从说话者的角度看世界，才能培养出对说话者真诚的兴趣。

- 积极倾听更可能给听者带来建设性的改变。积极倾听是一个丰富信息和深入积极的人际关系的途径。对于说话者来说，这使他们所表达的感受和想法更清晰地被他人倾听。它不会对个体的自我形象构成威胁。说话者对此不需要防备，可以自由地探索，然后就可能处于改变之中。

- 为了确保员工之间的良好沟通，每个感到有责任积极倾听他人的人，都可以设定一种积极倾听模式和交流基调。一个人表现出的行为最终会影响另一个人的行为。

应做：

- 创造一种既不是批评也不是评价，更不是说教的氛围。它必须是平等和自由的、宽容和理解的、接纳和温暖的。在这种氛围中，个人感到足够安全，可以吸取新的经验和新的价值观。

- 倾听信息的全部含义，以便能更好地理解。除了倾听信息内容，还包括潜在的感觉或态度，从而赋予信息以意义。

- 进入说话者的视角，尝试理解他们在传达什么。说话者可以感觉到我们在从他的角度看问题。

- 在某些情况下，内容不如其背后的感受重要。在这种情况下，为抓住内容的全部含义，我们必须对感受部分做出特别的反应。

- 注意所有的线索。除了语言表达，我们还需要觉察几种不同的沟通方式，比如声调、犹豫、面部表情、肢体语言、眼部运动等。在线上交流中，这些线索会减少，但是会部分地被各种各样的符号性表达取代。

不应做：

- 试图用我们看待事物的方式去改变他人看待事物的方式。

- 过度评判，无论是积极还是消极，因为这会使自由表达变得困难。
- 快速和简单地建议。建议常常被看作改变一个人的努力，因此会成为自由表达的障碍。此外，这样的建议很少被采纳，除非加以明确要求，同时也要建立在事先倾听并理解寻求建议之人复杂情境的基础上。

为了让读者对 IT 团队的青年领导有最新的认识，表 9.2 列出了他们以及在 2015 年春季举行的一个个人中心沟通国际工作坊中 14 名团队领导者所回顾的积极倾听的优势和存在的问题。

表 9.2　积极倾听的优势和存在的问题

优势	存在的问题
建立联结	可能会显得刻意
有更深的了解	听者可能会缺乏动力
有更好的洞察力作为解决方案的基础	如果对目标事件不感兴趣则很难洞察
培养耐心	费时
让说话者有表达他们自己的空间	可能会很累
改善关系	—
让人感觉有价值	—

距离罗杰斯和洛特利斯贝格（Rogers & Roeth lisberger，1991）在著名期刊《哈佛商业评论》（*Harvard Business Review*）上发表关于沟通的障碍和通路的文章，已经过去了半个多世纪。如今，积极倾听的价值得到了广泛的肯定。然而，在工作中良好和有效的沟通仍然面临一些挑战。资源框 9.2 总结了一些引发人们共鸣的想法。

资源框 9.2　商业背景中的积极倾听：必要但不充分的信息（部分灵感来自约翰·J. 格雷厄姆对罗杰斯和洛特利斯贝格的回顾性评论）
- 在竞争激烈和工作不稳定的情况下，建立信任的过程不像找到管理者对其开放然后被倾听那样简单直接。当一方害怕失去工作，而另一方不得不缩小团队规模时，双方都可能会避免开放式对话。
- 建立信任需要一个复杂的过程，此时一个人的行为、性格、管理能力等，都在其倾听能力之外发挥作用。因此，员工是否敞开心扉取决于其自信心的几个方面。
- 时间压力日益成为良好沟通所面临的障碍。在一种强调和重视效率的文化中，我们需要接受这一点，尤其是在时间紧迫的时候，我们需要学会有效地沟通。

- 我们需要认识到，理解对决策和解决冲突至关重要。然而，理解并不必然意味着做出一个好的决定或得出解决办法。此外，我们所需要的是一种相互的，而不是单方面的理解。因此，我们总要依赖于对方的理解能力，以及其决策、解决冲突、合作、谈判等能力。
- 管理者尤其面临着双重挑战。一方面，他们需要能够不带评判地倾听；另一方面，他们又经常被要求对项目、预算、战略等进行评估和做出判断。因此，他们迫切需要运用双议程法则，也就是能够在非评价性倾听的同时，根据从多种感官和信息渠道获得的所有证据进行判断并做出正确决定。

但是在当今的组织中，倾听的效果如何呢？在最近的一项研究中（见本书第四部分），绝大多数人力资源专业人士都有在工作场所倾听不充分的经历。一种常见的典型回答是："如果我真遇到了问题，也找不到什么人可以帮忙。"

虽然积极倾听的案例会激发建设性态度，但是通常意识到什么是错误的，并从观察者的角度找到问题所在，也非常具有启发性。它可以从对观察者来说安全的角度说明不良行为，因此可以避免个人防御机制将这种体验作为威胁自我形象的东西加以屏蔽。让我们一起来看以下三个小故事。

故事1　"我该相信有经验的同事还是我自己？"不同的参考框架、立场和路径

作为一个经验丰富的管理者，你投入了大量精力和时间培养一位有天赋的初级营销专家，她叫蒂娜。过去，她曾经和你一起做过一个进展相当顺利的项目，但是在你看来，如果有更多有经验的同事来支持市场营销，她可以做得更好。蒂娜负责你即将推出的新活动的营销活动。虽然你确信这个系统的主要市场是你公司的客户及周围的密切相关者，但是她不这么认为。她非常认同亚洲文化，希望在亚洲推广这一系统，也拿出证据表明这将带来更多收入。她真的很想去上海的一个交易会，并在那里介绍该系统。她似乎对本地市场和利益相关方感到厌烦，认为新系统只比其他系统好一点点。因此，她不确定能否说服本地客户购买。

那么，应该如何处理这个两难的问题呢？最近，你每天来上班都会对这种意见不一致感到紧张。当你们成功地合作完成其他事情时，你也会感觉到意见不一致总是存在，"悬而未决"，一直在消耗你的心理资源。我们需要尽快找到解决办法。

故事2　严格的外部需求或事情与最初设想的不一样

一份与七位国际合伙人合作的项目提案通过了。每一位合作伙伴都尽其所能，努力达成解决方案。在整个项目中，为了满足现实的需求，需要对提案稍作修改。例如，必须开展技能培训活动，而不仅仅是内部关联活动，因为现有活动缺乏一些关键标准。由于这一额外的工作，时间变得非常有限，项目需要进行验证。一位合伙人严格以项目提案为基础及时开始了验证，认为这是按时完成验证过程的唯一方法。然而，其他合作伙伴优化了验证过程，以更好地适应项目前后所做的调整，并声称所有合作伙伴都需要遵循他们的验证方案！没有人准备退让，因为那会使他们负责的工作变得无关紧要，并且无法验证产品。

结果，一些合伙人对另一些人感到不满，并停止了沟通，因为他们觉得其他人没有听他们的意见，正在破坏项目成功的可能性。

从管理者的角度来看，不难发现上面的例子所发生的变化。我们假设你对此有自己的个人反应，以及如何解决问题的建议。但是在我们分享想法之前，让我们把注意力转向下面一个团队成员和经理之间的对话。

故事 3　"时间不够了"——解决问题的对话

经理：我们明天就要交代码了，不然我们就得按合同规定交罚款。你有什么想法吗？

员工：是的，明天是预定的交付日期。毫无疑问，我们可以交付软件并掩盖一些到明天来不及处理的问题。我们要完成整个流程。但是一旦系统交付，我们就需要更多的时间来做重新安装和漏洞修复，这对客户和我们都有影响。我想最好和客户谈谈，让他们知道我们还需要两天的时间来进行全面、系统的测试，这将有助于节省长期运行的时间。这个选择对您来说可行吗？

经理：不行呀，接下来几天他们把安装和培训的一切事情都安排好了。所以他们可能真的觉得这会儿才通知延期交付让人恼火，并坚持要求我们支付差额。

员工：好吧，我没有考虑过这个。好的，如果要培训的话，让我看看是不是可以在我们的服务器上进行培训。这个软件本身没问题，偶尔出现的漏洞可以被容忍然后记录下来。因此，我们团队一部分人还是可以去解决复杂的漏洞的，我们不会妨碍客户。您认为怎么样？

经理：这开始变得有点复杂，也肯定会给我们带来一些风险。嗯——但是为什么不试试呢，这的确有意义！好吧，如果你认为这能够让我们最终交付高质量的软件，而不支付罚款并且惹恼客户，我觉得你可以去和他们谈谈。如果我能以任何方式支持你，请告诉我。祝你好运！

这三个小故事的共同点是，人们的期望没有得到满足。当前感知到的现实与预想的计划状态有所不同，比如准时完成项目或者达成共识。但是其差异的清晰程度、让人恼火的程度，以及让人感觉到的威胁性程度或多或少都有不同，就像"必须为延误交付罚款"的威胁性较高，而"针对给定环境通过沟通来安排可能的最佳解决方案"则是更可接受和自然的。在一个几乎可以即时沟通的时代，变化是不可避免的。因此我们必须能够应对变化，这意味着要尽可能对当前的现实保持开放的态度，并在特定时刻为迎合现实而进行沟通和合作。然而，这需要一个人非常好地倾听自己和他人，并试图理解正在发生的事情的本质。如果没有良好、精确、深入的共情倾听和回应，似乎没有办法做到这一点。否则，上文第三个小故事中的经理和他的员工如何能够找到双方都能接受的解决办法，并且能够进一步谨慎认真地利用双方的资源？

你可能会问，为什么我们应该小心使用对方的资源？我们为什么要关心这些，这不是他们的工作吗？当然是这样，但是如果我们想继续和对方做生意，忽视他们的立场可能会带来高昂的代价，而且很快会迫使他们退出合作。如果我们接受其他人作为合作伙伴，承认他们的问题也是我们的问题，集中精力找到一个适合双方的解决方案，这将完全不同。对我们来说也是如此。如果对方无视我们的需求，我们可能会第一时间退出。

请留意（业务）伙伴之间固有的互惠关系。一个人的沟通和行为并不是孤立存在的，而往往与其他人错综复杂地交织在一起。我们可能会对其他合作伙伴和合作氛围产生强烈的影响。然而，如果我们的合作伙伴总是站在反对派的立场上，我们个人中心的建设性态度就不可能完全展现出来，甚至可能被权威的指令性做法吞没。但是，如果我们能够了解我们的合作伙伴，例如，如果我们故事 3 中的员工能够被经理理解，明白他是为双方寻找最令人满意的解决方案，那么双方之间的信任就会更加牢固，商业关系会变得更加透明也更加相互尊重。

> **请思考：**
>
> 如果你是故事 3 中的经理，你会怎么处理这种情况？你是倾向于跟你的客户商量，还是宁愿交付（尚有缺陷的）软件产品？你的行动方针取决于什么？你会说什么？

在举了几个例子说明在建设性氛围中需要灵活性和有效沟通之后，让我们更深入地探讨建设性人际氛围的基础。

作为建设性人际氛围基石的三种人际态度

罗杰斯假定对待一段关系的态度应该是促进个人成长的。这些态度或"存在方式"至少需要由一个人表现出来，并且被其他人感知，它们包括：

- 共情性理解（有时简略地称为"共情"）；
- 接纳或无条件积极肯定；
- 一致性或真实性、真诚性和透明度。

根据罗杰斯（Rogers，1980：115）的说法，这些态度构成了一种建设性氛围的基础，这种氛围能够使人们对任何情况基本上保持不偏不倚，进行可以改变生活的有意义学习。如果人们至少在某种程度上感知到这些态度，那么他们就可以达到他们所能达到的最好状态（Rogers，1961）。因为很多人都把大部分时间和精力投入到工作与生活中，所以我们有必要考虑一下罗杰斯的这三种态度对工作中人际关系的影响，以及它们是如何影响双议程的相互作用的。

共情性理解

共情性理解源于对于站在他人视角，产生深刻理解的渴望。罗杰斯这样描述他的感受：

我有一种持续不断去理解他人的愿望——一种对来访者此时此刻的感受和沟通产生的敏感共情。接纳并不意味着什么，除非它包括了理解。只有我理解了你的感受和想法……只有当我用你的视角去看待这些感受和想法，接受它们和你自己时，你才能感到真正的自由，去探索……你心中经常被埋藏的经历……这意味着一种同时在意识和无意识层面探索自己的自由（Rogers, 1961: 35）。

罗杰斯对共情的定义如下：

共情，是准确地感知另一个人的内在参照系，即在特定时刻个体意识所达的经验领域，以及随之而来的情感成分和意义，就好像一个人成为另一个人，但并没有忘掉"好像"这个条件（Rogers, 1959: 210）。

在最近一项调查中，赛罕·古弗（Seyhan Güver, 2016）询问跨文化项目的管理者，共情对他们而言意味着什么。我们对管理者们理解的准确性感到意外，并将在后面关于多元文化团队的章节中分享其回答摘录。

下面的例子说明了在与工作相关的谈话中富于共情的反应和共情不足的反应。

案例场景 1

一位员工说："当我听到'评估'这个词的时候，我总会想到一些特别沮丧的事情。"

（1）共情不足的反应

"你是不是有点夸张了？"（判断）

"为什么？一定有什么原因吧。"（诊断、分析）

"你没必要沮丧，你做得很好。"（告诉他人为何不应如此感受）

"如果你总是消极地看问题，你就永远没法成功。"（概括化、指导性）

（2）富于共情的反应

"你是对要发生的事情觉得沮丧吗？"

"只是提到这个词就让你感到焦虑。"

"所以你想避开它。"

"'评估'给你带来了非常不愉快的东西。"

案例场景 2

一位团队成员说："我总是忍不住觉得，协调专员看不起我。"

（1）共情不足的反应

"很多同事都经历过这种情况，你会慢慢习惯的。"（概括化）

"这是你的幻想！在这里没有人会被看不起。"（教导性、指导性）

"哦，别太当真了，你最好干脆忽略它。"（给出建议）

"你越这样想，事情就会越糟糕。"（说教式）

（2）富于共情的反应

"你希望被认真对待。"

"你感到被羞辱了。"

"你确实缺乏与协调专员的平等沟通。"

"这种特定的关系让你感到低人一等。"

案例场景 3

一名员工跟他的团队领导说："我终于完成了这该死的软件升级。"

（1）共情不足的反应

"那么我们就可以继续安装设备了。"（忽略信息中的情感部分）

"你应该感到高兴，在这么艰难的时刻还有工作可做！"（教育式、指导性）

"该死的软件升级？你总要找点事来批评！"（概括化、责备性）

（2）富于共情的反应

"被这项任务折磨得很难受吧？"

"完成了就如释重负一样，是吧？"

"好吧，我猜你最近不想再来一次升级了。"

　　这些情景案例表明，比起只听内容和只注意感受，倾听信息的总体含义非常重要；特别是，让人感到被彻底理解非常重要。而且，敏感的倾听能够促进人际关系（Rogers & Farson，1987）。想一下，如果团队领导的反应是直接下达另一个任务，员工会觉得领导已经收到那些传达给他的信息了吗？员工会对自己的工作感觉更好，更有动力去做好下一个任务吗？

　　另外，共情式回应传达了团队领导者听到并且理解了员工传达的信息。但这并不必然意味着下一个任务需要推迟或改变，或者他必须投入大量时间来倾听员工抱怨其遇到的问题。而是他会根据所获得的共享信息做出不同的反应。团队领导感知的敏感性是最能将普通团队氛围转变为一流氛围的因素（Rogers & Farson，1987）。

请思考：

　　"不管有什么差错，我都是第一个被指责的！"——你对此陈述的反应是什么？

如图 9.1 所示，共情性理解包括态度和技能。它同时具有认知和情感两方面成分（Cain，2010：92），因此共情反应可以有很多形式。基于戴维·凯因的描述（Cain，2010：95 - 100），我们在资源框 9.3 中总结了表达共情性理解的直接形式。对其复杂表达感兴趣的读者可参考凯因的书。

作为一项技能：
- 有效的倾听 "技术"
- "设身处地" 地思考

效果：更恰当的反应

商业背景中的例子：
- 试着站在客户的角度了解他！

作为一种态度：
- "我想了解你"
- 倾听的态度

图 9.1　作为一种态度和技能的共情性理解

资源框9.3　各类共情性理解

"E" 代表雇员，"M" 代表经理。

- **共情性理解反应**——试图捕捉并准确理解他人基本信息。例如：

  E：我刚刚完成了该死的数据导入。

  M：看来完成它要费很大劲呢。

  E：没错，简直像个无休止的活，这个系统没法正常工作，我们只能一遍又一遍重复这个程序。我现在真是筋疲力尽了。

- **澄清反应**——当他人努力寻找词汇，或者只给出一种模糊表达时，尝试清晰地表述对方想表达的内容。例如：

  E：我真想站起来走出去。

  M：你好像很生气。

  E：我相信就是这样。我们这次会议没有取得任何进展，没人听我的。

- **情感共情反应**——超越信息本身内容，聚焦于他人对问题的情绪或躯体感受，表达对方呈现出或暗示的感受。例如：

  E：我真不敢相信我们经理签署了这样一个合并协议。

  M：你感觉被欺骗，担心自己的未来。

  E：没错。我不知道接下来会发生什么事。

- **探索共情反应**——以探索和试探性方式帮助他人定位、探索、展开、审视和反思那些不清楚或隐藏的体验。例如：

> E：我说不太清楚，但是我很担心即将到来的战略会议。
>
> M：所以你有一些模糊的感觉，觉得会议中可能会出现问题？
>
> E：是的。我不确定我和老板对未来是否有同样的期待和方向。我不同意他的战略，它完全和我的关注点背道而驰。
>
> ● **肯定性共情反应**——无论他人对自我意识的体验是积极的还是消极的，都予以肯定。为了让其可信，需要基于共同的知识或提供可靠证据。例如：
>
> E：我为我团队的表现感到骄傲。我觉得我是一个很好的领导。
>
> M：你是个好领导。所有团队成员都尊敬你，并且喜欢他们的工作。
>
> E：我想我一直对我的家庭不太关心。
>
> M：从你所说的话，我能看出你最近对家庭是有些忽略。

请思考：

~~~~~~~~~~~~~~~~~~~~~~~~~~~~

研究本书中的一些例子，你能识别出哪些类型的共情反应？你是否遇到过跟上面所列的都不符合的共情反应？

在你的反应中，你是否更喜欢采用某种特定的反应模式来向其他人表达共情性理解？

共情性理解语境中的问题

有时，一些人会接受不了作为一种澄清理解方式的释义法，这些人通常是负责人，他们反而会把它作为一个弱点、一种"愚蠢"的标志、一种对人的操弄，甚至是对听众一方的攻击。让我们举几个例子来说明这一点。

案例 1

经理："这份报告需要马上修订，错误太多了，写作风格也很差。而且为了不错过明天的截止日期，报告要尽快提交给组委会。我不知道为什么这些事情浪费了我如此多的精力，我都不能去做什么有意义的事儿了。"

员工："你要考虑这么多细节所以感到筋疲力尽。我想知道我怎么才能……"

经理（不耐烦地打断）："这是我的问题，也是我的感受。你最好先保证你手头工作的质量。风格不是一个选项——是必要项！"

案例 2

经理："这份报告需要马上修订，错误太多了，写作风格也很差。而且为了不错过明天的截止日期，报告要尽快提交给组委会。"

员工："你的意思是，我要修改一下报告，订正错误，再改善一下风格，然后……"

经理（打断）："对，这就是我的意思。别老重复我的话，赶紧去做事！"

在一个更微妙的层面上，有时我们会回避别人的共情性理解，因为被人改变或者觉得必须采取行动的风险太高了。事实上，人与人之间的直接接触，包括诚实的眼神交流在内，往往会激发谈话双方的兴趣。因此作为一个真诚的管理者，你会感觉到有必要回应向你分享其内心世界的人。如果我们仅仅是在听，却下定决心不用真诚的方式对信息作出反应，这种倾听就达不到目的，很快就会被认为是一种肤浅的策略。作为回应，敏感的员工也会意识到，在困难情境中，管理者和领导者能够为其提供的支持也存在着现实的限制性，并会在信息中表达出来。他可能会这样说："我很感谢你听我说话，知道有人关心我，我感觉很好。这会帮助我继续前进，如果我在此过程中遇到困难，我希望能再次请教你。"然而，任何提前学习的回应都会忽视眼前的微妙情境和关系，因此读者们应该注意，不要仅仅为了找到方向而使用这个例子，必须形成自己的真实回应。

总之，共情性理解是一种能力，选择把自己放在别人的视角，就好像你通过别人的眼睛看世界一样。你要寻找最能表达对方观点的词汇，在充满挑战的情况下，当情绪不够清楚，无法简单直接地表达时，努力表达对方的观点。共情是一种共同经验，因为我们允许对方纠正我们对其当下感觉的最佳猜测。由于共情性理解对于工作场所中的交流至关重要，因此它已被列入人员取向议程的第 4 项（"努力达到深入彻底的理解和被理解"）。

接纳与尊重

接纳与尊重的同义词包括：无条件积极关注、关心、珍惜、认可 / 承认、温暖。

罗杰斯将接纳描述为：

我发现，我越接纳和喜爱这个人，我就越能建立一种能够为他所用的关系。我所说的接纳是指无论他的处境、行为、感受如何，都要将他看作一个具有无条件的自我价值的人并给予他温暖的尊重。这意味着把他视作一个独立的人来尊重和喜欢，愿意让他以自己的方式掌握自己的感受（Rogers, 1961: 34）。

确实，按我们原本的样子被接纳，而不需要伪装和辩解，不需要无尽地解释、表现或隐藏任何东西，这是一份珍贵的礼物。这帮助我们更充分地接受自己。而且，被接纳的感觉会使我们以开放的心态来接受改变（Rogers, 1961），不需要为自己辩护任何事情。

相互接纳或尊重具有将人们联系起来、建立融洽关系的潜力。被接纳意味着，另一个人会感知我们所有的潜能和限制，并为我们提供空间——这种包容的特征意味着，在一个人的内心世界为另一个人留出空间。然而，接纳并不意味着同意。这是另一个问题。事实上，接纳一个工作作风与我们完全不同的同事，要比接纳一个与我们作风一致的同事困难得多。

接纳的后果是产生一种非评判态度，这种态度可以发展成不依赖于任何条件的相互欣赏，并给予我们安全感，让我们体验当下的感觉。

接纳他人能够培养信任。因此，我们的互动将给予对方尽可能大的空间，而不会损害我们的一致性。在工作情景中，这意味着我们要遵循我们的工作目标，并且我们给予他人的最大自由空间可能变得极小。然而，即使这种最低程度的自由——就像一个小选择或小问题——如果能真诚地沟通，就会让其他人感到接纳而非忽视，激励他们尽可能地合作。因此，接纳既不能与不在乎他人所感受或所做的事混淆，也不能与放弃自己的方向，盲目让他人掌控一切混淆。

罗杰斯澄清说，非评判态度并不意味着需要停止表达自己的回应。相反，它会让人不用担心被评判，从而给予回应的自由：

……停止评价他人并不意味着停止回应。事实上，它可以让人自由地回应。"我不喜欢你的想法（或绘画，或发明，或写作）"不是评价，而是回应。这与那种"你正在做的事情是坏的（或好的）"的判断存在微妙而鲜明的不同（Rogers, 1961: 358）。

事实上，评判会让发言者受到评价者力量的摆布，这些评价者从他们的权威地位出发，经常会激发发言者采取防御性或辩护性的反应来进行回击。所有这些都非常符合自我决定理论（Self Determination Theory, SDT）（Ryan & Deci, 2000）中**自主性支持**（autonomy support）的概念。最近的研究表明，与一个提供自主性支持的伙伴在一起，会增加心理健康水平（Lynch et al., 2009）。

> **请思考：**
> 　　当别人给你正面或负面评价时，你是否往往会有一个固定的回应模式？在这种情况下你感觉如何？你会怎么回应？
> 　　你喜欢评判别人吗？你认为评价别人是必要的吗？你能说说你为什么会这么想吗？

考虑到个人反应［也称为"我之信息"（I-message）］和判断（judgment）这两种独特的动力，在某些情况下我们体会到，将别人的判断视为一种回应方式是值得的，但这不是要让自己对评价作出回应，而是要保持自己的回应方式。"我明白了，你（不）同意……"，然后对这种反应表现出兴趣，"是什么原因让你不喜欢／喜欢／反对……？"有了这样的态度，我们就可以比我们所预期的更具创造性地影响交谈的进程。

罗杰斯表述了在"从一个人那里得到积极关注"和"一个人自身对积极关注的需要"之间存在着有趣的关系。被积极关注的需要"是互惠的，因为当一个人认为自己满足了他人对积极关注的需求时，他必然会体验到自己的积极关注需求也得到了满足"（Rogers, 1959: 223）。我们推测，这种关系是社会行为和合作行为的根源——因为它提供了一种"你也让我满意"的积极体验。

> **请思考：**
>
> 你在工作中是否有过以下感受？
> - 被忽视、被忽略、被评判。
> - 被真诚地接纳。
>
> 在每种情况下，你是如何反应的？这对你工作的动机有什么影响？

在我们被评判、拒绝、忽视、排斥等情况下，我们才会深刻领悟到接纳的重要性。因为这往往代表着低人一等，我们有时会感觉自己一无是处，缺乏工作的动力。对不被接纳产生如此强烈和消极的反应，表明被他人接纳是人类普遍而深刻的需要。

> **请思考：**
>
> 作为管理者或领导者，你觉得你接纳你的团队了吗？你是如何表达这种态度的？
> 作为团队成员，你觉得你接纳你的同事和团队领导了吗？你是如何表达这种态度的？
> 万一你不能接纳某人，你需要改变什么才能让自己更容易接纳他人？他人身上有哪方面是你喜欢的吗？

我们可以通过我们的言语和行为方式表现出接纳与否。例如，我们可以通过迅速而仔细地回复同事的电话或电子邮件来表达接纳，或者通过在活动或决定中考虑到他们、倾听他们、更多地让他们体验到其对我们的重要性来表达接纳。虽然这听起来很容易，实际也的确如此，但是当另一方对我们发火或者其观点与我们所关心的事完全不一致时，在这些冲突环境中接纳就会变得很有挑战性。然而，对这种挑战的应对可能会决定一场冲突会成为建设性改变的机会，还是会以一种破坏性的方式升级（Rogers，1959）。图9.2展示了接纳作为一种态度的基本特征和它的积极表达方式。

接纳

表达方式：
- 回应感谢
- 包容与参与
- 严肃对待别人

效果：建立信任

商业背景下的例子：
- 顾客参与
- 在多元化团队中尊重人们不同的才能和贡献

作为一种态度：
- 我尊重你，不管你是什么状态
- 你有权利做你自己

图9.2　作为一种态度的接纳

故事 2 的后续

情景：一个项目合作伙伴及时开始，并严格按照项目建议书进行验证。另外两个负责验证工作包的合作伙伴却修改了验证过程，以更好地适应整个项目所做的调整，并声称所有合作伙伴都需要遵守这个验证协议。没有人准备放弃他们的立场，沟通终止。

一个专门从事设计过程的项目合作伙伴强烈认为，所有人都希望项目达到最好的效果，但途径不一样。她在发给所有项目伙伴的一封电子邮件中表达了这一观点，并认真地指出原始验证方案与修订方案之间的不同和相同之处。基于透明的分析，她提出新的建议，而且它看起来很容易实现，只需要稍稍努把力，在基于任务的水平上检查一下每个地方究竟都做了些什么即可。但最重要的是，这需要在基本的人际关系层面上拥有信任并接纳每个合作伙伴，并用不偏不倚的态度对待他们不同的价值观和观点。委员会最终接受了验证后的工作包，但项目合作伙伴之间的关系仍然留有一些裂痕，这表明真正的接纳是需要逐步发展的。

接受接纳或尊重带来的问题

有时候，我们对别人的接纳看上去并不受欢迎。例如，如果一个人不接纳自己，就会怀疑自己被另一个人接纳这件事可能有一些操纵意图在里面。

案例 1

经理："我很欣赏你这么认真地准备会议室。"

员工："我只是干我该干的，我拿钱就是干这个的！"

案例 2

经理："在我看来，你的批评切中要害，把讨论带回到重要问题上来了！"

同事："我知道别人不喜欢我的批评，但我就是这样的人。我只是没法听这么多愚蠢的玩意儿，所以我必须说些什么。对不起。"

案例 3

接纳性反馈会被理解为评价或判断，并引起拒绝反应。

经理："在我看来，你的批评切中要害，把讨论带回到重要问题上来了！"

同事："我知道我很善于抓住关键，你不用告诉我。"

这些例子可以为表达尊重的微妙之处提供一些线索，它也证明尊重需要被其他人接受才能有助于形成积极的工作氛围这一事实。

还存在一些情况，此时接纳是缺失的。一个明显的例子就是我们通过判断别人所说的、所做的或者没做的，不尊重他们，觉得他们的行为是不恰当的（错的、有害的等）。实际上，开门见山地说出他们行为的影响甚至可以被视为一种接纳，意味着你足够关心他人，因此能够与他们分享你诚实的反应，并给他们一个回应的机会。然而，一个人的防御机制可能过于强大，以至于没法跳出自己的想法，在更广阔的背景中感知事情。

面对接纳缺失，还存在一种不太明显的情况，那就是我们的价值观，通常是无意识的文化价值观，会使我们看不到或不知道我们正在忽视另一个人的价值观这一事实。比如，一个人在开会时迟到了，导致别人产生了负面情绪。殊不知，在一些文化背景中，例如在南欧和南美国家，完成一项任务比按时到达更重要。不知道这一点的管理者会因此生气，从而很可能破坏积极的氛围。

总之，对他人和自己的接纳是一种非常强大和用途广泛的态度。在人员取向议程中，它被整合为第 3 项（"对他人、自己与环境的尊重"）。在所有社会环境中，适当地表达和接受接纳可能恰恰是健康人际关系的核心，无论我们是什么地位、国籍或宗教。特别是在跨文化背景下，我们需要大量的接纳和文化敏感性来接受来自不同文化背景的他人。

一致性

"一致性"的同义词有真实、透明、真诚、可靠和开放性。罗杰斯（Rogers，1961：33）如此描述一致性：

> 我发现，在人际关系中我越真诚，就越有帮助……真诚也意味着愿意去体现和表达，通过我的话语和我的行为、丰富的感受和态度……只有真诚地表达我心里的想法，其他人才能在他身上成功地找到真实感。我发现这是真的，即使我感觉到的态度并不是我满意的或者看起来有助于建立良好关系的态度。

这种至关重要的态度一方面如此基础，另一方面又如此复杂，以至于难以用一个词语涵盖其全部含义。这就是为什么许多词语可以互换使用，每个词语都能将特定情境的核心意思直接表达出来。例如在沟通的语境中，"透明度"——人员取向议程的第二项——是没有任何隐藏信息地表达的关键。在领导力方面，"诚实"或"正直"是人们在一个好的领导人身上首先看重的品质（Kousez & Posner，2002）。在巴斯和雷吉奥的著作《变革型领导力》（Transformational Leadership）中，他们（Bass & Riggio，2006）提倡，如果我们想要实现有效的领导，就要做到坦率、诚实、对他人开放。

既然一致性的概念如此复杂，就让我们先至少在一定程度上打破概念的复杂性，看看我们自身哪些部分或层次可以具备一致（匹配）性或不一致性。较为容易的是我们可以有意识控制的部分，也就是表达我们内心正在体验的感受。如果我们总想说一些不是我们内心感受到的话，那么我们大概就是在撒谎或欺骗他人。对于一致性，更困难的部分也就是我们无法有意控制的部分，在于我们的内心世界（情感和意义）是否与我们对这种内在体验的感知调和（一致）。如果我们不能准确地感知我们的感受，如果我们对它们的感知被扭曲，例如为了保护我们免受痛苦感受的伤害，或者为了不失去某些重要他人的接纳而掩盖真实感受，这种情况下就会发生一致性缺乏的情况。例如如果认为对上级生气风险太大，一个人的感觉可能会被扭曲，表现出悲伤和沮丧。然而这会使得我们的感知不协调，因为当我们有意识地表达悲伤时，我们有机体的一部分却会发出愤怒的信号。

简而言之，只有当我们的内心世界（情感和意义）与我们的感知和沟通一致时，我们才是一致或真诚的。罗杰斯多次强调，一致性的发展是一个过程，跨越我们整个一生，永远不会完全实现。我们可以这样理解，即环境往往会把我们带入新的情境，让我们需要从最初的无序中建立一致性。而且，根据伦敦大学神经心理学家艾因利等人（Ainley et al.，2012）的研究，这种进入我们内心世界的能力取决于我们是否具有她所说的内感受知觉（interoceptive awareness），其水平越高知觉就越准确。

> **请思考：**
>
> 试着回忆一个在你的职业生涯或学校生活中，你认为与其关系很重要的人。你认为这个人是真实、真诚或者可靠的吗？
>
> 是什么使你有这样的想法或感觉？那个人是否影响了你后来的个人或职业成长？如果是这样的话，这种影响会如何影响到你，或者如何帮助你成为现在的样子？

在任何给定的时间点，我们都不能有意识地在我们的内心世界和我们感知它的方式之间建立一种完全匹配的关系，因为我们内心世界的所有方面并不都能被我们意识到。然而，我们对自己内心所感知到东西的坦诚、一致的表达，取决于我们想要与他人分享什么。罗杰斯（Rogers，1980：115）明确指出，只有认为适当的时候，人们才能分享开放的内心反应。在这个陈述中，一致性、接纳和共情性理解之间的联系变得很明显，因为后两个变量将共同告诉我们一个开放、透明的反应是否恰当。无论如何，我们同意罗杰斯的观点，即高度的一致性有助于相互理解。如果老板、同事或客户隐藏了自己的情绪反应，让我们不知道他们的感受，我们又如何回应他们的需求？相反，当他们表达出他们的想法和感受时，我们就有机会更充分地接纳他们，做出适当的反应。

个体的需求与他人或组织的需求背道而驰的例子并不少见。例如，请想象这样一个组织，它由不同组织合并而来，对于哪种商业策略最有前景、最值得跟进，成员们产生了不同的意见。在这种情况下，我们面临着一个重大的挑战，就是要继续前进，不要被差异困住，而且作为领导者，要能感受自己以及他人的需求，在接纳和共情之外以一种反映自己一致性的方式行事。更详细的例子和解决方案建议可以在莫奇尼格和尼科尔（Motschnig & Nykl，2014）的文章中找到。在任何情况下，一致性是一种深入的态度，需要真正的亲身经验才能获得。这基本上是我们的全人（whole-person）互动，借此我们的透明或阴影、真实或虚假都会显现出来，并传递到我们的社会环境中。

简而言之，寻求作为人员取向议程关键方面的一致性，可以最有效地支持我们适当行事，即使是在全新、复杂而陌生的环境中。在这些情况下，一致而不扭曲地获得从感觉到直觉的所有内在资源，对于适当的行为至关重要（Rogers，1983；Damasio，2000）。为了显示一致性的动态机制，图 9.3 用一个清楚的简化形式总结了其基本方面。

表达方式：
- 在合适情况下的透明度
  与开放性
- 表达的清晰度

<u>效果</u>：虽有风险，却会带来安全感

IT背景下的例子：
- 更多开放性带来更少压力
- 不需为隐藏信息或感受而
  消耗精力

作为一种态度：
- 我感受到联结
- 我跟你交往，毫无偏见！
- 我不藏在面具后面

图 9.3　一致性及其表达方式

　　罗杰斯（Rogers，1961）发现，一个人的真实也能释放另一个人的真实。开诚布公地谈论一种不清楚的情况、一个弱点、一个误解、一个启示，往往也会激发其他人的开放性。他们会通过分享其想法和感受来表达他们的理解。整体被更多地揭开，这也可以让我们更深入思考。此外，开放性可以带来信任（Ryback，2013；iCom Team，2014）。其他人不用冒着被揭发甚至被攻击的风险，不加隐藏地面对我们，所以打开心扉，他们就会表示出信任，相信他们的自我袒露不会被用来对付他们。如果开放性被误用，信任将立即丧失（Motschnig & Nykl，2014）。虽然这可能带来负面后果，但我们确实可以直接及时地从互动中学习，并立即对我们自己进行重新定位。

一致性可能面临的挑战

　　一致性是一种我们或多或少都会处于其中的内在状态，一旦环境或内在的影响导致不一致性产生，这经常被视为某种紧张或压力，我们就会努力进行重建。让我们看几个例子。

案例 1　环境条件对一致性的挑战

　　作为你所在小镇的资深首席建筑师，你热爱你的工作，并作为一个评委会主席，负责为重建城市中心挑选最佳建筑设计并为其颁奖。突然，你遇到了一个有政治偏见的新老板，他要求你在建筑设计方案中首先专注于战略性、政治性的标准。因此你不得不放弃那些新颖的方案，接受那些符合政治标准的方案，这一切显然违背了你的正直原则。由于你的年龄，你不能简单地辞职，因为这可能会使你失业，对你的经济生活造成威胁。你现在压力很大。

案例 2　内部条件对一致性的挑战

　　通过我们所领导团队中的一次冲突，我们意识到我们所重视的领导风格在某些情况下是不适当的，并且在很大程度上将导致冲突的升级。我们认为，我们需要极大地改变我们的做法，以适应新情况。

案例 3　一段关系中的不一致

虽然你不能准确地指出问题所在，但是你觉得在和你所敬重上司的关系中，你没法做你自己，但也不想让他失望。为了让这段关系继续下去，你需要隐藏自己的某些方面，这会让你感到尴尬，给你带来压力，导致精力和活力下降。

有趣的是，没有简单的方法可以解决不一致的问题。通常而言，解决方案因人而异，也因事而异。有人认为（如 Helgoe，2008）内向的人由于对其内心感受更持批判和分析态度，所以以往往会遇到更多的麻烦。然而根据卡尔·罗杰斯的观点，至少在某种程度上，接受他人的无条件接纳、共情性理解和真诚，是每个人都能达到更高一致性所需氛围的核心"调料"。在本节末尾，我们请你和《"为什么"的力量》（*The Power of Why*）的作者理查德·威尔曼（Richard Weylman）一起来反思，开放性到底意味着什么。

案例　销售环境中的开放性（节选自《"为什么"的力量》）
你真的认为你心胸开阔吗？

2016 年 1 月 26 日 8：00

当我还是纽约上城区劳斯莱斯代理店销售总经理的时候，我们把一个老杂货店变成了一个奢侈品展厅并配备了服务设施。我们安装了配有红木镶板的镜墙、百家乐水晶吊灯，甚至谢尔·瓦格纳的浴室设备。我们这里几乎一夜之间就变成了旅游胜地。但考虑到该地区的人口特征，我们的大部分业务都来自我们在纽约、波士顿、华盛顿特区、费城、迈阿密和棕榈滩等主要都市区开展的创新和个性化营销活动。

我们被认为是可以提供给客户优质服务和个性化对待的，这是我们在交易中最看重的地方。我们甚至率先创造了 7 年期的融资，以利用税收优势，并最大限度地提高劳斯莱斯的投资回报率，这与其他任何品牌相比都是一种增值资产。我不断听到我们是多么有创造力和思想开放，因为我们的确超越了全国范围的其他经销商。我们为自己感到骄傲！

一天下午，一对老年夫妇来到展厅，我向他们打招呼，然后他们开始观看我们展出的几辆车。他们看起来就像我们每周都会见到好几次的那种"随便看看"的人。男人穿的是工装背带裤，女人穿的则是一件大多数人会称之为"家居服"的衣服。他们围着几辆车走，直到在一辆车旁停了下来，男人对妻子说："你觉得怎么样？"她说："我喜欢这颜色，你觉得怎么样？"他说："我也喜欢这颜色，亲爱的。"

我笑了笑就走回办公室。几分钟后，他走进我的办公室，说："我们喜欢的那辆车要多少钱？"我说："好吧，进来坐下，我给你算算账。"同时，我尽我最大的努力，给他一个"你还觉得你能负担得起吗"的微笑。夫妇俩都坐下来，我给他们报了差不多 6 位数的价格，然后又笑了。他看着妻子说："亲爱的，你觉得怎么样？"她说："我喜欢这个颜色。"

然后他站了起来，解开工装背带裤的带子（他没有穿衬衫，有很多体毛，有点儿恐怖），掏出一个钱包，然后数出全额现金！然后他趴在我的办公桌上说："你觉得你能把你那妾下判断的屁股挪一下，在明天早上 8 点之前，把这辆车送到我在下城区的家吗？"我一下蹦起来说："好的，先生，我 8 点准时到！"

当我第二天早上把车送过来停好的时候，我看到他的房子看起来就是一个普通的错层房子，但是紧挨着的是他的大型批发建筑公司仓库，至少有 40 辆卡车在准备当天的交货。当他出来见我的时候，他穿的是菲奥拉万蒂的定制套装，如果是真的话，要 6000 美元。他直盯着我的眼睛说："小伙子，是什么让你看走眼了？是那件背带裤，还是我妻子的家常大衣？"我不好意思地说："实际上两者都是。"

他接着说："我来找你是因为我听说和你做生意很愉快，不过我有一句忠告——你人很好，但心胸还不够开阔，而且老实说在这方面你还有很长的路要走！"这个逆耳的教训在以后的岁月里一直引导着我。

我之所以经常想到这个故事，是因为许多销售人员和领导者都在说他们有多么开放，但实际上他们并不开放。他们说自己心胸开阔，但他们对大多数新鲜或不同事物的第一反应都是一个"但是"，就像"谢谢，但是我们已经处理得很好了"或"是的，但是，我已经很擅长这个了"。业务之所以受挫，是因为他们倾向于预先判断新的想法、新的方法，甚至是如何发现新的前景。因此，他们不会对自己、团队或业务进行投资。

市场正在迅速变化。坚持做你一直在做的事情，你不会总能得到你一直在得到的东西，相反，你会慢慢走向衰落。如果你事先就对结果或别人做出判断，你就永远不会事先知道你会提高多少，或者你的下一次销售或推荐将来自哪里。

我们学习的方式有两种：经验和教育。现在花点时间从我的经验中学习，这样你就不会犯和我一样的错误。或者正如艾萨克·阿西莫夫（Isaac Asimov）的名言："你的假设就是你看待世界的窗口。隔一段时间把它们擦掉，不然光线就进不来了。"

三种个人中心态度的融合

为了真正起到推动作用，罗杰斯所说的三个变量，在任何时候都需要形成一个平衡的结构，它们其中总有一个在占主导，而另外两个不能完全缺失。图 9.4 就概括出了这种情况。

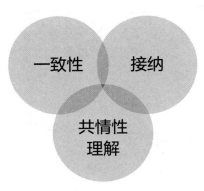

图 9.4　罗杰斯三个变量的汇聚

举个例子，让我们跟进故事 1，现在的问题是：我们要如何看待故事 1 中的这三个变量？

我们（或者说是故事 1 中经验丰富的管理者和新手专家）如何才能重新获得一致性？首先每个人如何才能承认自己对这种立场的差异感到了压力，可能还有点怒气，甚至因为自己的想法和计划没有得到另一个人的接受而感到难过？通过向自己承认这一点，我们可以更容易地向对方传达，在我们之间有一些东西需要注意，无论何时，只要时机合适即可。在承认自己在这一具体问题上的差异的同时，也必须强调成功的合作和良好的关系。可能的话，与他人磋商并深入地向他们描述双方的立场，可能有助于迎接这一挑战。或者双方都从自己的位置后退一步，探索立场背后的利益，可能有助于在这个领域重新建立一些信息流动。

此外，倾听并深刻理解对方的观点是最重要的。有没有可能和他一起坐下来，不受干扰地真正了解彼此的观点，一次一个，并在真实水平上了解他的动机？把我们自己的价值观和偏见放在一边，至少暂时放在一边，这样他就会觉得完全被理解了，然后从他的参考框架来看，他的观点有没有什么逻辑？这包括询问所有我们要问的问题，让我们能够完全理解别人的观点，同时不忘检查我们自己的价值观。

在这个故事中，从"人物"之间的良好关系判断，接纳似乎已经到位。因此，在充分理解对方的观点之后，现在我们就可以用更舒服的姿态继续合作，而不会让自己陷入感知差异的旋涡中。当完全接受了这种感受，即使存在着差异，其他人也将更愿意倾听我们的看法，并留心是否能作出一些妥协或可以采取第三种选择。在作者看来，这种情况确实可以转化为充满有意义的学习、个人成长和创新解决方案的情况。

早在 1959 年，罗杰斯（Rogers, 1959: 215）就阐明了一致性、接纳和共情性理解之间的本质关系。他写道："一个人一致性的一部分，就是接纳和共情性理解的体验。"（Rogers, 1959: 215）他认为包括了接纳和共情性理解的一致性，是做出适当行为的基础。在我们看来，这种感知、反应和行为完全符合人员取向议程，这是商业世界迫切需要的。

请思考：

让我们思考故事 3 中经理和团队成员之间相互作用的三个核心态度。在哪些地方，一致性、接纳和共情性理解进入了对话，它们有什么效果？缺乏一致性会有什么影响？

在你的经历中，如果缺乏接纳和共情性理解，能够表达出真实感吗？你曾经经历过这样的情况吗？

人际态度与组织目标的连贯性

这个概念背后的基本思想很简单。这意味着，一个人每时每刻都可以将罗杰斯的三种态度与追求的组织目标相结合。换句话说，他可以设法遵循这两个议程，这样个人与人际和组织方面就相互连贯，产生共鸣，或者彼此契合。而这一过程可以在个人的发展和组织或业务的发展之间创造协同效应。然而与一致性一样，连贯性需要一次又一次地重新建立。这是消解不连贯的部分，接近连贯的过程。这个过程类似于音乐中每次有新乐器加入管弦演奏时，需要进行调音，或者像在演奏前，需要确保一起演奏时所有乐器都在调上，以避免不和谐的音调一样。

进一步引用这个比喻，可以将针对连贯性的各种攻击与不和谐的原因进行比较。例如，一种乐器会走调，就像人们在工作中会变得不一致或过度紧张一样。此外，一些乐器演奏的声音过大或节奏过快，乐队可能会变得混乱并停止演奏。这与一个组织中一些内部问题类似，比如不现实地要求更高的工资。然而进一步的情况是，这些问题成为造成不和谐的外部原因或对连贯性的攻击：想象一下，如果环境中存在噪声和干扰等，乐队也不能很好地演奏。具体到导致不连贯的问题上，一个类似的场景就是组织受到新的上级需求的威胁。所有这些原因都可能造成不连贯，很明显如果员工和组织要有效果、有效率地开展工作，并使所有相关方面都满意，就需要重新建立连贯性。

显然，一旦我们对工作环境中的人感兴趣，罗杰斯所说的个人成长的社会环境条件与组织目标相辅相成，这样作为组织一部分的人们才能敞开心扉，并为动态变化的组织目标做出积极贡献。图9.5 描绘了连贯性的这一方面，将个人中心态度纳入组织目标框架，两者产生共鸣。换句话说，它可以表达为遵循了双议程视角。

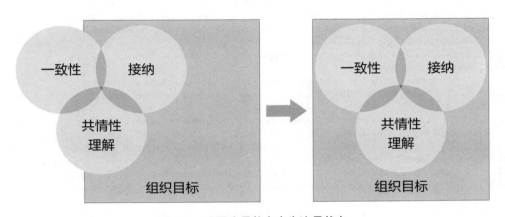

图9.5　从不连贯状态变为连贯状态

总结

一致性和连贯性是非常理想的，但也是复杂、不容易达到的目标。尽管它们可以通过多种互补的方式获得，但是通向高一致性的可靠途径是与展现了高度一致性、接纳和共情性理解的人建立直接的人际关系。这是因为，这些态度是通过语言、情感和行动的复杂混合来表达的。

如果我们能够管理我们的个人中心态度，使之与我们所属或渴求的组织或团队目标相一致，那么连贯状态就达到了——在我们看来，这是在工作中产生动机，从而专注于行动的最佳前提条件。

尽管我们的态度还会继续发展，我们暂且引用罗杰斯的一段话来结束本章：

也许这些基本态度中最重要的是真实，或者说是真诚。当推动者是一个真实的人，做他自己，与学习者建立关系，而不是呈现幌子或阴影时，推动者更有可能发挥影响。这意味着，推动者所经历的感受可以被学习者的意识获得，学习者就能活在这些感受中，成为他们自己，并能在适当的时候沟通这些感受（Rogers, 1983: 121）。

参考文献

Ainley, V., Tajadura-Jimenez, A., Fotopoulou, A., & Tsakiris, M. (2012). Looking into myself: The effect of self-focused attention on interoceptive sensitivity. *Psychophysiology, 49*(11), 1504–1508.

Bass, B. M., & Riggio, R. E. (2006). *Transformational leadership*. Mahwah, NJ: Lawrence Erlbaum Associates.

Cain, D. J. (2010). Person-centered psychotherapies. In G. R. VandenBos, E. Meidenbauer, & J. Frank-McNeil(Eds.), *Psychotherapy theories and techniques: A reader* (pp.251-259) .Washington DC: American Psychological Association (APA).

Damasio, A. R. (2000). *The feeling of what happens: Body and emotion in the making of consciousness*. London, UK: Vintage.

Güver, S. (2016). *Communication in multicultural project teams: Developing a communication model* (Ph.D. thesis concept, submitted to the Faculty of Management). University of Vienna, Austria.

Helgoe, L. A. (2008). *Introvert power*. Naperville, IL: Sourcebooks.

iCom Team. (2014). *Constructive communication in international teams*. Münster: Waxmann.

Kousez, J. M., & Posner, B. Z. (2002). *Leadership challenge* (3rd ed.). San Francisco, CA: Jossey-Bass.

Lynch, M., La Guardia, J. G., & Ryan, R. M. (2009). On being yourself in different cultures: Ideal and actual self-concept, autonomy support, and well-being in China, Russia, and the United States. *The Journal of Positive Psychology, 4*(4), 290–304.

Motschnig, R., & Nykl, L. (2014). *Person-centred communication: Theory, skills, and practice*. McGraw Hill, UK: Open University Press.

Rogers, C. R. (1959). A theory of therapy, personality, and interpersonal relationships, as developed in the client-centered framework. In S. Koch (Ed.), *Psychology: A study of a science* (Vol. 3). New York: McGraw-Hill Inc.

Rogers, C. R. (1961). *On becoming a person. A Therapist's view of psychotherapy*. London: Constable.

Rogers, C. R. (1980). *A way of being*. Boston: Houghton Mifflin.

Rogers, C. R. (1983). *Freedom to learn for the 80's*. Columbus, OH: Charles E. Merrill Publishing Company, A Bell & Howell Company.

Rogers, C. R., & Farson, R. E. (1987). Active listening. *Communicating in business today*. Retrieved January 16, 2016 from http:// www.gordontraining.com/pdf/active_listening_article_rogers-farson. pdf

Rogers, C. R., & Roethlisberger, F. J. (1991). Barriers and gateways to communication. *Harvard business review (HBR)* (pp. 105–111). November–December 1991. First published in 1952, with retrospective commentary republished in 1991.

Ryan, R. M., & Deci, E. L. (2000). Self-determination theory and the facilitation of intrinsic motivation, social development, and well-being. *American Psychologist (APA), 55*(1), 68–78.

Ryback, D. (2013). A brief history of trust in society. In E. Hammer & N. Tomaschek (Eds.), *Vertrauen* (pp. 11–23). Waxmann: Munster, Germany.

Standish. (2016). Website with yearly Chaos reports. Retrieved January 16, 2016 from https://www. standishgroup.com.

第十章　变革性沟通的方法：对话

"我赞同马丁·布伯（Martin Buber）和东方古代智者的观点："强加于人者，其力虽显而实小；勿强于人者，其力虽隐而实大。'"

罗杰斯（Rogers, 1980: 41-42）

本章重点：

- 态度和行为的交互作用带来有效的交流；
- 如戴维·博姆（David Böhm）所言，对话是支持变革性沟通的一种立场和方法；
- 关于对话的案例和反思性实践；
- 艾萨克斯（Isaacs, 1999）所说的四种对话练习——倾听、尊重、悬置、发声；
- 以个人中心视角进行对话的理论可靠性。

在心理咨询中，最关键的标准就是任何干预都要符合来访者的最大利益（Cain, 2010）。但是在公司和项目工作背景下，这个简单的基本观点并不总能被践行，而是要照顾相关方的需要和利益，以及确保公司向前发展、完成使命。简言之，多重目标和需要同时存在并且要保持平衡。为了解决这种情况，第二章内容引入了双议程法则。

在本章中，如戴维·博姆所言，我们总结了一种最适于体现变革性沟通核心的方法——对话法（dialogue）。对话法提供了一种从个人所表达的片面、主观的知识和经验中呈现整体观点的方法，从而补充了双议程法则。如果加以恰当推动，真实的对话就会拥有一种潜力，使沟通交流获得一种品质，超越已有信息，达到增进知识和提升理解的状态。这些对于共享愿景、优化决策和一个组织的成功都至关重要。与主动倾听一样，本章与后续章节所涉及的方法都有一个共同根基，也就是认为技术并不是最关键的，人们通过语言、非语言或行为的复杂方式持有和表达的态度才是最重要的。因此，如果缺乏建设性的人际关系态度，单纯的技术培训将毫无意义。另外，有些情况太复杂了，以至于不能只通过表达我们的态度来解决。这就是方法可以派上用场的地方，尤其是如果能被吸收到我们的存在方式并善加应用的话，无论是在面对面或是在线会议中。因此，我们不仅只想把对话法写下来，然后请我们的听众来阅读，而是想呼吁你探索、选择和使用这些资源，并将它们介绍给你的同事，以便共同开发其内在潜力。

戴维·博姆的对话法

从历史上看，"对话"一词侧重于两个或两个以上人之间交流的方方面面，可以追溯到古希腊时代。威廉·艾萨克斯（William Isaacs, 1999）很好地总结了对话一词的词源："对希腊人来说，*dia logos*，也就是意义的流动，被视为公民实践的基石，与自治密不可分。"

有趣的是，即使是土著文化也普遍有这样的习惯，那就是坐成一圈，经常围着一团火然后谈话，这可以被认为是人类的一种普遍行为。为什么不在今天的工作场所重新发现并且用这种方法来进行有效的沟通呢？在这样做的时候，我们主张物理学家博姆所说的对话观点。博姆坚信在一起思考将深化和强化每一次对话，并在一种变革性意义上，使真实对话之火重燃起来。他本人的话就刻画了对话的精神：

> 如果要体现对话的精神，其图景……应该是穿行在我们中间，并分隔我们的一股意义溪流。这将使整个团队中的意义流动成为可能，并由此涌现出一些新的理解。这是一种新的东西，在最开始的时候可能完全不存在。这是一种创造性的事物。这个共享的意义就是将人们与社会黏合在一起的"胶水"或"水泥"（Bohm, 1996: 6）。

因此，对话寻求利用所涉人员的"集体智力"（可被视为集体智商），这样我们在一起就会比我们作为个体生物更敏锐也更聪明（Isaacs, 1999）。因此，我们在一起可以比我们自己更清楚地发现新的机会和方向。尤其是，领导者通过激发其团队参与对话，可以发现那些原本未浮出水面的他人想法。他们就可以调整自己的方向，然后带来更多的意义和更多的投入，因为它源于整个团队或单位透明的共享和支持。

戴维·赖伯克与卡尔·罗杰斯的对话摘录

我开玩笑地说："要是我们能把让人们如此有效合作的信任水平装起来，然后卖出去，那就太棒了。"然后我稍严肃地说："必须有一种培养领导者取得这种信任的方法，要教会人们变得开放，并在最初的尴尬和困惑中坚持下去。""是的，我同意，"卡尔说，"我在团体中的经验是，一开始几乎总是有些尴尬和困惑。事实上，我甚至可以说，如果领导不诚实地处理这个事，一个团体就不会真正黏合在一起。在对缺乏结构的领导力与组织的最初困惑得到解决之前，团体始终是肤浅的。"

"那么你要怎么教呢？"我问道。

"我能做的就是在任何团体中做我自己，"他回答说，"我的全部、诚实的自我。如果人们能相信我、我的诚实和开放、我的坦率，那么他们就有可能也冒险开放自己。"

我接着问他是怎么做到的，因为这对别人来说太难了。

卡尔沉默了一会儿。"我不太清楚，"他最后说，"我所能说的就是，我尽量以诚实和直率的方式分享我的感受，尤其是那些在我心中持续了一段时间的……这可不像听起来那么容易，戴维。我发现，随着时间的推移，我必须继续努力，为觉察到发生在我内心的事物找到新的地平线，以及发生在我周围的事物。"（Ryback, 1998: 30-31）。

在对话中，就如邂逅一样，思想和感情的流动不会受到任何因素的影响。博姆和皮特（Bohm & Peat, 2000: 247）写道：

在真正的对话中，有可能出现一种新型的共识心理，它包括了在个人与社会之间丰富而富有创造性的秩序，可能是一个比个人头脑更强大的工具。这种共识不涉及权威或从众的压力，因为它产生于友谊的精神，致力于清晰性和对何为真实的最终感知……僵化和刚性的框架消融在创造性的自由对话中，因为一种新形式的微观文化开始涌现。

请思考：

你能想象在没有权威或从众压力的情况下，你的团队、部门或组织会达成共识吗？

如果不会，你是否认为这是不可能的？

如果会，你认为在没有权力的情况下达成共识总是很重要吗？你想邀请你的团队成员就这个或任何其他问题进行对话吗？

从实践的角度，艾萨克斯（Isaacs, 1999）指出，有必要将对话的理论和实践融入我们的存在方式，而不是将对话作为一种实现某事的方法。他写道："对话是这样一种方法或理论，一旦学会并融入我们的对话中，就必须完全放弃，这样我们才能重新自然地生活和说话。"同样很自然，随之而来的变化也变得不可逆转。正如艾萨克斯所指出的："一旦人们重新发现了在一起交谈的艺术，他们就不会退回去。这样的发现似乎唤醒了一些我们心灵深处的东西，让我们意识到，在团体逐渐放弃保持其健康发展的核心做法时，我们失去了什么。"正如艾萨克斯所指出的，参与对话的人会收获惊喜和知识：

对话的特点是人们对自己说的话感到惊讶。他们并不是事先构思好所有的想法，而是愿意被谈话本身影响。他们会提出一些尚未得到答案的问题。而且他们也不要求别人做出回答（Isaacs, 1999: 126）。

四种实现对话的练习

艾萨克斯（Isaacs, 1999）提出四种练习，作为对话的关键而相互依存的组成部分，即倾听、尊重、悬置（suspending）和发声（voicing）。要有效地建立我们和我们与之互动的广阔世界间的联系，我们首先需要了解并发展我们自身的联系。但我们所说的练习是什么意思呢？它通常植根于理论原则，并要求经年的重复，也就是业精于勤的道理（参见罗杰斯在前面例子中的陈述）。不断反思就会推动进步，发展出更好的理解。有趣的是，每一种练习在技能之外，都需要态度和理解来支持。艾萨克斯认为四种练习中的每一种都需要通过我们积极、反复的努力才能得到发展。

接下来，我们就将阐述对话能力背后这四种练习的本质，主要借鉴艾萨克斯著作（Isaacs，1999：80–176）中缜密的描述，并与个人中心理论和实践相结合。

倾听

良好的倾听是对话不可或缺的基础。没有倾听，就没有对话，然而，除了倾听，对话还有一个强大的组成部分，那就是相互分享、对称，通常还有一个双方共享的重要事项，比如主要工作领域的规划、组织变革和问题解决。一个人受到的关注是另一个人的回应。我们循序渐进，步调一致，达到彼此相互支持。

巴雷特–伦纳德（Barrett–Lennard，1998：360）是卡尔·罗杰斯在芝加哥大学的博士生、同事和亲密合作者，他一直呼吁重视自然对话中的交互性质量，并将随后的过程描述如下：

> 然而，单向的倾听，无论其深度和影响如何，都缺乏在某种完整的自然对话中可以找到的交互性。一个双方密切地相互分享与倾听的双向流程，即对称的对话，必须包含某种有点不同的内部过程。这一过程看起来要取决于两条紧密相连、交织在一起的渠道能否轻松流畅地运行：密切地倾听以注意他人，同时形成和表达自己的思想和感觉；以及对接下来的反应进行内部建构，以读取更多的信号，并感知到他人和自我表面下的东西。在轻松和充分的对话中，没有人害怕无法表达和交流自我，或者在没有全神贯注地关注他人时，暗示出对他人价值任何的低估。

倾听可以被看作一种延展性的活动。当其他人开放并分享时，我们可以与他们建立联系，建造一个渠道，通过这个渠道，我们可以更直接地感知我们参与周围世界的方式。因此，正如艾萨克斯所说："倾听可以为我们打开一扇门，让我们更有参与世界的感觉……参与原则的基础是认识到个人是所生活世界的积极参与者，是大自然的一部分及其观察者。"（Isaacs，1999：87）在工作环境中，管理者、领导者和员工当然需要参与项目或组织！因此，理想情况下，倾听将发挥显著作用，让参与变得更清晰、更周到和更有效。正如第九章所述的那样，在员工出现"我终于完成了这该死的数据库升级"这样的反应时，敏感的上级可以把一个普通的工作环境变成一个好的环境。

要发展倾听能力，要首先认识我们现在如何倾听、我们关注什么、当我们不同意我们听到的东西时会怎么做等等。另外，我们可以开始更有意识地倾听我们的自我，以及我们的反应和感受。此外，重要的是要察觉我们的记忆给实际所表达的内容增加了什么，这样就不会被困在我们的记忆和诠释的网中。关于倾听的更多想法（Isaacs，1999）见资源框10.1，它为之前章节中所说积极倾听的"应做"和"不应做"增加了一些内容。

资源框10.1　对话中不可或缺的倾听

- 提问
  - 我现在怎么听？我要注意什么？
  - 我现在要做出的回应是什么？
- 为了处在当下，一个人必须注意到自己在当下的感受。
- 倾听你自己
  - 我感觉到什么？我从哪里感觉到的？这感觉怎么样？
  - 这个不同的内心"声音"是在传达什么？
  - 此时有什么"声音"被边缘化吗？
  - 倾听你的行动，了解你如何对待别人。
- 保持放松
  打个比方：让水面（或你经验中的水流）平静下来，这样你就能看到水下的东西。
- 坚持事实，而不是做出解释。
- 倾听，同时留意抵抗
  倾听时要有意识地注意你持续的判断，这会影响并可能扭曲你所说的话。只要观察会发生什么就行了。
- 跟随干扰
  一些表达可能引发强烈的负面情绪，在一段时间内会给沟通涂上一层颜色。与其感到愤怒并停留在沮丧中，不如用倾听寻找困难的根源，无论是在你身上还是在别人身上，并寻找挑战你观点的证据。可以提问：我们如何才能超越这一困境？
- 反思别人是如何经历这种情况的。

请思考：

　　将关于积极倾听的资源框与本章在对话背景中建立尊重的资源框进行比较。你意识到存在不同的焦点问题或实践吗？在你看来，它们是一致的，还是你能发现不相容的地方？

　　积极倾听侧重于说者和听者之间的人际关系，更多地为说者理解其经验提供支持，对话式倾听练习则采用了一种更对称的形式。这一练习的目标是通过合作生成知识，提高对整体情况的理解以促进问题的解决。因此，对话式倾听练习似乎强调思考并察觉当前所发生的事情及其对未来的影响，而积极倾听则更关心从对方角度了解其感受并深刻理解对方。因此，虽然在两种倾听练习中理解都很关键，但是对话强调知识的建构，而在积极倾听中个人的内心感受则是关键因素。

尊重

艾萨克斯的尊重练习是个人中心视角中接纳的"近亲"，两者作用互补。和接纳一样，艾萨克斯的尊重意味着要考虑和支持他人自身内部所具有的潜力，并尊重他们的边界。尊重某人意味着不侵犯也不强加于人。同时，这也意味着不拒绝也不疏远自己，让对方完全独处。这绝对不仅仅是宽容。事实上，真正的挑战就是把人看成整体，即使我们不同意他们所说的或他们所做的也要承认其合理性。

尊重以一致性原则为基础（Bohm，1996）。它意味着接受生活中一个已经存在的整体，因此我们更有可能观察到现有系统如何工作以及我们希望保持哪些方面，而不只是寻找需要改变的方面。在意见不一致的情况下进行对话，我们尤其要学习去想象正在发生的事情是从一个共同的目标展开的。这有助于我们发展尊重自己、尊重他人和尊重多样性的能力，这也会帮助我们避免孤立地看待单个方面、观点或人，而不考虑背景和相互关联性（Lago，2013）。

一个感人（真正意义上）的想法是，尊重要求我们把来自外部的问题看作我们自己的一部分，用我们的内心去感受它，这样我们和它的联结就不会止于表面。

我们被彼得·加勒特（Peter Garrett）的经历感动，他与被监禁的危险罪犯进行对话，并分享了他对尊重之关键作用的看法。

> "尽管意图可能是歪曲的，其影响也并非所预期的，但意图背后的冲动是纯粹的。如果探究得够深，找到最初的冲动，就能展示出完整性。这让我们有信心进入最强烈的对抗和最黑暗的领域，而不害怕它会永远恶化。" [艾萨克斯引用自彼得·加勒特（Isaacs, 1999: 121）]。

请思考：

这段引文给你的启示是什么？你想和你的同事分享你获得的信息吗？

管理者可能会欣赏加勒特所说的不仅仅用于探究的谈话技巧。他指的是深层次尊重和包容的立场，如果探究要产生任何真正的效果，背后必须有这种立场。这一立场背后是对一致性原则的欣赏。

尊重是一种深深植根于我们个性的态度，但是也有让其得到逐渐发展的方法。下面的资源框10.2主要借鉴了艾萨克斯（Isaacs，1999）的著述，他阐述了多种如何变得更加尊重他人的想法。

资源框10.2   在对话背景中建立尊重

- 提问
  - 我能从这个人身上学到什么？这个人最好的地方是什么？
  - 我这里所看到和听到的东西是如何与更大的整体相适应的呢？
  - 这里有哪些其他人所缺少但必须保持下去的东西？
  - 现在发生了什么？

- 试着理解正在发生的事情，而不诉诸控诉和指责。
- 尊重他人的边界，不侵犯边界。
- 既不与对方完全疏远，也不忽略他人。
- 变得中立，稳固而灵活。深呼吸，让自己休息一下，放下任何你感受到的紧张和任何干扰性想法。
- 不要企图"修理别人"。让你与他人之间的干扰成为一种包容这些因素的方法，为他人提供空间，让他们成为其之所是。这要求我们愿意处理在自身之外和之内的困难，以让其和我们内心的某物相联结。
- 学会保持创造性的张力。
- 找一个和你完全不同的人，和他待上几个小时。惊讶的是，你可能发现你们有很多共同点。

关于第一个问题："我能从这个人身上学到什么？"在我（雷内特）身上有一个特别的故事。自从我第一次遇到这个问题（我在青少年时代参加教会仪式的时候）之后，我开始在各种学校、工作、私人场合和文化背景中问这个问题。我最感激的是它对我的倾听能力和对他人态度方面的影响。

悬置

悬置始于察觉个体意识到的内容，这样你就能更准确地感觉到正在发生的事情。这会引导我们觉察思考产生的过程。对这些过程进行反思创造了改变这些过程的机会。当我们让我们的注意力包括越来越多的当下经验，以帮助我们在事情发生之时了解其情况，此时悬置就开始了（Isaacs, 1999: 142–144）。

"悬置"一词的拉丁文词根为 *suspendere*，意思是"挂在下面"（to hang below）。悬置强调把自己的想法和反应放在一边，以对可能存在的其他事物、表面之下的事物、内心正在思考的事物、涌上心头的问题以及他人想要分享的事物保持开放性。如果我们想要充分而准确地理解另一个人及其观点和意义，并尊重他，我们就得把我们的观点放在一边一段时间，暂时悬置起来，以便能更充分地关注他人和整个环境。在实践中，悬置承认宇宙内在的自我组织倾向。这意味着，作为管理者，你并非像修理工一样修复破损物品，不是追求去"管理"一个组织，而是投入精力去培养让组织进化和繁荣所需的条件。有兴趣的读者可以在下面的资源框 10.3 中找到更多的资源来发展其悬置练习（Isaacs, 1999）。

资源框10.3　在对话背景中构建悬置的资源

- 提问
  — 我现在的想法是什么？是什么支撑着它们？它们怎么会出现？
  — 为什么我对此如此确信？是什么让我抓住它牢牢不放？

> ——如果我放手了会有什么危险？
>
> ——对于我正在处理或探索的事情，我本人有什么作用？
>
> ——我现在错过了什么？
>
> ——是什么力量在活动，从而造成了这个问题？让系统一直活动的"电流"是什么？
>
> - 控制想要马上去修正、纠正或解决问题的诱惑。开始想象或感受你正在观察的东西以及它与你之间的联结。
> - 建立有意识的觉察。觉察让我们的注意力扩展并包容我们经验的更多方面，这提供了更多情景的接入点。
> - 悬置确定性：通过放松我们的控制，可以打开新的洞察。
> - 挖掘问题：确定一个好的问题要比只提供很多片面答案重要得多。
> - 从不同角度看待情景；从不同方面来看待它；用不同术语来描述它，或者让他人来描述。
> - 寻找更宏观的途径，承认一些固有的秩序。

发声

发声练习的背后有一个简单的问题，就是"现在需要表达什么？"（Isaacs，1999：159）。为了找到答案，我们需要倾听自己。这可能不是非常容易，因为我们经常被教导应该如何行动、应该做什么或说些什么，等等，所以很难确定我们心里在想什么，从而在其展开和分享中如何受益。例如，现在我正在打电话，我的管理同伴非常仔细地准备了一次会议，提出了一个详细的议程，现在正在跟我分享，她觉得这个议程真的很有成效，然而我的感觉却很不一样，那么我应该告诉她吗？尽管我认为在策略上按照我们的方式举行会议是合适的，但实际上我觉得这很乏味，而且我喜欢更大的对话空间——好吧，我应该现在就告诉她，还是找一个更好的机会来分享我的感受，例如在准备下次会议的时候？我想改变的是什么？指导委员会对以自发表达为目标、不那么结构化的会议会作何反应？

揭示感受可以使我们更接近我们的真实存在，使我们的表达方式更独特、更真实、更团结，从而更值得信赖。更多了解自己的途径之一就是通过表达来揭示自己的方方面面。通过这种方式，让它们从你内隐的核心中崛起，并以你和他人通过多种渠道感知到的显性形式呈现出来，比如音调和声音的节奏、口语句子和词汇、肢体语言、手势等。这样，你的内隐的想法就变得显性、明确和可分享，别人就能感知它，对它作出反应，并让你知道和感受到你的消息被收到了。

艾萨克斯（Isaacs，1999：181）指出：

在我们表达自己的声音时，我们的组织向其中掺杂了很多混乱的信息。一方面，我们从大大小小的公司那里听到的是无休止的"赋权"项目、变革行动和发展计划。另一方面，我们又被期望唯命是从，听命于统治一切的权威人物……尽管大多数现代公司都在民主氛围中兴起和运作，但是公司内部的生活却在许多方面直接否定了保障他们生存的自由。

要让一个人发声，需要下决心并冒一些风险。只有当我们自己承认，存在着他人同样认可我们想法的可能性时，我们才会有分享它的信心。正如在一次研讨会中，一个学生所反映的那样，如果别人邀请你的话，发声就会容易很多。这就是为什么发声既包括询问也包括表达，并且与倾听有着错综复杂的联系。

发声可以被看作原则的一种展开表达，它代表了一直在我们内心和周围等待释放的潜力。这个原则遵循了博姆（Bohm）关于隐秩序（implicated order）的概念：

……（隐秩序）是"展出和卷入"（unfoldment and enfoldment）本质的前提，此时现实从一个模式化的隐藏层次展开到我们所看到的可见世界，然后再折叠回到隐藏世界。现实既包括了一个表面层次的"显秩序"（explicated order），它就像一首乐曲的单独音符一样具有相对独立性，也包括一个更深的隐秩序，显秩序由此流出（Isaacs, 1999: 186）。

博姆接着把那些对我们来说截然不同的想法和感知联系起来，把它们看作隐秩序的外显版本，其中同时包括了外显各部分的内在整体性和相对独立性（Isaacs, 1999: 187）。因此，发声也就是表达我真实的声音，最终从底层的隐秩序涌出，将其特征外显化。

现在的问题是：对于一位管理者来说，接受并学习这种隐秩序的概念有什么价值？既然博姆的理论反映了我们的一部分现实，发声就的确可以证明是一种宝贵的工具，能让我们分享和看到组织中迄今隐藏的方面，并共同努力处理这些问题，而不是盲目地忽略已经处于展出边缘的某一部分。顺便问一下，谁会冒险故意关闭信息渠道呢？然而，在一些组织中，发声就如倾听一样发展不足，这可能是这些组织的绩效远未达到最佳的主要原因之一。

实际上，发声就像倾听一样，在本章所有变革性沟通的方法中占据着关键位置。尽管沉默对于思想的形成有着巨大的价值，但是发声最终推动了分享和隐秩序的外显化。而且，只要经历过不理解对方（语言）的情况，无论谁都可以证明说出和理解对方（语言）的巨大价值，以及无法理解时的挫折感。

在对话背景下，艾萨克斯（Isaacs, 1999）提出了如何学会找到自己声音的建议。他采用的一个很有用的比喻就是音乐，我们可以让读者思考我们的音乐可能是什么，以及谁最善于演奏我们的音乐。找到我们的音乐，并允许自己去"演奏"，这是我们发声的核心能量。

另一个有用的问题是问自己，我们想让别人知道什么，并让自己去寻找，然后把我们真正最关心的外显出来。如果你发现自己在琢磨你是否完全喜欢在任何工作环境中都把你最关心的东西说出来的想法，你就和本书的作者们是同路人。两位作者都完全投入在理解商业世界中个人中心视角的潜在好处中。虽然对此我们完全同意，但最重要的是意识到我们真正在意的是什么，在工作中用适当的方式将它说出来也需要倾听、尊重，并考虑包括人员、组织或项目目标以及当前环境在内的当前情况。读者如果有兴趣进一步了解学习寻找和表达真实声音的提示，请参阅资源框10.4以及本章的其余部分内容（Isaacs, 1999）。

> **资源框 10.4　对话背景中的发声练习**
>
> - 提问
>   - —— 现在需要表达什么？由我说？由其他人说？还是由全体说？
>   - —— 如果这个模式是有意设计的，那又有什么用呢？
>   - —— 什么东西试图呈现出来？
>   - —— 我所代表的是什么？我想让别人了解什么？
>   - —— 如果我现在不说出来，会有什么危险？
>   - —— 如果我现在说出来，会有什么危险？
> - 克服自我审查，冒险在无计划的情况下寻找和表达你的声音。
> - 更多地发现与整合自己：对话中的部分发现过程是对自己所有不同方面的整合。
> - 找到你的"旋律"并与他人分享。如果你不站出来说话，只是忍受，谁还会去做这些？
> - 联结：一起说话时存在一个深刻的群体维度，这一维度往往被忽略，但当我们的话语强调联系而不是持续的分离时，就可以克服它。

为了说明如何应用资源框 10.4，让我们相互问一句："我所代表的是什么？""我想让别人了解什么？"

我（戴维）完全致力于为工作环境中的沟通带来个人中心特征这一工作。几年前，我有机会在这个问题上与卡尔·罗杰斯合作。现在我注定要在这个方向进行研究、实践和写作，使人性或个人中心特性更易获得，本书就是一个例子。

我（雷内特）则有好几次挺身而出捍卫我的使命，那就是在学术教育中加强沟通与团队合作。起初，似乎没有人听我说，但是我的信息逐渐找到了听众，并为新的课程和教职员工带来了影响。和三位同事一起，我们的团队获得了今年（2016）的维也纳大学教学奖。虽然这个螺旋开始时上升速度很缓慢，但我希望它继续下去，本书中所有人的共同努力也会散播到世界各地。

对话练习的局限性

虽然这四种练习是按顺序呈现的，一个接着一个，但至关重要的是，它们彼此要适当平衡地体现和练习。"适当的平衡"所指的意思取决于参与对话的特定人员以及当前的具体情况。例如，如果一个人具有熟练的发声能力，通过一个接一个的主意支配别人，甚至根本不去倾听和悬置，这种"独白"也就不算是对话了。同样地，如果我练习悬置太长时间，我可能会因为没法把我的所思所想贡献出来而感到沮丧。

对话练习另一个值得注意的局限性是僵化的信念或立场以及对后果的恐惧。尤其是，例如在商业背景下，拥有权力的人可能不愿改变他们的观点和（或）策略，除非迫于市场中的某种风险或损失。同样，我们可能害怕放弃一些已经被证明是行之有效的（组织或个人）模式。我们为什么要冒险去放弃它，走进未知世界呢？如果我们无法承受势必无法排除，又需要去克服的混乱与空白，会发生什么？人们是否拥有必要的集体智慧和人际态度，以找到能够在对话中展现出来的新的、更好的秩序？

对话与讨论

埃利诺和杰勒德（Ellinor & Gerard，1998：20）描述了对话的目标，并将它们与只想赢得一场争论的目的进行对比："当人们试图相互学习，从一个更大的视角，而不是从个人观点出发进行辩护和证明时，对话就发生了。"我们相信，对话可以帮助我们看到更大的图景，从而丰富每个人的观点。虽然在理想中，这与我们对任何良好对话（通常被非正式地称为"讨论"）的期望一致，但在现实中，这种情况并不总是（或者应该说很少）如此。为了更好地区分不同的谈话环境及其基本目标和策略，表10.1提供了从埃利诺和杰勒德的概念引申出来的对话和讨论之间的一个连续体（Ellinor & Gerard，1998：21）。

表 10.1　讨论与对话的连续体

对话	讨论
从部分中看到整体	把话题或问题分成若干部分
看到部分之间的联系	看到部分之间的区别
探讨假设	对假设进行防御或辩护
通过调查和披露进行学习	说服、推荐（selling）和讲述
在众人中创造共享意义	就某种意义达成一致

博姆认为，如果我们需要捍卫自己的观点，本质上我们要有共同思考我们所不能做到的事的能力。这意味着悬置我们的意见，去听取别人的意见，也悬置他们的意见，看看这一切意味着什么，再就我们的想法和感受发声。在对话中，思想在人与人之间来回流动，而不是"每个人都试图说服别人……每个人都很自由……因此，既存在集体意识，也存在个体意识，思想在它们之间流动"（Bohm，1996：31）。

请思考：

在对话与讨论的连续体中对下列场景中的谈话进行定位：

● 你最近参加或领导的会议；
● 在你所在的组织或最近的项目中的最典型的情况。

你认为讨论（按埃利诺和杰勒德的定义）是必要的吗？如果是，在什么情况下你认为这很重要？

你认为对话（按埃利诺和杰勒德的定义）是必要的吗？如果是，在什么情况下你认为这很重要？

你认为区分对话和讨论有没有价值？在解决问题过程中，这两种谈话形式应该结合在一起吗？如果是的话，哪种形式应该更先行？

总结

倾听和尊重练习类似于上一章中提出的共情性理解和接纳能力。有趣的是，正如艾萨克斯（Isaacs, 1999）和罗杰斯（Rogers, 1980）所言，两者是相互联系的，真正的尊重要求一个人在内心会心理解一个外部问题，从而能够与它联结。换句话说，接纳而不理解毫无意义。这意味着管理者或领导者如果想要真正提供帮助，就需要会心理解并真正感受同事的问题、挑战等，并将它们纳入自己的"内部议程"。同样，对团队成员来说，如果他们能把自己置于上级的位置，真正感受到他们的问题，比如承担风险并对决策负责，那将是极有帮助的。对话练习可以帮助实现这一点，因为人们承诺坚持个人中心态度。

悬置要求我们把自己的想法放在一边，以便对他人在任何清晰度或意识水平上所表达的东西保持开放。如果我们的目标是充分了解别人并尊重他们，我们就会把我们的观点在旁边放一段时间，悬置它们，以便能够更充分注意他人。最后，发声练习可以被看作与此刻意识水平的表达相一致，并与个人当下的体验相匹配。这样，当前情况的各个方面就得以外显化，能够被感知和检查，并合作性地共同提供一个尽可能现实和准确的图景。我们相信，这一整体图景将是缜密和理性决策最好的基础（Rogers, 1961；Ryback, 1998）。

参考文献

Barrett-Lennard, G. T. (1998). *Carl Rogers' helping system: Journey and substance*. London, UK: SAGE Publications.

Bohm, D. (1996). On dialogue. In L. Nichol (Ed.), *London*. UK: Routledge.

Bohm, D., & Peat, D. (2000). *Science, order and creativity*. London, UK: Routledge.

Cain, D. J. (2010). Person-centered psychotherapies. In G. R. VandenBos, E. Meidenbauer, & J. Frank-McNeil(Eds.), *Psychotherapy theories and techniques*: A reader (pp.251-259). Washington DC: American Psychological Association (APA).

Ellinor, L., & Gerard, G. (1998). *Dialogue: Rediscover the transforming power of conversation*. New York, NY: John Wiley and Sons.

Isaacs, W. (1999). *Dialogue and the art of thinking together*. New York, NY: Doubleday.

Lago, C. (2013). The Person-centred approach and its capacity to enhance constructive international communication. In J. H. D. Cornelius-White, R. Motschnig-Pitrik, & M. Lux (Eds.), *Interdisciplinary handbook of the Person-centered approach: Research and theory*. New York, NY: Springer.

Rogers, C. R. (1961). *On becoming a Person—A psychotherapists view of psychotherapy*. London, UK: Constable.

Rogers, C. R. (1980). *A way of being*. Boston: Houghton Mifflin Co.

Ryback, D. (1998). *Putting emotional intelligence to work*. Boston: Butterworth-Heinemann.

Wood, J. K. (2008). *Carl Rogers' Person-centered approach: Toward an understanding of its implications*. Ross-on-Wye, UK: PCCS-books.

第十一章　变革性沟通的实现路径：强化团体经验、沟通工作坊和开放案例

> 我认为，强化团体经验，也就是会心小组（不论你想怎么称呼它），如果管理和推动得当的话，是本世纪最重要的发明之一。我想它曾经发挥过巨大的影响，也会继续发挥下去。
>
> 罗杰斯和拉塞尔（Rogers & Russell, 2002: 194）

本章重点：

- 有效沟通的核心态度和能力；
- 支持和加速变革性沟通发展和实践的特别环境，包括个人中心强化团体、沟通工作坊、开放案例；
- 案例和参与者对环境的反思；
- 沟通工作坊和开放案例环境；
- 环境之间的对比及对个人中心视角的认识。

本章介绍了处于变革性沟通核心的三种环境：强化团体经验（intensive group experience）（Rogers, 1970；Wood, 2008）、沟通工作坊（communication workshops）（Motschnig-Pitrik, 2012: 2）以及开放案例环境（open case setting）。如果得到适当推动，这些环境就可以共同支持社区和团队建设，并有可能改进参与者的对话和问题解决能力。它们有助于沟通性互动获得超越已知并向前发展的特质，以将多个观点集中起来达到增进理解的状态。与积极倾听一样，这不是位于前景的特殊技能，而是人们所持有，并通过话语、肢体语言、手势、语调和行为方式所表达出来的态度，这些对于共同形成一种让人有安全感，能够进行有意义、体验性和持续性学习的氛围至关重要。因此，单纯的技能培训是不够的，除非它建立在作为人员取向议程基石的人际态度基础上。

由于经验学习的重要性（Rogers, 1961），我们不会只提供方法和环境，而是通过提供案例、练习、参与者的反应，来呼吁读者去探索、选择和使用他们认为在自己所处环境中最有意义的资源。在最佳情况下，组织内或跨组织的团队将会合作练习和反思，进行相互学习。

强化团体经验和沟通工作坊

在介绍了作为一种沟通思维方式的对话之后，让我们转向作为一种存在方式的强化团体或工作坊，关注于提升自己与他人间的人际关系。在这个意义上，自我和群体经验可以被看

作一种个体各种能力的展开方式，让人们可以开展对话、协作，与团队合作。因此，通过参与强化团体，管理、领导、团队合作和对话的个体与人际底层元素就可以得到充足的滋养。为了让读者对强化团体或工作坊形成自己的印象，也更好地激励读者去体验，下面首先对这一现象进行介绍。毋庸置疑，阅读不可能替代实际参加团体或工作坊所带来的真实体验。

从历史上看，在同一个大洲的大约同一时间，两个完全不同的目标在两个不同的地方引发了指向强化团体经验的运动。1947 年左右，麻省理工学院的心理学家柯特·勒温意识到人际关系技能的培养是教育中一个重要但发展不足的领域。因此，在美国国家培训实验室（National Training Laboratories, NTL），他和他的同事开始了所谓的 T- 小组（T 指 Training，训练）项目，训练来自工业界的高管们观察他们与其他成员的互动，以便更好地了解他们他们自己的作用，并更好地应付困难情境（Rogers, 1970；Motschnig-Pitrik & Nykl, 2014）。

大约在同一时间（1946 年），卡尔·罗杰斯和他在芝加哥大学的团队参与了为第二次世界大战归来的退伍军人进行人事顾问培训工作。由于他们觉得认知培训不足以帮他们做好准备，开始尝试将认知和经验方法结合起来。"受训人员"每天都开几个小时的会，以便更好地了解自己，以有益的方式形成联结，并能代入工作（Rogers, 1970）。这一实验大获成功，以至于这一概念逐渐发展，包括各种方向和形式（Natiello, 2001）。最近的一个例子是个人中心沟通工作坊，它承认（在大多数文化中）当前的快节奏生活，以及互联网服务的易得性（Motschnig-Pitrik, 2012, 2015）。在下一节，我们将他们作为具备一种松散结构、能够节约时间的强化团体的传承者，能帮助参与者和推动者专注在主要目标——变革性沟通——上。

资源框11.1　个人中心强化团体的特征和趋势

特征：

- 通常是小群体（8 ~ 18位参与者——然而也有相当成功的大型团体），相对来说是非结构化的，会自行选择其目标和方向。
- 尽管并非总是如此，团体经验一般包括一些认知输入，比如一些提交给团体的内容材料或一些需要关注的特定方向。
- 几乎在所有情况下，领导人的责任主要是推动参与者一方情感和思想的表达。而团体领导人和成员专注于即时个人互动的过程和动态。

趋势：

- 推动者可以发展一种安全的心理氛围，这种氛围会促发言论自由，并降低防御性。在这样的气氛下，团队成员的许多即时情感反应、意义和想法会被更自由地表达和识别。
- 这种真实表达的共同自由会带来相互信任的气氛，无论所表达的是积极的还是消极的。每个成员会更接纳自己包括情绪、智力和身体的整体存在方式，当然也包括变革性潜力。

- 由于团队成员更少受到防御刚性的限制，个人态度和行为、专业方法、行政程序和人际关系发生改变的可能性变得不那么有威胁性。个人可以更清楚地倾听对方的声音，并在更大程度上相互学习。

- 这里有一个反馈过程的发展，这样成员们就能知道他们在别人眼中是什么样子，以及各自对人际关系的影响。

- 随着沟通的改善，新想法、新概念和新方向开始涌现。创新可以成为一种受欢迎，而不是带有威胁性的可能性。

- 在团体过程学到的东西会溢出，无论是暂时性的还是永久性的，会影响到与配偶、子女、学生、下属、同事甚至上级的关系。

- 在最初的不确定和紧张之后，会产生一种鼓励自由表达感受、意义和想法的氛围。然而，这种倾向不能仅仅通过智力方式来感知，它需要对这样一种开放氛围的个人体验。

由参与个人中心强化团体所推动的变革

从参与者或来访者的角度来看，罗杰斯（Rogers，1961：37-38）对个人中心氛围中自组织的个人发展方向作了如下描述。他和他所在领域的社会科学家进行了研究，去测量所描述的变化（Rogers，1961，1970；Barrett-Lennard，1998；Cain，2010）。

如果从我的角度来看，我能创造一种具备如下特征的关系：
- 具备一种真实性和透明度，获得我就是我的真实感受；
- 能够热情地接纳和珍视作为一个独立的人的他人；
- 拥有一种敏感的能力，能够像观察他人一样，观察他及他的世界。

那么，关系中的另一个人：
- 将经历和理解他以前所压抑的自我特征；
- 会发现自己变得更整合，更能有效地发挥功能；
- 将变得与其理想人物更为相似；
- 将变得更自我导向和自信；
- 将变得更有个性、更独特、更有自我表现力；
- 更能理解和接纳他人；
- 能更恰当、更舒适地处理生活中的问题。

> **请思考：**
>
> 你认为将你自己发展成上面那样的人是否值得或令人向往？
>
> 你愿意为你的团队或同事提供一种个人中心氛围，这样他们也可以发展成上面那样的人吗？
>
> 你认为向你的老板或上司提供个人中心氛围是可能的吗？如果不可能，为什么？如果可能，你认为它会产生什么效果？

在组织变革方面，罗杰斯遇到过一些人，他们自身变化很大，而他们所在的机构几乎没有发生任何变化。一些团队成员甚至辞去了工作，并因为由此所获得的勇气决定在机构外而不是在机构内部为变革而努力。在另一种情况下，人际沟通会变革一家企业（Rogers，1970：79）。这表明强化团体能够促进开放和互依性，并激励变革。有趣的是，强化团体所带来的变化往往和彼得·圣吉在《第五项修炼》（*The Fifth Discipline*）中所提供的态度和能力高度匹配（Senge，2006）。这些变革性改变的明显之处是"对环境更包容、更敏感的感受、刚性心理结构的放松、对话的能力和意愿等等"（Motschnig-Pitrik & Nykl，2014：192）。

就个人而言，我们（作者）一次又一次地体验到，这些变化是深刻而持久的，永远不会基于一个人的态度而完全消失。然而，我们所生活和工作的社会环境的确会对变革态度、沟通的表达程度及其进一步深化和展开产生相当大的影响。通常，组织的层级制运作和基调，或大型项目中的刚性规划和评估会减少我们内心所希望"达成转变"的机会，并增加其难度。如果这样的不利条件占主导地位，我们就会渴望更新某种强化的会心经验，以保持变革的活力并滋养它。在其他情况下，如果我们很幸运地在一个采用灵活结构的组织或团队，或与掌握变革性沟通的人共同工作，我们就会喜欢一起深化这些能力，并应用、培养这样的能力，把它们传到我们所在的环境中去。例如，在我们合作撰写本书时，这一情形就在发生。它发生在 iCom 项目全程，在与工业界和学术界伙伴之间十多个互动工作坊的密切合作中（iCom Team，2014）。对个人的影响是，我们感到有超强的动力去留意我们可以用建设性、变革性沟通的工作和生活机会。例如，在与欣赏和学习这类沟通的人一起工作时，就会发生这种情况。这也可以发生在包括学生和（或）管理人员的团体和工作坊中，帮助他们实现提升自身沟通能力，同时让工作和生活变得更加有效的愿望。

适应变化条件的潜力、限制和需要

我们赞同罗杰斯，把强化团体看作促进人们共同生活和工作的一种特别有力的手段，而无须诉诸权力或正式权威，特别是在氛围紧张、充满变化、以客户为中心、差异性强的情况下。会心环境的力量可能来自这一事实：在任何时候，团体都会邀请每一位成员（内隐地）为自己的进步而努力，并利用他们各自所有的才能为团队做出贡献。这就是任务所在，在具体的当下时刻全神贯注于一个人的感觉、思想、意义，为参与者提供了充分的机会去倾听和了解自己，感知自己与其他人的互动，分享所想到的一切并寻求表达。因此，个人成长会扩展到更广泛的范围，其所发生的特定领域取决于无数的情境因素。此外，正在发生的压倒性的自我组织过程需要时间来展开，其效果也需要被同化。

这就是为什么纯粹的强化团体，尽管具有独特和意想不到的潜力，但在与商业相关的个人发展手段中已经失去了吸引力。在竞争激烈的（西方）社会，一位雇主会询问为什么要为一个可能很快就要离开公司的雇员投资，让其进行广泛的个人发展。此外，还没有经历过强化团体的人往往难以想象它会是什么样子，因为其团体体验与我们在教育生活中花费了数千个小时去接受的传统、结构化的教育产品有很大不同。那么，他们为什么要把大量时间投入到一件未知的事情上，却对手边的紧急活动弃之不顾？

总之，似乎需要去克服强化团体典型的不确定性问题，而保留其许多强大的潜力。其中一位作者尝试了十多年的"解决方案"是个人中心沟通工作坊。

个人中心沟通工作坊

这些工作坊的主要目的是提高参与者的沟通能力，这些沟通植根于他们的人际态度，并以适当的技能加以改善。这种改变需要首先为参与者提供一种氛围，基于一致性、接纳和深刻并共情地理解他们的努力来实现。然而与强化团体不一样的是，推动者只提出一个包括一些面向建设性沟通的练习或要素的松散结构。这些元素从来不强加于人，而是向参与者建议，如果他们喜欢的话，可以更多地去倾听而不是积极参与。一般来说，一旦表现出某个元素，参与者就会被邀请到团体中对此进行反思，以便对各要素的规则和制约因素提出利弊和批评。如果这个团体看起来已经准备好了——这可以通过直接询问参与者来确定——就可以提供一个完整流程来作为会心流程，同时明确申明"这取决于我们从自由空间中可以得到什么"，推动者将作为一名富有经验的团体成员，而不是流程的构建者来参加。有一些团体非常喜欢自由流程，所以他们喜欢将此开展下去；然而根据作者的经验，参与者在有充分时间进行自由互动之外，也喜欢一些结构和指导。有时候，参与者是分裂的，有些人会感受到深层次的学习和会心带来的创造性潜力；另一些人则热衷于通过练习学到一些更"干货"的东西。莫奇尼格-皮特里克和尼科尔（Motschnig-Pitrik & Nykl，2014）用了一整章来讨论强化团体和个人中心工作坊，其中摘录了一些学生的"发声"。

为了让读者想象哪些元素可以被推荐给个人中心沟通工作坊的参与者，资源框 11.2 描述了几种最常见的元素。

资源框11.2　在个人中心沟通工作坊中提出的一些受欢迎的元素

表11.1　元素及其目标和描述

元素或练习的名称	目标	描述
积极倾听练习	提升倾听能力	参与者组成三人小组，其中一人为说话者，一人为倾听者，另一人则作为观察者。说话者分享一些现在对他来说很重要的事情，倾听者则积极地倾听，持续几分钟。观察者可以记录他观察到的内容，并在说话者结束后给出简短的反馈。然后，三名组员改变角色，重复练习，直到每位参与者均尝试过这三个"角色"。之后，所有人均在全体会议上分享他们的经验和启示
分享现实生活中积极倾听的经验	能力迁移；表达个体经验；了解参与者是否能在研讨会之外尝试新技能	主持人表示有兴趣了解参与者是否在现实生活中尝试了他们所学的倾听技能，以及他们的经验是什么
总结本质部分	用心倾听，体验如何抓到本质	推动者建议尝试如下步骤：在说话者表达自身观点（如他们在现实生活中积极倾听的经验）之前，他们应该先总结一下在他们之前的人发言的本质
表演沟通中的障碍	找到障碍并用角色扮演表演出来；在环境中引入一些身体活动	参加者组成小组（4～5人），详细讨论沟通障碍。然后选择一个障碍，并设计角色扮演以说明障碍。最后，他们进行角色扮演并接受团体的反馈。在此之后，将障碍列出来并与文献匹配之处进行比较，并（或）阐述其差异
如果这样，你会如何回应？	找出自己的回应偏好，并能够觉察其他回应选项和反应	例如，如果你的员工说，"我终于搞了这该死的数据报告"，你会如何回应？参与者分享他们的回应，并感受他们对每一种回应变式的反应。参与者在全体大会上反思其情感、思想和启示
针对这三种个人中心条件进行自我评价并给出反馈	自我探索与表达直接反馈	找出在这三种个人中心条件下个人的优势和弱点。哪一个对我来说最容易或最困难？参与者根据自己的强项和弱项再分成几个小组，在小组中分享，并在全体会议上反思其"发现"
反应表（Rogers, 1961; Motschnig-Pitrik, 2014）	给出书面的个人反应及反馈	通常，参与者都需要将他们对某个工作坊的反应发布到网络空间上，这些空间对小组开放，但禁止公众访问。这些反应在流程之间提供了一个虚拟桥梁，让我们更易找到团体的进展。书面的反应可以帮助参与者意识到对于一个要素或情景人们可以有不同观点，有时甚至是完全不同的反应

对强化团体和沟通工作坊的总结和展望

对个人中心强化团体和沟通工作坊的研究表明，他们应该在管理教育中占有一席之地——远远超出了心理学研究的地位。在奥地利维也纳大学的一项调查中，绝大多数学生在事后回溯中都提到，在结构化工作坊、线上支持（资源）和强化团体这三个要素中，他们认为最有意义的是强化或会心团体（Motschnig-Pitrik & Nykl, 2005）。此外，具有良好推动的强化团体和沟通工作坊所展开的内部灵活性和人际关系态度似乎与处在管理前端的两种环境即敏捷管理（agile management）和跨文化团队关联极强。这两者都将成为本书所总结的案例研究的关注点。

然而，为了恰当地将强化团体练习整合到教育档案中，在每个工作坊或研讨会中，有经验的推动者以及精心设计、透明沟通的概念是至关重要的。此外，在强化团体中可能发生的激烈冲突或非常缓慢的进程，既有巨大的潜力，但也有可能存在风险，需要理解并将其纳入考虑中。这是因为自我组织和实现倾向（actualizing tendency）尽管是本能的倾向，但并不能从一开始就时刻对一个团体起到控制作用。但是无论如何，研究结果都表明，强化团体和结构化的互动工作坊拥有开拓如圣吉（Senge, 2006）所言"学习型组织纪律"的巨大潜力。他们促进了人员和组织的建设性进步。因此，即使我们的互联网时代可能需要对强化团体的基本概念进行一些创造性和敏感性的调整，我们也完全同意罗杰斯和拉塞尔（Rogers & Russel, 2002: 194）的意见："一个依赖于组织内部潜力，并得到良好推动的强化团体，是（并将一直是）一种带来个性转变和行为变化的强大经验，从而为解决社会问题奠定基础。"

有更多学者的相关著述提供了进一步的"材料"、想法、研究、参与者的反应以及对个人中心团体和工作坊的反思（Rogers, 1961, 1970, 1978, 1980, 1983; Schmid, 1994; Barrett-Lennard, 1998, 2003, 2005; Lago & McMillan, 1999; Natiello, 2001; Nykl, 2005; Nykl & Motschnig-pitrik, 2005; Wood, 2008; Cornelius-White et al., 2013a, 2013b; Motschnig-Pitrik & Nykl, 2007, 2014）。

开放案例

开放案例是指针对特定的、预先确定的或由参与者选择的案例，通过交互方式探索经验、态度、想法和解决策略的工作坊环境。尽管看起来像一些既定的环境，如世界咖啡馆、开放空间、市场、对话团体以及个人中心会心和监督小组，但它的一些独特特征能将其与这些环境区分开来。开放案例最突出的特点是有一个人在场，他提供了一个真正、真实的案例，以及以一致性、真实性、尊重感和共情性理解态度为基础提供一种推动性气氛的先决条件。开放案例采用小组形式（3 ~ 7 人），通常分两个阶段见面，并强调参与者在个人中心气氛中的个人表达、倾听和对话，以探讨案例，而不只是单纯生成新想法的头脑风暴法。

开放案例环境是在 iCom 项目（ICT 背景下的建设性国际沟通）过程中开发的，在该项目中，欧洲学术伙伴与中小型企业合作，关注如何提升项目团队中的沟通，以及产学之间的交流。项目团队由雷内特·莫奇尼格担任科学指导，他们很快意识到，纯粹的强化团体会对人们的时间资源造成太大的挑战，因此寻找一种满足如下条件的环境：

- 尽可能多地包含个人中心沟通精神；
- 更快地融入业务伙伴的目标中，即获得一些可识别的结果；
- 能够被整合成为（项目）工作坊、会议或教育活动的一部分。

进行开放案例讨论的经验表明，即使开放案例在体验深度、社区建设、学习广度、自我体验、洞察力、个人发展等方面，无法与个人中心强化团体相提并论，但是依然可以带来有意义的学习，例如：

- 在一种建设性的氛围中练习积极倾听和分享，而不必经历团队建设过程中费时费力的初期阶段；
- 帮助案例提供者在当前的特殊挑战中向前迈进，因为团队的创造力集中关注在案例提供者和他们的分享上；
- 人们在共同思考时会产生大量的想法和反思。

前提条件

由于开放案例环境来源于个人中心思维模式，最基本的前提是参与者以一种真诚和相互接纳的方式进行交流，试图共情、全面地理解他人，避免互相评判。同样重要的是，他们信任案例提供者的个人资源，并继续将自己作为富有资源的同行去推动案例提供者的进程，同时塑造自己解决问题的能力。另一个先决条件是一些（至少一个）参与者分享自己案例的意愿。分享一个好案例的一些特点并给出实例，可以支持参与者去发现案例。根据我们的经验，特别适合用于开放案例环境的案例应具有以下特征：

- 该案例的提供者目前正忙于处理它，且该案例对其提供者有意义；
- 该案例至少在某种程度上可以受到其提供者的影响；
- 该案例可以用几句话来描述，而且不太复杂。

引发令人兴奋的启示的案例可以是一个在团队中完全不合作却又富于创造性的设计师，一个经常看不上员工的工作却又善于打造令人遐想的愿景的老板，一个部门的新人所面临的困难处境（是继续工作还是投身科研的艰难决定，是否要等待某一公司承诺给自己的梦想工作），等等。

过程

先请参与者思考一下他们有兴趣分享的案例。推动者跟随他们的进程，并帮助团体完成选择过程。如果要参加开放案例的参与者已经超过 7 个人，可以围绕团体愿意参与的案例组成多个小组。例如，可以让参与者在房间里走动，自愿聚到想要参与的案例组周围，直到每个人都找到一个地方为止。一旦组成了小组，就给他们分发材料 [见资源框 11.3（a）和（b）]，其中描述了该流程应该遵循的各个步骤。推动者介绍这些规则，并对任何不明确的问题予以澄清。

第一阶段的重点是回顾和共享个人经验，并理解案例中正在起作用的"力量"或潮流。第二阶段强调共同开发行动和解决策略，但并不一定非得解决这个案例。为了最大限度地让参与者从完整经验（包括案例主题、自身内部过程以及小组或团队过程）中学习，我们会在工作坊结束前设置一个反思阶段，并通过在线交流推动后续的反应。

资源框11.3（a）　第一阶段的材料

本阶段的目标是介绍并共同讨论案例。

所有人都要承诺保守团体的隐私！

参与者可以按照下列项目来完成本阶段工作。

1.（在分成小组之前）**寻找个体来担当以下角色：**

- 案例提供者；
- 主持人；
- 感兴趣的同伴。

2. **案例提供者描述其案例**，并提出 1 ~ 3 个自己感兴趣的问题。

案例提供者要表达他对案例的个人感受，以及是什么导致他们进入这个案例。

给案例命名，如果合适的话，用一个符号、图像或比喻来表示。

3. 同伴采用他们自己的词语，抓取案例提供者所揭示的关键意义，以此**对其理解进行反思**。

同伴可以对说过的话提出问题。关键的是，同伴与案例提供者保持一致，并试图理解他提供的信息（例如，"你说你感到压力，那么你现在仍然感到压力吗？"）

4. 同伴可以**询问案例背景下任何他们感兴趣的问题**（例如，你已经和部门主管谈过了吗？）。同伴也可以分享他们对这个案例的反应。

5. 所有的人都要试图**找到在这个案例中起作用的潮流或"力量"**。

- 在个体和系统内与案例直接相关的力量是什么？
- 从环境中来和到环境中去的力量是什么？
- 你能为一些力量命名吗？能画一幅图吗？

6. 基于本阶段发生的事情，**案例提供者反思其对情形的感受和意义**。特别是，他要指出案例中任何显著而高度重要的事件；他人则积极倾听。

选择项：在短暂休息之前，团体可以简短地分享一下案例的名称和性质。如果同伴想要换到不同的小组，他们可以这样做。

资源框11.3（b） 第二阶段的材料

本阶段的目标是进一步阐述案例并展开新的视角。提升对案例的理解可以帮助寻找解决策略。

决定是否保留主持人或换一位新的主持人。

7. 观点的改变

同伴从案例提供者的观点和其他可能的重要功能出发，分享他们对案例、案例提供者和环境的感受和观点。

你想要继续进行一些谈话吗?

同伴提出一些在案例中可供考虑的选项。

案例提供者提供反馈。

8. 罗杰斯的核心条件

同伴努力识别案例与以下条件之间的联系（如果有的话）：

- 个人中心核心条件（一致性、接纳和共情性理解）；
- 休息过程中的谈话。

案例提供者倾听并做笔记。

9. 案例提供者的反思

案例提供者探讨同伴观点的贡献，并反思工作坊中的任何事情或任何人在多大程度上推动了对案例的理解。

案例提供者探讨他最希望（或害怕）发生的事情是什么。

10. 小组的反思

小组对他们的案例讨论过程、见解和解决方案进行反思。

选择项：在全体会议上分享

每个小组可以制作一个具有以下结构的挂图：

- 案例名称；
- 描述（3～5个形容词）；
- 案例的影响；
- 以三个核心条件为背景来看案例；
- 解决策略：初始步骤和长期视角；
- 本开放案例的环境。

参与者眼中的开放案例

一位来自马萨里克大学"服务科学管理和工程"专业的高年级学生，同时也是一名团队领导者，在第一次参加开放案例讨论之后进行了如下反思：

这真是令人印象深刻啊！你们中的大多数人可能熟悉一种叫作"干预"的东西——一群朋友准备对他们共同朋友的生活状况（比如坏习惯或其他问题）发表意见，然后……试图通过强迫他从他们的角度去看待事物，以此来改变他。开放案例看起来是同样一回事，但有着与干预完全相反的倾向，在干预过程中朋友们试图把他们自己、他们的观点和他们的需要强加给他，试图给他强加一种行为。在开放案例中情况正好相反，一个人有一个问题，他需要一些帮助，而其他人也试图从他的观点出发。因此，在一个开放案例中，有很多的倾听和理解，而不是像干预中的大量谈话和强迫。起初，我以为人们对案例提供者理解得较少，更多的是试图把自己的想法和观点强加给案例提供者。然而，我对解决所提出问题过程中表现出的势头震惊了。不仅案例提供者很快就感到被理解了（至少在我看来是这样），也可以帮助其他人了解更多有关情况，而且他们的反应和提出的问题也让案例提供者从新的角度看待事物，并找到新的解决方案。是的，有时也可以在深入了解案例之前提供意见和建议，但是我认为，同时其他一些人也认为，随着理解的加深，案例正朝着一个更好的方向发展……我当然希望人们能更多地这样互相帮助，而不只是在个人中心沟通课程这样的特殊场合下这样做。

所以很多时候，当人们开始分享他们所遇到的问题时，人们把它误认为是一个开始干预的机会。它是对一个人拉一拉推一推，并不尊重他在这个案例中的存在。然而开放案例却只是"打开"它，允许它存在，给它空间和理解，这也是人们内在建设性的一个特征，然后在这种条件下，推动这个案例完全自发地得到解决。

为了从案例提供者的角度来分享对开放案例进行讨论的看法，以下是其反应的摘录：

因为我是那些与开放案例有关的人之一，我喜欢人们听我说话……但是，要我在这么多人面前谈论我遇到的问题还是有点奇怪，而让我有点震惊的是，那些人看起来都很关心我，还试图用他们的看法和建议来帮助我。当我倾听别人的反应时，我能感觉到内心的巨大释放，因为他们很多次都是在陈述我心中的想法，让我更清楚地看到了我的答案。所以谢谢你们所做的。我认为我们有点跑题了，因为我们更愿意给出一个建议，而不是聚焦在想法和感受上，所以也许在下一节课上我会很愿意做更多这方面的工作。这不仅对提供开放案例的人有益，对其余的人更有益。

有趣的是，正如上面所示，尽管没有严格遵循程序指导方针，但与会者认为这次讨论是一次宝贵的经验，并希望有更多的开放案例讨论。

讨论与变式

开放案例讨论的设计方式不允许他们强化团体所固有的创造潜力和自我探索。相反，他们专注于在一个感知到的问题或挑战背景下提供一种个人中心氛围。这使得开放案例讨论特别适合工作背景下的工作坊和会议：不同于普遍的个人发展，它是在处于前景的参与者所选定的情况下向前发展。正如参与者经常指出的那样，这种明确的方向和精心的结构使开放案例讨论，相比于全面展开、更为复杂也可能更为强大的强化团体而言，更容易被监督和理解。

此外，与所有互动环境一样，它们成功的关键很大程度上取决于参与者分享其案例和倾听的意愿和能力。如果由于某种原因，氛围并不适合，参与者不愿意分享真正的问题，即使有最好的指导也是无用的。在参与者之间引入一些多样性的确有助于跨越更大的想法和方法空间。尤其是可以邀请跨组织、团队甚至国家的人参与，这样可以支持分享的开放性，以及思想、想法和经验的广度。

如果参与者在倾听和对话方面有经验，那么主持人的职能或多或少是他们共同承担的，因此主持人的作用也不那么突出。然而，在缺乏经验的参与者中，主持人往往发挥着至关重要的作用。如果他不引导这个过程，人们要么会在一个项目上待得太久，要么会跳过话题而不是按照建议的顺序进行。这往往导致一个不太理想的过程。此外，如果主持人缺乏共情，并过于严格地执行规则并切断正在展开的想法，这往往会抑制整个过程。因此，参与者经验越少，一个经验丰富和善于共情的主持人就越重要。

在一些工作坊中，时间可能太紧张，来不及处理开放案例的两个阶段。在这种情况下，只需彻底执行第一阶段，而让一些速度较快的组选择性地执行第二阶段的某些项目。当然，我们并不是建议参与者走马观花地做完项目，因为小组和案例的展开都需要时间，匆忙完成这一流程会适得其反，无法发现有价值的内容。

总结与展望

一位初级小组领导者总结了他在参加一个个人中心沟通工作坊时，对其中的开放案例环境的体验，内容如下：

我喜欢这个有更清晰"形式"的环节。它往往没法按照预期进行，但我不介意。我很喜欢这些案例，它们往往是某种严格设定的活动，这对我来说已经足够了。在开放案例的讨论中，我注意到有时候我们有点跑题，这时候我喜欢有一个更严格的主持人。我认为开放案例活动仍然达到了它的目的，而且即使我们跑题了，我们也可以从对话中获得正确的"学习价值"。

当然毫无疑问，需要更细致的研究才能更充分了解开放案例讨论在管理、领导和团队合作中的动力、成本和效益。

除了对话、强化团体、个人中心工作坊和开放案例环境之外，还有其他一些方法和技术有助于工作中的变革性沟通。由于它们在文献中多有探讨，在此我们只提一些主要的方法，比如欣赏式探询（appreciative inquiry）（Cooperrider & Whitney，2001；Bushe，2007）、教练（Van Zyl & Stander，2013）、聚焦（Gendlin，1978）以及各种正念实践方法（Kabat-Zinn，2001），等等。

总结

尽管个人中心强化团体仍然是 20 世纪"最重要的发明之一"（Rogers & Russell，2002：194），但按照作者的经验和研究，职场生活背景下的参与者会喜欢对此做一些调整。特别是，他们喜欢推动者提出一些灵活的结构性建议，少一些"围成圈坐着聊天"，多安排一些结对活动或小组活动，如角色扮演或者身体互动游戏，比如通过扔球来确定接下来谁来做回应，等等。

下面是一位参与者在参加一个个人中心沟通课程之后所写的感受，该课程将纯粹的会心阶段与结构化的意见贡献结合在一起，这可以看作若干相似反应的代表：

这一次，我看到雷内特付出了很大的努力，以帮助其他人在整个课程中有更好的感觉。她参与了反馈，并准备了一些结构化环节，对此我们虽然没有频繁使用，但是却让我们有了一个小小的计划，能够在正确的时刻对正在发生的事情保持清醒。我发现这对我很有帮助，因为我并不是完全不知情，而且我们所做的事情里面也没有隐藏任何信息，如果没有这个计划，情况就不会如此。

另一名学生如此描述某种灵活性环境对自己的影响：

我对这个环节产生了一种更好的感觉，因为我知道在发生什么，也有更多的乐趣，我练习得更多，也尝试提升参与的强度。

然而，在奥地利维也纳大学的一项调查中，绝大多数学生在回顾时都认为，在三个要素中，最有意义的还是强化团体（Motschnig-Pitrik & Nykl，2005）。

本章所描述的最新环境——开放案例——也是结构最严格、耗时最少的环境。它的设计考虑到了领导者稀缺的时间资源，同时又试图尽可能保留个人中心强化团体和沟通工作坊的特征。简而言之，其设计目标是将团体的智慧纳入松散的议程和流程指导中。现在迫切需要更多的研究来证实（或证伪）参与者最初报告的积极影响。

参考文献

Barrett-Lennard, G. T. (1998). *Carl Rogers' helping system: Journey and substance*. London, UK: SAGE Publications.

Barrett-Lennard, G. T. (2003). *Steps on a mindful journey: Person-centred expressions*. Ross-on-Wye: PCCS-Books.

Barrett-Lennard, G. T. (2005). *Relationship at the centre: Healing in a troubled world*. Philadelphia, PA: Whurr Publishers.

Bushe, G. R. (2007). Appreciative inquiry is not (just) about the positive. *Organization Development Practitioner, 39*(4), 30–35.

Cain, D. J. (2010). Person-centered psychotherapies. In G. R. VandenBos, E. Meidenbauer, & J. Frank-McNeil(Eds.), *Psychotherapy theories and techniques: A reader*（pp. 251–259）. Washington DC: American Psychological Association (APA).

Cooperrider, D. L., & Whitney, D. (2001). A positive revolution in change. In D. L. Cooperrider, P. Sorenson, D. Whitney, & T. Yeager (Eds.), *Appreciative inquiry: An emerging direction for organization development* (pp. 9–29). Champaign, IL: Stipes.

Cornelius-White, J. H. D., Motschnig-Pitrik, R., & Lux, M. (2013a). *Interdisciplinary handbook of the person-centered approach: Research and theory*. New York, USA: Springer.

Cornelius-White, J. H. D., Motschnig-Pitrik, R., & Lux, M. (2013b). *Interdisciplinary applications of the person-centered approach*. New York, USA: Springer.

Gendlin, E. (1978). *Focusing. New York*: Bentam Books.

iCom Team. (2014). *Constructive communication in international teams*. Münster, Germany: Waxmann.

Kabat-Zinn, J. (2001). *Mindfulness meditation for everyday life*. London, UK: Piatkus.

Lago, C., & McMillan, M. (1999). *Experiences in relatedness: Groupwork in the person-centered approach*. Llangarron, Ross-on-Wye, UK: PCCS Books.

Motschnig-Pitrik, R. (2012). Agile management needs agile persons—Developing inner flexibility. In Sushil, G. Chroust, & R. Bieber (Eds.), *Systemic flexibility and business agility. Twelfth Global Conference of Flexible Systems Management (GLOGIFT 12)* (pp. 1–10). New Delhi: GIFT Publishing.

Motschnig-Pitrik, R. (2014). Reaction sheets pattern. In Y. Mor, H. Mellar, S. Warburton, & N. Winters (Eds.), *Practical design patterns for teaching and learning with technology* (pp. 73– 82). Rotterdam: SensePublisher.

Motschnig-Pitrik, R. (2015). Developing personal flexibility as a key to agile management practice. In G. Chroust & Sushil (Eds.), *Systemic flexibility and business agility* (pp. 131–141). India: Springer.

Motschnig-Pitrik, R., & Nykl, L. (2005). Was hat Carl Rogers Wirtschaftsinformatikern im Zeitalter des Internet zu sagen? [What can students of business informatics in the Age of the Internet learn from Carl Rogers?] *Gruppendynamik und Organisationsberatung, 36*(1), 81– 102.

Motschnig-Pitrik, R., & Nykl, L. (2007, September). *The application of technology enhanced learning in person-centered education including encounter groups*. Paper presented at the meeting of International Conference on Information and Communication Technology in Education, Rožnov, Czech Republic.

Motschnig-Pitrik, R., & Nykl, L. (2014). *Person-centred communication: Theory, skills, and practice*. McGraw Hill, UK: Open University Press.

Natiello, P. (2001). *The Person-Centered Approach: A passionate presence*. Llangarron, Ross-on-Wye, UK: PCCS Books.

Nykl, L. (2005). *Beziehung im Mittelpunkt der Persönlichkeitsentwicklung* [Relationship in the center of personal development]. Münster-Hamburg-London-Wien: LIT Verlag.

Nykl, L., & Motschnig-Pitrik, R. (2005). Encountergruppen im Rahmen des ganzheitlichen Lernens an den Universitäten Wien und Brünn - Motivation, Kontext, Prozesse, Perspektiven [Encountergroups in the context of whole-person learning at the University of Vienna and the Masaryk University in Brno—Motivation, context, processes and perspectives], *Zeitschrift für Hochschuldidaktik, 4,* 36–62.

Rogers, C. R. (1961). *On becoming a person—A psychotherapists view of psychotherapy*. London, UK: Constable.

Rogers, C. R. (1970). *Carl Rogers on encounter groups*. New York, USA: Harper and Row.

Rogers, C.R. (1978) *On Personal Power*. London, UK: Constable.

Rogers, C. R. (1980). *A way of being*. Boston: Houghton Mifflin Co.

Rogers, C. R. (1983). *Freedom to learn for the 80's*. Columbus, OH: Charles E. Merrill Publishing Co.

Rogers, C. R., & Russell, D. E. (2002). *Carl Rogers: The quiet revolutionary: An oral history*. Roseville, California: Penmarine Books.

Schmid, P.F. (1994). *Personzentrierte Gruppenpsychotherapie, 1. Solidarität und Autonomie [Person-centered group-psychotherapy, 1. Solidarity and Autonomy]*. Köln, Germany: Edition Humanistische Psychologie—EHP.

Senge, P. M. (2006). *The fifth discipline, the art & practice of the learning organization*. USA: Currency Doubleday.

Van Zyl, L. E., & Stander, M. W. (2013). A strengths based approach towards coaching in a multicultural environment. In J. H. D. Cornelius-White, R. Motschnig-Pitrik, & M. Lux (Eds.), *Interdisciplinary handbook of the person-centered approach: Research and theory*. New York, USA: Springer.

Wood, J., K. (2008). *Carl Rogers' person-centered approach: Toward an understanding of its implications*. Ross-on-Wye, UK: PCCS-books.

第十二章 在关键管理（领导）情境中整合双议程

本章重点：

- 在典型的管理和领导情境中的变革性沟通，例如会议、发展共同愿景和客户包容、谈判、冲突；
- 案例和反思性对话；
- 为关键情境提供资源；
- 在每种关键情境下将人员取向议程落实于工作。

本章旨在说明在工作环境几种时常发生的情境中，如何实现变革性沟通。我们的处理方法是回顾管理与领导中的关键情境，对它们进行反思，旨在从一种新颖的观点来增强经验，也就是仔细地纳入人员取向议程。我们认为这将为在关键情境下整合任务取向议程和人员取向议程带来有价值的新启示，这些情境包括会议、发展共同愿景、谈判和处理冲突。在本章中，有意义的经验学习既可以通过对案例进行单独思考来实现，也可以（更好地）通过与值得信任的同事、朋友或团队一起讨论来实现。

如何让会议成员真正有投入感

在任何类型的会议中，变革都可以将沟通变得更有意义和更有效率，但是最明显的是在规模较小的互动式团队会议中，沟通的关键特征可以得到练习。这就是为什么接下来我们将关注 3 ~ 9 人参与的小组会议。然而在规模较大的会议中，我们所讨论的大部分内容依然适用，不过需要以一种调整的形式进行。资源框 12.1 用实践说明如何使会议恢复活力，使其对所有参与者都是有意义的体验。

资源框12.1 有助于团队会议成功的特性——让会议有投入感

会议需要准备，至少是某种程度的准备：会议的目标是什么？我们为什么要走到一起？我们想要实现的正式结果或非正式的隐性结果是什么？谁或什么东西可以帮助我们作为一个团队去推进项目或任务？

先提出一个简单、灵活的议程建议，并请参与者在会议一开始时对其进行补充或调整，以更积极的方式将他们包容进来。此外，给每个人发一张图，说明期望会发生什么。会议的进程和调整至少与会议的内容和结果一样重要，需要事先设计和考虑。特别是，仔细考虑如何让参与者积极参与，可以改变一种"在会议中受煎熬"的消极状态，给大家带来一次投入而丰富的体验！

部门主管或项目经理并不需要担起所有的责任。由参与者来分担子任务的责任，可以对这些人赋能，并减轻管理者和领导者的一些负担。团队更有可能对其项目负有共同责任。此外，参与者将对"另一方"感同身受，即负责一项任务意味着什么，从而能够更好地理解领导者的功能。

营造一种建设性、便利性的气氛，让参与者感觉良好，防止紧张，并对正在讨论的事情敞开心扉。

和其他特征一样，**会议的频率与长度**取决于你们在会议之间的会面频率、参加的人数，以及会议想要达到的交互程度。

会议都会花时间；但是，这是一种很有价值的方法，可以减少人们跑向不同的、不协调的方向，或引入不必要的冗余信息所带来的风险。

请思考：

你已经积极地应用了哪些元素？

你认为哪些因素不符合你们特定的会议文化？

对于你所在的机构或项目而言，你还想将哪些元素添加到资源框中？你能描述其中任何一个元素的动力，并分享为什么在你看来它们这么管用吗？

在资源框 12.2 中，我们展示了在会议中如何应用人员取向议程的五个项目，这个资源框也可以用作评估会议人际质量的检查表——如果与某个项目完全不符，那这往往正是阻碍或限制变革性沟通与人员取向议程的问题所在。对它们进行仔细调查可以告诉我们，是什么出了问题，以及如何加以改进提升。

资源框12.2　在会议中应用人员取向议程

相互接触：

一次会议邀请已经可以确定基调和期望。参与者即使没有明确表示，至少也会在内心做好准备。

真诚地欢迎参与者，如果让人感觉到真诚的话，就会带来巨大的改变。

第一时刻决定基调并启动氛围，尤其是仔细考虑开场白是至关重要的。

目标、愿景和参与者的透明度：

会议的目标和议程是透明的。

只要合适，参与者应尽可能开放地表达自己。

参与者可以感觉到他们心里发生了什么，并可以清晰地表达出来。

在适当的时候表达感情，以增加透明度并增进理解。

如果有干扰的话，可以探索它，但是参与者要小心，不要让干扰抹杀议程中的其他内容，以免无法满足参与者的期望。

对他人、自己与环境的尊重：

让参与者在会议过程中感受到被欢迎和被接纳。

让参与者感受到他们的存在、关注、参与和坦率都是受欢迎的。

为所有参与者寻找和安排一个可行的会议时间，这种努力是会受到欢迎的。

参会时做好准备意味着尊重，因为它反映了大家来到一起是很重要的。

为自己没有为会议做好准备做一个简短而诚实的解释，往往比"明明没有准备好却假装准备好了"这种情况下传递的信息更为真实。

一次持续时间不太长的会议，或一次简练的演讲，都表明对参与者有限的时间资源的尊重。

用他人能够理解的语言来沟通，有助于建立共识，即使参与者非常多元化。

努力达到深入彻底的理解和被理解：

积极倾听对于从参与者角度理解他们至关重要。

除了试图理解他人的感受、意义和陈述之外，理解其背景也是很重要的。

除了试图在个人背景下理解个体，也要从整体上意识到团体的存在。例如，当我在和另一个人交谈时，其他人是投入还是不投入？有没有办法把别人也包括进来？

合作与共享：

参与者把会议议程也当作自己的议程，并适当贡献自己的资源。他们对问题保持回应，并积极参与。

当然，外部世界可能会出现一些紧急情况，需要参与者的关注。然而，在一次会议中，参与者大部分时间都在盯着他们的笔记本电脑，这肯定是缺乏合作和分享，甚至是尊重的表现。

请思考：

回忆一下你上次参加的会议，你感觉怎么样？

在人员取向议程中，哪些项目恰好是你也关注的？你忘掉了其中任何一个项目吗？

会议有表达出"接纳"这一点吗？如果有，是如何表达的？如果没有，你是怎么意识到这一点的？

你是否理解了其他参与者？参与者之间相互理解吗？如果是，是如何沟通的？如果不是，你能描述一下缺乏理解的原因吗？

你感觉在会议中有适度的开放性和透明度吗？你对此有何感想？

你认为下面的案例中，是否存在不合理之处？

案例　这里缺少了什么？

某个部门下属的一个团队定期在每周三上午 9 点开会，会议持续到 10 点或 11 点。有时会给大家分发议程以做准备，但通常都没有议程，人们可以讨论任何事情。部门主管经常会非正式地分享他在参加各种委员会和高管会议时发生的事情。有时，参加者会分享课程、行程、考试等方面的体会。一些参与者会主导谈话，其他人则是保持沉默。通常情况下，会议气氛都很轻松，员工们会在一起喝着咖啡或茶，吃着饼干。

就我个人而言，在会议结束后，我（雷内特）会花一段时间才能集中精力做我最初要做的工作，比如制作课程单元或进行研究。其原因部分可能是在会议期间我已经意识到，我对这种浪费时间的状况觉得很焦虑，但仍然认为有义务参会并投入注意力。这让我分裂，没法保持一致性。因此，尽管会议气氛很舒服，我还是一点也不喜欢开会。我建议把会议改在下午晚些时候，但是却被大多数人友好地拒绝了。好吧，我没有放弃，我在接下来一个合适的时机建议，将会议分成两部分，把需要大家注意的重要问题放在会议第一部分处理。第二部分则非正式一点，是否参与也是可选择的。这一想法受到了大家的欢迎并被采纳，而且帮助我，实际上也帮助其他人更重视这个会议。

> **请思考：**
>
> 你对上述部门的会议实践有何感想和看法？你能想象在这种会议上你会有什么感受吗？
>
> 人员取向议程的五个项目中，哪一项似乎在一些参与者身上出现了很大程度的缺乏？
>
> 在你所在的机构，什么样的会议文化在主导？你觉得它怎么样？有什么是你想要改变的吗？

案例　定期会议项目

来自两个合作部门的项目组分散在两个地点，步行距离约为 10 分钟。除了由团队成员安排的两个或两个以上成员参加的小型会议之外，项目组决定在项目启动期间，每周定期在固定的一天开会。参加者努力寻找到一个合适的时段，使每个成员都有 1.5 小时，最少也能有 1 小时的可用时间。在忙碌的调查之后，项目组同意在每个星期二的下午 2 点举行会议。在一次初期会议中，项目组决定首先处理组织问题，其次是科学问题，这样行政团队成员就不需要参加科学问题部分，可以立即开始着手完成会议中产生的任务。

如果有人想让其他人提前关注一些问题，他可以发一封电子邮件并提出议程项目。否则，下一周要进行的议程项目将在会议结束时说明，并在每次会议开始时进行重申和动态补充。我们（雷内特的团队）使用了一个白板来整理和安排项目并排出优先次序，并且经常使用挂图来概述和记录想法或任务和计划。很多时候，会议会通过简要分享每个成员在此期间发生的情况来开始。这个过程变得更像是一个有用的习惯，而不是任何规定的程序，同时也是可选择的。类似于"没什么特别的，只是继续数据分析"这样的说明是可以接受的，就跟一个团队成员说出所遇到的问题或冲突一样，例如，有一次一位负责收集工作坊建议的同事表达了她的沮丧，因为参与者没有在她准备的表格上提交任何东西。幸好，这种遗漏几乎可以立即得到补充，因为我们直接在会议期间收集了建议，甚至确定了它们的优先次序。

> **请思考：**
>
> 在你看来，上述两个例子有何区别？它们有什么共同点吗？
>
> 你更喜欢这两种会议文化中的哪一种？你能说说为什么吗？
>
> 在你看来，从上面定期会议项目的简短描述中可以找到人员取向议程中的哪些项目？

发展共同愿景和客户包容

许多项目或想法太复杂了，无法由一个人来负责或完成。此外，无论是直接还是间接，他们几乎总是要和被称为收件人、客户或最终用户的他人打交道。在所有这些情况下，让其他人尽早参与进程非常关键，这样才能最大限度地激发其参与和投入的动机。既然实现他人的内在潜力是如此强大和重要的动机，考虑到这一点是很自然的。这最好在进程初期进行，这时仍有形成和容纳他人的固有方向或"朝向"的开放空间，从而产生一个多维度空间。该项目或想法将成为我们和他们共有的，而不是我来要求其他人遵守和支持。这两种模式之间有很大的区别，因为一旦核心观念是由外界施加给某人的，它就不会像由心而生的那样，拥有内在动力和实现方向。

彼得·圣吉（Senge, 2006: 205）指出：

然而，遵从和承诺之间有着天壤之别。做出承诺的人会带来一种能量、激情和兴奋，这是只依靠遵从（即使是真心遵从行事）的人所无法产生的。做出承诺的人并不被游戏规则束缚，他会对游戏负责。如果游戏规则阻碍了这一愿景的实现，他会想办法改变规则。

如果我们想要在利益相关方之间形成共同的愿景，非常关键的就是利益相关方的每个人都要认识到自己的愿景，这样他们才能知道自己的方向。没有个人愿景，就没有组成共同愿景的"实体"！同时，每个人都需要灵活地把握自己的愿景，才能对他人的思想和想法足够开放。如果每个利益相关方都固执地坚持自己的立场，不信任其他人可以作出有意义的贡献，因为愿景而结盟就很难实现。然而，如果利益相关方在寻求与同伴的对话，尊重他们，把他们作为创造某种东西的"游戏"伙伴，一个真正的共同愿景就是可行的，因为它是与他人所共有的，在某种意义上就"多于"自己的愿景。"多于"这个词并不一定意味着更大或更广，而是主要意味着更复杂、更有创造性、（也许）更有效等等，因为它来自更丰富的视角甚至文化基础，而非某个个体可以提供的。

彼得·圣吉（Senge, 2006：192）探讨了共同愿景的力量，并将其建立在人们与其深切关注的事物建立的联结感上：

> 当你我有一个相似的图景，并对彼此承诺拥有它，而不仅仅是我们每个人个别地拥有它时，一个愿景就被真正地共享了。当人们真正地共享一个愿景时，他们就相互联结，被共同的理想结合在一起。个人愿景的力量来自一个人对愿景的深切关怀。共同愿景则是从共同的关怀中获得力量。事实上，我们必须相信，人们寻求建立共同愿景的原因之一是他们渴望在一项重要的事业中联结起来。

我们要补充的是，当一个人的实现过程与另一个人的实现过程相结合，努力完成一些共同的、有重要意义的事情时，人们就会发生变革。让这种交互式的实现成为可能的人际关系被称为共同实现（co-actualizing）（Motschnig–Pitrik & Barrett–Lennard, 2010）。

下面我们通过一个例子来说明如何在一个小团队中建立一个共同愿景，包括对数字媒体的使用。据此，资源框12.3总结了有助于建立共同愿景的因素，资源框12.4则对建立共同愿景中的人员取向议程项目进行了分析。

案例　为保健领域的一个小型项目创建共享愿景

凯茜是一位组织发展人员，汤姆则是一个大型组织IT部门的负责人，他们在一起讨论如何启动一系列圆桌会议。他们的目的是使保健、信息和通信技术（ICT）与学术领域的利益相关方聚在一起，以提升和改进保健领域的沟通。这个想法产生后不久，他们邀请了苏珊，一位来自学术界的同事，她也对人际沟通非常感兴趣，他们询问她是否想加入他们。苏珊基本上同意了，因为当时她很忙，所以他们每三周找个苏珊方便的时间，在一个不错的咖啡馆里开一个2小时的头脑风暴会议。

会议前一个周末，凯茜给汤姆和苏珊发了一封电子邮件。她写道："下面是我对系列圆桌会议的初步想法，作为我们会议的参考资料。你可以把你与此的共鸣、补充或矛盾的想法加进来，也可以创建一个单独的文件。我的初稿没有约束，可以接受任何更改……我希望我没有干扰到任何创造过程。"

事实上，当苏珊收到邮件时，她已经画了一个草图，希望能继续梳理自己的愿景，因为她认为从凯茜的角度和背景来看会冒出一些绝妙想法，她不想被影响到。因此，苏珊觉得有责任为会议做好准备，并补充了她自己的想法，然后将大部分都编辑到凯茜的文件中。显然，尽管风格不太一样，但双方都相信自己是被重视的。

当三个合作伙伴见面开会时，每个人都读了一下自己的草案，还带来了打印稿。作为最后一个加入这个"计划"的人，苏珊开始用质询来探讨这些想法，例如："把相关领域的利益相关方聚到一起，这背后有什么想法？为什么我们需要或希望他们彼此交流？难道我们不该专注于这么大范围中的一个特定方面吗？哪个方面对我们每个人是关键之处？"然后汤姆问苏珊，这些圆桌会议对大学有什么价值，并仔细听取了苏珊目前的想法。后来，他又问凯茜项目的逻辑是什么，她在类似项目中有什么经验。简而言之，他们花了两个小时从不同的角度分享想法，然后再花一些时间思考他们之间有什么在发生，并安排了下一次会议。当然，他们也使用一个共享的网络空间来收集其间的想法，以确保它们不会丢失！

请思考：

在你看来，这是建立共同愿景的良好开端吗？你所做的有何不同？

你能确定建立共同愿景要采取的步骤吗？

在这个例子或者你自己的经验中，互联网和新媒体在建立和维持共同愿景方面起着什么作用？

你认为虚拟通信和数字媒体可以支持人们切实地创造共同愿景吗？可以支持人们切实地维护共同愿景吗？可以支持人们切实地增强共同愿景吗？

你能欣赏真正的共同愿景的力量吗？

你曾经体验到建立共同愿景中的最大障碍是什么？使用新媒体能否在某种程度上对它们进行弥补？

资源框12.3　有助于建立共同愿景的因素

- 一种鼓励个人愿景和协作的氛围；
- 有个人愿景，并有能力通过分享以鼓励他人分享愿景的人；
- 能够察觉到"我深切的关心"是什么；
- 对"我不能一个人完成这一切！"的察觉；
- 对人们的愿景感兴趣并不带评价地倾听；
- 合作态度与充满信任的人际关系相互匹配；
- 对话的能力和时间；
- 因为共同愿景建立在个人愿景之上（Senge, 2006: 198），灵活把握自己的愿景并参与对话，这对于建立共同愿景必不可少；
- 能够花时间让共同愿景逐步展开；
- 创造性地使用互联网、内部网络和社交媒体来传播愿景并接收反馈；
- 我们在与他人关系中展开并感受与他人联结的基本需要（Senge, 2006: 192）。

资源框12.4 将人员取向议程用于创建共同愿景

相互接触：

与你的个人愿景保持接触。对你来说，真正重要的是什么？

积极寻找并邀请人们来创造一个真正的共同愿景。

目标、愿景和参与者的透明度：

对自己和他人的感受和思想保持开放性；

提升自我体验和自我察觉；

感知我们（未）发展的程度；

探究他人的愿景；

清晰地表达，在感受、想法、表达与行动（互动）之间保持匹配；

表现力、投入感；

被共同愿景激励甚至带着激情去追求。

对他人、自己和环境的尊重：

包容他人；

他人在分享愿景时感到被欢迎和被接纳；

在建立共同愿景的过程中，同等地重视差异性与相似性。

努力达到深入彻底的理解和被理解：

对对方在不同层次上分享的内容都有积极的兴趣；

通过倾听和对话明确本质是什么；

关注客户或最终用户及其体验；

试图理解每个利益相关方的动机和观点；

通过吸纳个人愿景来促进小组或团队形成共同的愿景。

合作与共享：

说出个人的愿景，并分享在此过程中产生的想法和感受；

对他人的想法和感受感兴趣并积极探究；

尽可能整合和表达个人愿景，并积极追求。

　　有趣的是，创建和保持一个共同的愿景说明了接纳和包容之间的紧密联结。真正接纳一个人，却不让他成为我们当中的一部分，在某些方面包容他就毫无意义，只是一种空虚、肤浅的宽容。反之亦然，在我们的愿景中包容他人的想法、思想或价值，至少是在某种程度上真实地表示了对他们的接纳，这会让愿景更丰富、更包容，与持有这些愿景的人联结更紧密。特别是，来自不同文化、社会或科学背景的人往往持完全互补的观点，这似乎很难调和。但是，如果实现了包容，其结果可能远远超过各部分的总和。

案例

在去年寒假马上要开始的时候，我（雷内特）所在部门的国际工作人员决定举行一次小型季节性聚会。我们亲切地让人们带一些自己民族或宗教的传统美食来，大家一起用餐。在一个研究室里，大家点上蜡烛，试着品尝各种美食，分享我们的传统，还唱起歌来。在了解了同事的文化背景的同时，这种社区感实在令人惊奇和难忘。

就我（雷内特）个人而言，我总是对与其他文化和学科的人合作感到好奇，也从中受益良多。对我来说，将共同愿景付诸实践的主要障碍是同步性问题。当所有人都很忙的时候，要协调彼此的活动，推动共同愿景付诸实践真的很难。因此，通常情况下，要有一个人带头，能够关注到大家的贡献和才能，否则愿景就永远无法付诸实践。然而，根据我在各个优秀团队工作的经验，我完全赞同彼得·圣吉（Senge，2006：205）的说法："一群真正致力于共同愿景的人是一股令人敬畏的力量。"我还想补充一句："而且，如果这个团体能够诚实和深入地理解并接受彼此，那么成为这个群体的一员是一种真正的快乐，并能不断充实自己！"

谈判与合作

鉴于我们正面临的快速变化，敏捷管理运动提出了一个口号：停止谈判，开始合作（Anderson，2008）。其主题是将传统用来进行谈判的很大一部分时间腾出来，转移到早期合作，并逐步改进以接近设想的系统或产品。显然，随着系统走向成熟和新技术的出现，需求可能会发生变化。原本可以在某一时间点进行谈判的东西可能很快就会过时，重新谈判将消耗更多的资源，而代价是与产品相关的生产性工作。在这种情况下，在整个项目中，透明的沟通和信任程度对于项目成功是必不可少的，所以问题就是，为了突出效率，能否用它们来取代传统上需要进行谈判的一部分努力？这听着非常合理，特别是如果各方相互了解和信任，并有机会保持密切联系，这样冒出来的问题就能够立刻得到解决。在所有这些情况下，人员取向议程，特别是它的第五项——合作和共享，发挥着核心作用，并可以接管原本需要通过谈判进行的大部分努力。合同并没有过时，但更重要的是敏捷项目可以为客户提供真正的价值。

在其他商业、战略或政治等情况下，合同谈判有其重要作用，谈判越来越需要高水平的情商（Ryback，1998）。在商业或政治背景下，谈判肯定涉及多方面的准备工作。如果谈判是在敌对派别之间进行的，那么谈判伊始一定存在相当强的害怕、惊恐、防御，一定程度的消极，甚至敌意。所以准备工作是从"了解你的敌人"开始的。你的团队一开始要面对什么？存在的是威胁还是合作？早期的要求和期望是否要更极端一些，为以后留出更多的妥协余地？对方会从攻击我们团队的观点开始吗？所有这些都是未知的。

如果谈判比较复杂，还需要考虑法律和技术因素。比如，要应对敌方的立场可能需要什么领域的专家？我们要面对的对方性格是怎样的？他们的能力水平、教育程度和谈判经验如何？他们会带来什么样的情绪？

在提前规划时，确定如何达成妥协的一些计划是很重要的。我们的底线是什么？我们又如何预测对手的底线呢？

在客观层面上说了这些之后，我们要在人员取向方面注意什么呢？在这里，要更多关注过程中的感受和开放性。我（戴维）的谈判规则如下：

- 首先要诚实直率地解释你的立场；
- 在你的讲话中要体现你的感受；
- 避免无关的情绪问题；
- 为未来，也为现在而努力；
- 清楚地说明你想从这次谈判中拿走什么；
- 寻问且尊重对方的需求，并在谈判过程中牢记这一点。

资源框 12.5 总结了如何在谈判过程中表达人员取向议程项目。

资源框12.5　在谈判过程中表达人员取向议程项目

相互接触：

建立与自己的接触——我想实现的、不惜任何代价也不放弃的是什么？

通过努力找到他们是谁、他们在乎的是什么，与他人和环境建立联结；

找到一个可以完全集中于谈判，不会受到日常事务干扰的地方；

从你可能会同意对方的问题开始，通过保持共同点来建立联系。

目标、愿景和参与者的透明度：

对在某一特定时刻什么最重要的问题保持开放性；

克服偏见；

不要通过转移话题来模糊话题；

倾听全部的自我，如感受、想法、意义等，并让所有这些在一个反应中保持一致。

对他人、自己和环境的尊重：

尊重他人，并思考如何表达这种尊重；

重视对方愿意为谈判投入的时间或精力；

对他人及其地位、兴趣、目标、现状等表现出兴趣（Fisher & Ury, 1991）。

努力达到深入彻底的理解和被理解：

全神贯注，积极倾听，努力理解客户和团队伙伴；

努力理解对方的立场、兴趣、环境、选择、限制等；

通过问问题来澄清话题和兴趣；

从他人的观点、心态和文化来看待各种情况。

合作与共享：

清楚地表达你的兴趣和感受，这样他人能够理解，并以同样清楚的方式作出反应；

努力取得各方都认为公平、可接受并能够开启良好未来的结果。

　　杜克大学的心理学家已经做了一些研究，显示坚定的态度与对敌方的优越感之间存在联系。换句话说，当失去了罗杰斯所说的开放度和真诚性品质时，谈判者更有可能拒绝改变他们的强硬立场，而取得进展的可能性也很小。"这有助于解释为什么持更极端观点的政客不能跨越党派界线，"这项研究的首席科学家凯特琳·托纳（Toner et al., 2013）说，"当更多极端的候选人进入国会，妥协变得更加困难，僵局也随之增多，因为持更极端观点的人更确信自己是对的。"

　　"持极端观点的人有过度自信的倾向并不局限于政治领域。"研究人员说。这也可以发生在谈判的其他领域。另外，保持对他人态度和感情的开放性，可以为谈判成功提供所需的灵活性。

用个人中心的方法处理冲突

　　由于冲突是不可避免的（Stillwell & Moormon, 1997），而且对各种冲突已有大量著述，如利益冲突、目标冲突、有限资源分配冲突、内部冲突、意识形态冲突和团队冲突。由于本书主要是关于变革性沟通的，所以我们将限制我们对冲突的探讨，集中处理下面这几个问题：

- 什么是人与人之间的冲突？它是如何由利益冲突引起的，需要用什么态度来解决？
- 个人中心视角的理论在哪些方面有助于建设性地解决冲突？

　　首先，要明白什么是冲突，换句话说，我们把什么现象称为冲突——和我们的搭档有分歧算是一场冲突吗？根据约翰逊（Johnson & Johnson, 1975/2006）的观点，我们把冲突描述为至少有一个人存在消极情绪的任何情形。

　　当以个人中心的思维模式谈论冲突时，了解我们对冲突的态度是很有帮助的：我是否喜欢在不陷入冲突的情况下处理问题，并尽可能避免冲突？我是否经常随意迅速地陷入冲突，以此来表明我的观点并捍卫自己的立场？有趣的是，人们在卷入冲突的倾向性上存在着差异。有些人确信冲突是解决问题和带来变革的（唯一）手段，有些人则确信冲突会造成很多麻烦，引发负面情绪，并让人们为此付出代价，最好能将这种能量投入别的地方，冲突只能是所有选项都失败之后的最终选择。

　　现在，扪心自问：你属于哪个阵营？无论一个人对冲突表现出什么样的态度，知道其他人可能不同意我们的态度，从而表现出不同的行为，可能会有所帮助。从我们的角度来看，这可能被认为是不恰当的、可疑的、鬼鬼祟祟的。反之，对方很可能会回应我们的负面情绪，公开或私下表达这些情绪，形成一个我们自己经常会体验到的熟悉的恶性循环。那么，有什么办法可以走出这种恶性循环，甚至根本别让它开始呢？

请思考：

回忆一下你最近遇到的两三次冲突（最好不是跟同一个人的冲突）。

你是那个总是努力在不陷入冲突的情况下解决问题的人，还是那个导致冲突的人？

你认为处于冲突中的伙伴是想要陷入冲突，还是努力避免冲突？

你从这些情况中学到了什么吗？你会如何描述你的学习过程？你现在对每种情况的感觉是什么？

在我们意识到我们对冲突的态度之后，让我们来确定一下什么是解决或改变冲突的根本要素。前一句中的"或"是必不可少的，因为不是在所有特定情况下，冲突都是可以被解决的。在这种情况下，特别是当情况无法改变时（或改变得足够快时），以这样的方式处理冲突是至关重要的，把对每一方造成的伤害降到最低水平。同时，所有的人都要对可能改变冲突问题的情况或利益／立场的机会保持高度关注。

我们经常要求个人中心沟通工作坊参与者到小组中，分享他们认为对解决冲突最重要的建设性方法。每个小组要准备三张调整卡，上面写着对他们来说最重要的东西。随后，各组一个接一个地将卡片钉在一块板上，并解释他们所选择的特性。部分重叠的卡片表明这些特性具有高权重。虽然每次的结果都差不多，但也存在一些细微的差异，往往反映了工作坊的一些重点主题或问题。我们发现其规律和差异都同样令人惊奇，从这个练习中总会学到一些新东西！资源框 12.6 列出了参与者经常识别出的特性。

资源框12.6　什么是解决或改变冲突的关键？

问题是什么？识别问题。

感知他人的感受。

知道我想要或不想要什么。

对解决问题抱有共同兴趣。

能够意识到各方之间的权力分配——我是有权力的一方吗？

另一方是有权力的一方吗？

积极倾听，努力理解对方。

通过对方的眼睛来看待问题。

尊重对方也尊重自己。

考虑到整个情况或环境，对对方共情。

让自己被问题触动。

以透明而尊重的方式交流自己的感受和想法。

把问题看作需要合作来解决的东西。

将另一方看作合作解决问题的盟友。

> 拥有开放的心态，允许批评。
>
> 保证时间，不要仓促达成解决方案。
>
> 愿意做出妥协。

更正式地说，卡尔·罗杰斯在其人际关系理论框架内列出的提升关系的条件如下。

为了提升沟通效果，并改善关系，必须具备以下条件：

1. 一个人（Y），愿意与另一个人（X）接触并与他沟通。

2. X 渴望与 Y 沟通和接触。

3. 在 X 心中以下三个元素之间存在高度一致性：

　① 他对沟通主题的经验。

　② 他对这种经验与其自我概念之间关系的觉察的象征意义。

　③ 他对这一经验的沟通性表达（Rogers, 1959: 239）。

这一表述可能将最突出的一个特点置于前景：相互联系和接受交流的意愿。一旦这种意愿是相互的，甚至是一个人的"欲望"，那么这个人在其经验（感受）、对感受的觉察和沟通性表达之间所具有的高度一致性是关系改善的必要条件。在这个过程中，会出现一个令人着迷的循环运动（Rogers, 1959: 239）。简而言之，可能会发生以下情况：

一个人在沟通中高度的一致性会作为一种清晰的信息被另一个人体验到。反过来，另一个人的反应也更可能表现出一致性。既然第一个人在与其沟通相关的领域是一致的，他就能以一种准确的方式感知第二个人的反应，对其内心世界表现出共情。当第二个人感受到被理解，他就会体验到自己对积极评价的需要得到了一定的满足，第一个人也会对自己给对方带来的积极影响而感觉良好。因此，双方都对彼此产生了积极的关注，第二个人会感受到第一个人的共情性理解，双方都会在沟通领域感到越来越一致。因此，双方的交流变得越来越一致，越来越被准确地知觉到，并包含了更多的相互的积极评价——这是共同努力解决冲突的最佳"要素"。

如果有一方（甚至双方都）不想解决问题和（或）不寻求相互沟通，情况会变得更加困难，有时甚至是无望的。如果这种关系并不重要，一方或双方都可以逃离这一关系，不在乎把对方扔到什么局面。然而最困难的情况是，如果这段关系很重要，那么这种分裂就会带来灾难性的后果。

接下来，让我们看一看三个关于冲突的小故事，并考虑上面所述的哪些资源可以帮助解决冲突，以及哪些冲突特征非常独特，需要予以特别的关注、共情和思考。

传统与敏捷管理

一个常见的冲突来源是，项目一开始形成的项目规范与项目某个特定阶段中最应该去做的任务和活动之间的不匹配。在传统的项目管理实践中（在政府资助或国际出资机构中相当常见），项目的成功是以一个既定标准来衡量的，敏捷管理则非如此。它要求根据实际感知的目标定期重新评估规范，并在必要时调整规范以满足客户每一次迭代的需求。

最近，一个国际项目联盟（雷内特领导其中一个合伙机构）在致力于实现既定目标时，对一个尴尬的决定产生了强烈冲突。项目规范中说，要把现有的培训材料整合到一个针对特殊需要用户的统一在线培训模块中。

然而，真正合适的材料没法找到，而那些已有材料又需要拥有代码的外部公司来修改，要花很大的代价。看起来，项目联盟将不得不决定在这些不合适的材料中选择一些进行调整，还得决定合作伙伴要如何接受项目中原本没计算在内的额外费用。而另一种选择是生成一套高度合适的小型培训材料，但这会推迟项目，并要将资金转移给生产材料的合作伙伴。项目联盟拼命地想要做出决定，合作伙伴也因此产生了分裂，因为他们觉得严格遵循计划毫无意义，但也想要符合项目规范。幸运的是，在下一次评审会上当项目联盟不得不解释为什么他们还没有修改培训材料时，合作伙伴也向评委表达了这一困境。经过简短的磋商，他们提出了一个正式建议，指出要制作一套高度合适的材料。虽然这一难题得到了解决，但该联盟在适应变化形势和遵循官方计划之间一直处于挣扎之中。由于不断变化和缺乏精确的规则，一些合作伙伴感到非常不舒服，而另一些人则对此敏捷过程感到很舒服。

关系破裂（很难解决）

一位来自国外的细心而熟练的程序员正在找工作。他很幸运，在一家小企业获得了一份与其技能匹配的工作。一开始，他对此很高兴，也很开心能够在一个重要项目中担任关键程序员。几个星期后，一件奇怪的事发生了：他开始变得回避与他人交流，也很不友好。有一次，他直接和老板对质，告诉老板他觉得自己被骗了，工资给得太低了，因为他在网上找到的薪资表比他的工资高多了。老板把一开始面试时所给薪酬的理由给他看了，并解释为什么这确实是公平的。几天后，该名雇员要求公司对其上个月的工资补偿600欧元。否则，他就会在月底离开。由于第二天没拿到补偿，所以他在月底前一周就回国了，而且带走了整个月的工资，并终止了进一步的沟通。老板只能努力去按时完成项目，并同时寻找一个新的程序员。幸运的是，他很快找到了一个对此报酬很满意，也对团队其他成员有很好的理解的人。

> **请思考：**
>
> 哪些改善关系的条件没有得到满足？在你看来，老板是否有任何机会与程序员保持最初的积极关系？
>
> 你同意一个人必须依靠其他人才能解决问题吗？

与老板的冲突

想象一下,你已经在一个组织内工作了几年,也有了一定职位。总体上,你尊重你的老板,认为他是一个有高超战略技能的领导者。然而,你和他差异很大,对透明度和如何与人打交道方面有着不同的态度,因此在许多情况下,你强烈反对他基于权威的行事方式。例如,他几乎不承认你的额外努力,他还对员工隐瞒重要的战略问题,并且经常采取战略性的行动,基本上忽略了人们的感受,甚至忽略了员工所取得的成就。积极的关注有着严格的条件,以组织机构制定的业绩指标为基础。与给定的绩效模型匹配先于对员工整体价值的评估。如果你察觉到这些怨恨而又不直接表达出来,就会不断减弱你面对老板时的基本尊重和合作立场,你就会在说话前再三顾虑——反正表达自己的想法不会产生任何影响,甚至还会招致讽刺、消极的情绪和负面后果。一个重要的问题就出现了:我在工作中还能保持一致性吗?自动迁就当前的情况和关系就意味着默许吗?

罗杰斯的人际关系一般法则在工作环境中也有效吗?

在上面,我们描述了冲突所涉及的一些复杂性,并指出人际冲突很难归因于一个人,而是存在于人与人之间的动态关系和外部环境中。接下来,让我们来考察一下,卡尔·罗杰斯从他几千例咨询访谈中所发现的人际关系中的一种有吸引力的规律,是否适用于更广泛的工作相关关系,以及其是否需要调整。罗杰斯本人强调,虽然他所假设的"一般法则"能够抓住其经验的精髓,但他对这种关系的思考却是试探性的。下面我们要提出的问题是,资源框 12.7 中所引用的罗杰斯的"一般法则"在多大程度上适用于其他环境,如团队领导或客户关系(Rogers, 1961:344–345)。

> **资源框 12.7　罗杰斯关于人际关系一般法则的尝试性表述**
>
> 假设:① 在两个人之间存在最低的接触意愿;② 双方都有能力和最低意愿接受对方的沟通;③ 接触会持续一段时间。那么,就可以假设以下关系成立:
>
> 一个人的经验、觉察和沟通的一致性越高,在接下来的关系中,双方的交流就越多,一致性就越高,也越倾向于对沟通有更多的相互理解;这能够改善双方的心理调适和功能,提高双方对关系的满意度。
>
> 相反,沟通中经验和觉察的不一致性越大,随之而来的关系就会越复杂,后续需要进行持续沟通;双方不能达到准确的理解,缺乏足够的心理调适和功能;双方对关系不满意。

存在主义的选择

"我敢于用与我所感受到的一致性完全相同的方式进行沟通吗?我敢于将我的经验和

我对这种经验的认识匹配到我与他人的沟通中吗？我敢于用真实的自我进行沟通吗，或者我在沟通中总是要有所保留吗？"这些问题的尖锐之处在于人们经常清楚地预见到存在威胁或拒绝的可能性。人际关系中，让一个人把对相关经验的全部认识在沟通中表达出来，是一种冒险。在一段关系中不断进行这种选择，可能就是在回答是与这一假设法则同向而进还是背道而驰。

为了阐明罗杰斯的人际关系一般法则在商业环境中是否也有效，以及我们对调整措施的建议，让我们先试着把这个法则"翻译"成简单文字：如果我能在不扭曲或忽视自身感觉的情况下觉察到自己的内心，并能够开放地、透明地、尊重地、理解地成为我自己并表达我自己，那么在随后的关系中会带来更好的沟通、理解和彼此满意；但是如果不是这样，也就是说如果我需要在一段时间内隐藏或者歪曲自己的经验，那么关系就会恶化。

我们知道，开放具有很高的风险，因此在工作环境中，需要仔细权衡。做出批评时，是否值得将自己变成一个批评家，甚至因此有可能丢掉工作或工作机会？因此，不能将罗杰斯的"法则"解释为在任何情况下，不惜任何代价都要促进极端开放，放弃任何保护，使自己变得完全弱势。这不是"法则"的意思。与其寻找改善人际关系的灵丹妙药，不如重新体验每一种情境和关系，以确定自己在其中的一致性。如果一致性一直都很低，要改变点什么的"闹铃"就响了。也许可以找到一种合适的情境，在这种情境下，体现高度尊重的开放态度是合适的，而不会冒太大的风险；否则，最好是对抗、离开、创新等。无论如何，罗杰斯的"法则"非常清楚地表明，如果我不能保持一致，即需要隐藏我的想法或感觉的相关方面，需要伪装，表现得像是另一个人，从长期来看，这是不利于心理健康的，注定会导致不满甚至分裂——显然这不会带来工作满足感和成就感。所以我们的感觉是，罗杰斯确实捕捉到了一些我们可以称为"自然社会法则"和"晴雨表"的东西，可以表示任何关系在每时每刻的质量。

根据我（雷内特）的经验，我想补充一点，如果我能在一段关系中保持一致性，这不仅可以改善沟通，而且会极大地增加我的动机。我觉得这是个动机能量涌入人际关系和工作相关领域的交汇点。我喜欢与那些有适当开放性的人合作，这样我们就可以向前推进，例如完成工作目标，从而进行有意义的相互学习，并经常感觉到前进的乐趣。我们把这一基础过程称为"共同实现"（Motschnig-Pitrik & Barrett-Lennard, 2010）。特别要注意的是，共同实现并不排除冲突；然而，它会得到建设性的处理。

冲突中的人员取向议程

我们对冲突的考察结果进行了总结，有兴趣将人员取向议程应用到工作中存在的冲突情景的读者可参阅资源框 12.8。

资源框12.8　冲突情景中的人员取向议程

相互接触：

与自己和他人保持接触，并确定我自己内心的冲突是什么；

在时机合适的情况下，寻求与他人的接触和沟通。

目标、愿景和参与者的透明度：

感受到我内心所发生的东西；

如果合适，保持开放性；

清楚地表达我看到的问题，同时尊重他人；

在适当的情况下表达情感（以提升透明度和改善理解）。

对他人、自己和环境的尊重：

保持耐心；

眼神交流（如果当地文化允许的话）；

给予关注；

说他人能理解的话；

接纳对方，即使他们可能对我们有负面情绪；

询问有什么是可以被积极认可的；

先接受对方，尽管渴望被对方接受。

努力达到深入彻底的理解和被理解：

积极倾听，努力理解对方和所处环境的整体情况；

试图从对方的角度理解其负面感受，即使是针对我们的。

合作与共享：

为了解决或改变冲突，是否有可能把对方视为我的合作伙伴？

我能不能请对方分享一下在这种冲突情况下他期待发生的事情？

我能和其他人分享我希望发生什么事情来解决或改变冲突吗？

有第三方能帮助我们走出某种恶性循环吗？

请思考：

再回忆一次，你最近发生的两三次冲突。

你希望你的对手更尊重你吗？反过来说，你尊重你的对手吗？这场冲突是一种愚蠢的误解，还是一场相互认可的斗争？

你冒险敞开心扉了吗？你觉得怎么样？

罗杰斯的核心态度中有哪一个缺失了吗？你有机会恢复它吗？为什么有？为什么没有？

总结

在本章中，我们更详细地阐述了为什么变革性沟通的人员取向议程能够用到工作中一些反复出现的场景，比如举行会议、形成共同愿景、谈判和解决冲突。在所有这些场景下，都可以通过把人员取向议程细化，提出在每个关键场景中如何将议程的五个项目表达出来。所有的例子主要是为了反思我们的认知、机体反应，并支持我们在工作环境中塑造我们个性化的独特方式来开展变革性沟通。如果本章所分享的任何资源能够帮助我们使沟通变得更有意义、更激励人心、更有效，那么本章就完成了它的目标。

参考文献

Anderson, D. J. (2008). Stop negotiating, start collaborating.Retrieved Jan 04, 2016, from http://www. djaa.com/stopnegotiating- start-collaborating.

David, C.-P. (2001). Alice in Wonderland meets Frankenstein: Constructivism, realism and peace building in Bosnia. *Contemporary Security Policy, 22*(1).

Fisher, R., Ury, W. (1991). Getting to YES negotiating agreement without giving. In B. Patton (Ed.), (2nd ed.). NY/USA: Penguin Books.

Johnson, D. W., Johnson, F. P. (1975/2006). *Joining together, group theory and group skills.* Boston, USA: Pearson Education, Inc.

Keane, R. (2001). *Reconstructing sovereignty: Post-Dayton Bosnia uncovered* (p. 61). London: Ashgate.

Motschnig-Pitrik, R., & Barrett-Lennard, G. T. (2010). Co-actualization: A new construct for understanding well-functioning relationships. *Journal of Humanistic Psychology* (JHP), 50(3), 374–398.

Rogers, C. R. (1959). A theory of therapy, personality, and interpersonal relationships, as developed in the client-centered framework. In S. Koch (Ed.), *Psychology: A study of a science* (Vol. 3). New York, Toronto, London: McGraw-Hill Inc.

Rogers, C. R. (1961). *On becoming a person—A psychotherapists view of psychotherapy*. London, UK: Constable.

Ryback, D. (1998). *Putting emotional intelligence to work*. Boston: Butterworth-Heinemann.

Senge, P. M. (2006). *The fifth discipline, the art & practice of the learning organization*. USA: Currency Doubleday.

Stillwell, W., & Moormon, J. (1997). *Conflict is inevitable. War is optional*. La Jolla, CA: The Center for the Studies of the Person.

Toner, K., Leary, M. R., Asher, M., & Jongman-Sereno. K. P. (2013). Feeling superior is a bipartisan issue: Extremity (not direction) of political views predicts perceived belief superiority. *Psychological Science 24*(12), 2454–2462.

第十三章　在敏捷管理中整合双议程

本章重点：

- 在敏捷管理/领导实践和培训中的变革性沟通；
- 敏捷原则和价值及其与个人中心视角价值基础的一致性；
- 敏捷过程对人力资源的要求；
- 在敏捷项目中实施人员取向议程；
- 个人中心与合作态度在敏捷管理中的关键作用。

本章讨论了敏捷管理中的变革性沟通。十多年来，敏捷管理方法已经进入这一领域，并日益挑战更为严格、经典的项目管理方法。在本章中，我们将考察敏捷价值和原则在多大程度上和在何种条件下与变革性沟通的价值和原则是一致的。随后，我们举例说明如何在敏捷项目中表达人员取向议程的个体特性，以及对敏捷管理实践和培训会产生何种后果。此外，通过一个组织的成功案例，阐述和反思数字媒体的作用及其对敏捷程度的推动。仔细地将人员取向议程纳入敏捷管理中，将对整合任务取向和人员取向议程产生新的、有价值的洞察。

敏捷管理需要敏捷的人

敏捷管理的核心价值之一是在保持一些基本原则的基础上，对环境做出反应的灵活性。有趣的是，敏捷管理的原则和通过遵循人员取向议程来改变沟通的原则是一致的——由于敏捷方法（源于软件开发领域）和变革性沟通（源于心理治疗领域）的起源是完全不同的，所以这相当令人惊讶。然而，当把心理治疗看作个人发展的一种手段时，就可以通过"发展"这个词管窥一二，不论是对于技术还是对于人来说，这都是相当复杂的事情。

在总结敏捷管理的一些基本要素之前，让我们先解释一下为什么敏捷管理迫切需要敏捷、灵活的人：如果软件或任何其他产品要灵活地适应其用户的实际需求，那么它首先需要的是那些对不断变化的需求持开放态度，并能够最佳地感知和领会变化需求，而不是抵制它们的人（Motschnig-Pitrik，2015）。他们需要共情客户不断变化的需求，因此对客户和他们自己的经验保持开放而不加评判。他们需要认识到，与商业价值一致的变化是商业繁荣的一个必要部分。因此，尽管乍一看，敏捷方法和变革性沟通似乎相距甚远，但实际上它们在实现核心共同价值上是紧密相连的：以最佳方式适应当前的复杂环境，同时分别忠于核心业务和个人价值观。

随着发展速度的加快，科技的进步正在改变产品开发过程，这些变化要求我们重新思考对过程的管理。"线性思维、规范过程和标准化、不变的实践与当今瞬息万变的产品开发环境是不匹配的。因此，随着产品开发过程从预期性向适应性转变，项目管理也必须改变。"（Highsmith, 2004：5）事实上，这只是我们这个时代一个更普遍的特征的示例而已。维尔纳·阿利（Verna Allee, 1997：5）认为，在现代思维中，"变化就是一切"——与传统思维相反，传统思维把变化描述为"需要担心的事情"。

很自然，不断适应变化的环境而又不放弃自己的核心是商业上的一个优势（Damasio, 2012）。

请思考：

~~~~~~

尽管动态发展无处不在，但你想要提升的组织的基本价值观是什么？

你目前面临什么样的改变？给你的感觉如何？你是怎么处理的？

你认为或觉得你的同事或员工对不断变化的环境足够开放，并能适当地应对吗？

哪一种变化对你来说是最困难的？

在过去的几十年里，在大学中几乎没有什么改变来支持学生获得一种能力，使他们能适应不断增多和普遍存在的变化。相反，对更多的智力信息、复杂的建模、证书材料和精细的研究计划的要求越来越多，所强调的是知识性、预期性的过程，而不是经验性、有意适应性的过程。一家中型公司的首席信息官在一次工作坊上说：

事实上，当毕业生开始在我们公司工作时，他们往往需要几个月的时间才能真正**忘掉**他们在大学里所学到的东西；也就是说，他们一直在等待特定的命令或活动，不要求他们，他们就不会主动，不会主动思考某件事情是不是有意义而是被动遵循命令，等等。这绝对不是我们这里需要的！所以实际上，我们必须对刚刚从学校毕业的年轻员工进行再教育，直到他们……吸收公司的文化，这种文化在很大程度上是基于责任和权力的分享，并基于自我主动性。（iCom Team, 2014: 53）

敏捷价值和原则

在过去的二十年中，敏捷方法在许多领域都得到了认可（Highsmith, 2004）。尤其是在软件开发领域，《敏捷软件开发宣言》（*Manifesto for Agile Software Development*）的作者（Beck et al., 2001）认为，通过采用以下价值偏好可以改进软件开发方法：

- 个人和互动优于流程和工具；
- 工作软件优于详尽的文档；
- 与顾客合作优于合同谈判；

● 响应变化优于追随计划。

因此，即使"传统"价值（比如"流程和工具""详尽的文档"等）没有被丢弃，但也失去了关键的功能，让位于新的指导价值。有趣的是，这些价值偏好显示出明显向着与同伴（无论是团队成员还是客户）协作和沟通关系的转变，并且远离诸如合同、计划和文档之类的"刚性设计构造"。这可能是在回应传统方法对异化的人工构造过分强调，将其作为一成不变的唯一指导原则，缺少与"真正问题"的联系（Motschnig-Pitrik, 2015）。

敏捷"哲学"固有的一些偏好在敏捷原则中表达得更清楚。资源框 13.1 列出了敏捷宣言中 12 项原则中的 6 项（Beck et al., 2001）。这些原则揭示了他们认为支持敏捷管理所需要的人际和环境质量（用加黑字体标注）。有趣的是，所有这些都与个人中心视角的核心价值观相一致，即促进提供适当的环境因素，如接触、建立信任、尊重他人，以及用倾听促进动机以自我组织的方式产生并不断发展。有趣的是，这些原则也要求加强沟通和合作，重视面对面的接触！

资源框 13.1   敏捷宣言中的原则项目摘选

● 变化的需求深受欢迎，即使在开发后期也是如此。敏捷过程利用变化促进客户的竞争优势。

● 业务人员和开发人员必须在整个项目中**每天一起工作**。

● 围绕有动机的个体建立项目。**给他们所需的环境和支持，并信任他们能完成任务**。

● 向开发团队和在开发团队内部传递信息的最具效率和最有效的方法是**面对面谈话**。

● 最好的架构、需求和设计来自**自我组织的团队**。

● 每隔一段时间，团队就会**反思**如何变得更有效，然后相应地调适和**调整**自己的行为。

但是，遵循原则并接受敏捷价值的个体能力如何发展起来呢？在作者看来，实现这些价值观的一条可持续的道路是在行动中体验这些价值观。例如，通过参加一个运作良好的敏捷团队，或者在为此做准备的过程中，参加一个个人中心沟通工作坊（如本书第十二章所述）。为了说明在这样一个工作坊中的"学习"和动机，让我们先"倾听"参与者的一些反馈：

"我真的很喜欢这门课的授课方式，尤其是当我们围坐成一个圆圈，而不是坐在桌子后面的时候。我们的老师和所有的学生都乐于接受新的想法，并试图理解其他人，这是我在其他课程和日常生活中体验不到的。也许这就是为什么这个团体的学习进程是非常独特的。"

"分享就是一种很好的思维方式，把想法说出来会给它带来一些新的视角。"

"值得注意的一点是我们的对话练习。我很惊讶，有时很难理解你的同伴所说的话，也很难用简单易懂的语言来解释你的思想。"

这些摘录说明，学生认为提供沟通的经验学习课程是特殊和有价值的，因为他们提供了一种对他们来说罕见的、令人向往的学习。这种经验学习和直接沟通，才是敏捷团队的"关键之处"。然而，传统的教育不太可能使我们具备敏捷管理所需的人际交往能力。因此，需要寻求创造性的途径，本章认为，变革性沟通和个人中心视角可以被视为敏捷价值和原则在观念上的盟友。作为总结，资源框 13.2 详细说明了人员取向议程中每一个项目都有助于支持工作中的敏捷管理。

资源框 13.2　将人员取向议程用于敏捷管理

相互接触：

　　项目团队在同一地点每天碰面会促进敏捷项目的蓬勃发展；

　　简短而频繁的会议有助于团队阐明当前与任务的联系，及早发现问题与偏差。

目标、愿景和参与者的透明度：

　　能在特定的时刻觉察到什么东西最重要；

　　以开放透明的方式表达已经取得的成就和需要做的事情；

　　对遇到的任何问题都保持开放透明；

　　清楚地表达我的问题是什么；

　　清晰地了解优先事项；

　　对商业价值具有一致性，意味着我个人对于它没有什么意见。

对他人、自己和环境的尊重：

　　尊重对方，即使他们改变主意；

　　重视团体成员和客户代表之间自由、不受阻碍地沟通信息；

　　对他人及其想法、兴趣、目标、现状等表现出兴趣。

努力达到深入彻底的理解和被理解：

　　全神贯注，积极倾听，努力理解客户和同事；

　　试图理解对方的需求，即使它们可能导致原始规范、产品或计划的更改；

　　对团队中的整体情况、客户关系和市场状况有共情性感受。

合作与共享：

　　团队选择任务的解决方式——任何问题从一出现就是共享的，这样团队成员可以合作寻找解决方案；

　　客户在整个敏捷过程中与项目团队协作，例如定期表达他们的需求并对其进行优先排序。

戴维很幸运地认识卡尔·罗杰斯，他想象了一下罗杰斯如果被问到，"考虑到我们拥有的多种沟通渠道，现今组织或企业如何才能变得更敏捷"，他会如何回答。下面的虚拟反应由记忆中与罗杰斯的几次真正对话组成。

基于卡尔·罗杰斯和戴维·赖伯克对话的想象案例

如果罗杰斯今天还活着，并被问到"在这种现代化、科技化、以媒体为中心的文化中，一个组织如何变得更加敏捷"，他可能会做出如下回应：

"好吧，考虑到有那么多人都把鼻子凑到这些明亮的屏幕上获取信息、娱乐自己、与他人联系，我想说的是，一个组织不管他们是做生意、做教育或其他什么，都需要考虑到这一点。也许有必要实践一种新的开放性，能够通过这些电子机器进行沟通。我猜，挑战在于按照旧的方式装扮自己太容易了，我们不会去思考这是真正的自己，还是随便做一个样子。我在最新的报纸和杂志上看到的信息，似乎充斥着很多谎言和捏造之事。在这个新媒介中，这似乎比认真思考并鼓起勇气表现真实自我容易得多。

"即使是像我这样的老家伙，也没有什么比面对面接触更好，我强烈怀疑是否有任何东西会完全取代它的地位。我听说过一些东西，比如网络电话和高清视频会议软件，能够让人们像在正常沟通中那样看到彼此。所以也许这能让人们分享他们真实的自我，即使是通过电子媒体。因此，只要人们能够在实时沟通中看到彼此，那么我相信，我关于真诚和共情的想法仍然就跟我第一次写到它们时所希望表达的一样。

"敏捷性可能包括一种对变化的开放性，这一开放性是真实、真诚的，与人们的需求相关，并在不断变化的基础上一直敏捷地沟通这些新发现的变化。对于我来说，最明显的事情就是用这种技术向许多人传递信息，无论是近还是远，我知道这已经正在发生了。

"更大的问题是，我的开放性原则在商业中的地位是什么？我认为我提出的价值观能够带来更好的利益，但只有从长远来看，这一点才更加明显，因为贪婪和不诚实可能在短期内胜出。我想这包括开采地球石油的决定，当然还包括全球污染问题的恶化，如果科学家们是正确的话，这一切已经走上了加速的轨道。因此，我认为我很久以前提出的价值观不仅对我们的长期成功更重要，甚至对我们在不远未来的生存也更为重要。所以，是的，对整个环境保持开放性、尊重和广泛的共情是比以往任何时候都更重要的。如果我们的文化看不到这一点，那我就真的失败了。但我是个乐观的老家伙，我认为我们还能扭转局面。那是我真正的感觉。"

让我们以卡尔·罗杰斯的一句（真实的）话结束本章：

也许这些基本态度中最基本的是真实，或者说是真诚。当推动者是一个真实的人，作为他之所是与学习者建立关系，而不是只呈现一个幌子或影子时，推动者的推动更可能是有效的。这意味着，推动者正在经历的感受是其意识所能接受的，他能够生活在这些感受中，并且能够在合适的情况下沟通这些感受（Rogers, 1983: 121）。

　　卡尔·罗杰斯所清晰描述的恰当的情感沟通，正是敏捷团队为了透明、详尽地就项目的各方面进行沟通并取得进一步的成就所必须实现的。这种"真实"需要同时考虑面向任务的层面以及团队的协作，用一种满足客户却不至于"倦怠"的方式完成任务。因此，在每个敏捷周期中，平衡任务和人员取向议程是成功的关键议题！

总结

　　在本章中，我们更详细地阐述了如何在敏捷项目中应用变革性沟通的人员取向议程。特别是，我们分析了基本敏捷原则，发现它们与个人中心价值观和协作态度是一致的。在此基础上，我们提出了在负责人具备相应态度的情况下，如何在敏捷管理中表达人员取向议程的五个项目。所有的例子主要是为了反思我们的认知和机体反应，并支持我们塑造个人化、独特化的变革性沟通方式，以应对我们日益敏捷和不断变化的工作环境。如果本章分享的任何资源有助于让你的沟通更有意义、更有效，那么本章也就实现了它的目的。

参考文献

Allee, V. (1997). *The knowledge evolution: Expanding organizational intelligence*. Newton, USA: Butterworth-Heinemann.

Beck, K., et al. (2001). The agile manifesto, agile alliance. Retrieved February 05, 2016, from http://www.agilealliance.org/thealliance/ the-agile-manifesto/.

Damasio, A. R. (2012). The self comes to mind. London: Vintage.

Highsmith, J. (2004). *Agile project management: Creating innovative products*. Redwood City, CA, USA: Addison Wesley Longman Publishing Co.

iCom Team. (2014). *Constructive communication in international teams*. Münster, DE: Waxmann.

Motschnig-Pitrik, R. (2015). Developing personal flexibility as a key to agile management practice. In: Sushil & G. Chroust (Eds.), *Systemic flexibility and business agility* (pp. 131–142). *Flexible Systems Management Series*. India: Springer.

Rogers, C. R. (1961). *On becoming a person—A psychotherapists view of psychotherapy*. London, UK: Constable.

Rogers, C. R. (1983). *Freedom to learn for the 80's*. Columbus, OH: Charles E. Merrill Publishing Company, A Bell & Howell Company.

第十四章　用变革性沟通建立和发展高效能团队

一致性或真诚性包括让对方在情感上知道"你在哪里"。它可能还包括对抗和直接表达个人所有的情感——包括消极和积极的情感。因此，一致性是在真实的环境中共同生活的基础。

卡尔·罗杰斯（Carl Rogers, 1980: 160）

本章重点：

- 高效能团队的特点；
- 变革性沟通的资源，包括ob访谈和决策；
- 案例和反思对话；
- 自组织原则的作用和应用效果；
- 团队合作中的人员取向议程。

本章突出了团队作为所有合作任务的社会和职业推动者角色。首先，我们分析了高效能团队的特征。其次，我们分享了关于招聘过程的见解，它是建立"健康"、快乐和高效的团队的重要步骤。团队工作中的另一个基本任务是决策。为了帮助读者掌握这一复杂的挑战，我们将呈现、观察和反思一些与团队有关或在团队中发生的决策情境小故事，以促进经验学习。最后，我们探讨了如何将人员取向议程用于建设在任务和人员层面表现优异的团队。

高效能团队的特征

之前，我们介绍了在会议和其他管理、领导的关键情境中可采用双议程法则。在本章中，我们将其扩展到团队。这也可以被认为是同时在一个特定任务和一个基本人员取向层面上工作，两者相互依存、紧密相连（Johnson & Johnson, 1975/2006）。然而，我们将关注点集中在这一工作中的人员取向方面，并假定团队成员拥有与任务或与工作有关的技能，因此团队整体能够提供这些技能，并能够胜任地处理手头的任务。例如，这意味着一架飞机的机组人员有能力处理他们需要处理的活动，如接待乘客、驾驶飞机和降落、安全储存机舱行李、提供茶点、处理机舱技术问题和发布公告。这种任务取向层面比人员取向层面更为明显，后者常常隐藏，但如果团队想要承担任何责任就不能对其忽视。团队中的人员取向层面或议程可以与团队中的"能量系统"相比较，后者为整个团队及其成员提供能量和动力，以激励彼此并协调行动。

在高效能团队中成员会享受他们的团队，这证实了莫琳·奥哈拉在个人中心会心小组中的经历：

当团体能够为每个成员提供必要的条件，使他们能够全神贯注于自己和彼此时，团体的自我组织能力就出现了，而当个人也开始调整和反思整体的运作时，我们认为这是意识的一种形式。在这个阶段，团队可能会变得有能力进行精巧、有创造性、负责任、明智的集体行动，这远远超过了团队中任何一个特定个体参与者的能力（O'Hara, 2003: 74）。

显然，在工作环境中，"全神贯注于自己和彼此"这句话需要辅以与组织或项目目标相一致的内容，以便在人群及每个人的专业职能与个人努力之间形成一种流动。

认识到高效能团队的确存在，我们很容易发问：是什么让一群人发挥出高效能并实现共同的目标？

基于文献研究和雷内特的实证研究（Motschnig-Pitrik，2006/2008/2013），以及在团队中和团队间的合作经验，还包括受到与巴雷特 - 伦纳德和尼科尔深入交谈的影响，我们对如下这一问题做出初步回答：我们如何能打造一个团队，让其在完成一些任务或项目的同时，团队也能得到共同成长和发展？团队成员，包括团队领导，都要：

- 对自己的经验和他人的经验一样开放。他们欢迎作为成长源泉的经验，并恰当地推动它→**对自己和他人的经验保持开放**。
- 对项目、他人以及随之而来的关系感到积极、真诚的兴趣。这是通过透明地分享想法、意义、感受、目标、工作、反应等来表达的，只要认为合适就要表达→**分享**。
- 以尽可能彻底和完整地理解别人的信息为目的，并以一种让别人容易理解的方式表达自己→**扩展理解**。
- 倾向于以友好、嬉闹的方式进行合作或"竞争"，而不是在其关系中助长破坏性的竞争、扭曲或无知→**合作态度**。
- 动态地平衡他们对自主性的需求以及与项目目标的关联性和一致性→**关联性、一致性、自主性**。
- 能够有意识地觉察到他们自己实现自我的需要，以及人际关系形成一个更大、更复杂、动态有序的整体趋势，能觉察到它所创造的纽带，它对伙伴和队友的影响，以及它通过与环境相互作用而接收和传递的影响→**机体作为一个更大整体的一部分相互依存**。
- 认识到相互冲突的目标、方向和观点会导致关系紧张；而如果他们以合作的方式处理问题，反而能加强他们的关系或带来一些转变，帮助双方或所有关系伙伴向前迈进→**承认和处理紧张关系**。
- 减少负面压力，将其转化为创造性的张力。这可以通过实现自主性和自我接纳，同时尊重他人和环境来实现→**减轻压力、尊重**。

- 促进自我、他人和彼此关系的展开。这可以通过包容其他人并为他人提供空间和机会，让他们以自己的方式参与、作出贡献、提供便利或进行合作来实现。这会让关系中的同伴感到更加被（他人和自己）接纳，同时也表达对他人的接纳→**用接纳来包容或参与**。

用系统观点来看，包容的社会环境既会促进团队的发展，也会受益于团队。我们倾向于将这一关系称为"共同实现"（co-actualizing），即通过建设性互动实现自己和整个团队或关系系统的自组织原则的表达（Motschnig-Pitrik & Barrett-Lennard, 2010）。

尽管迫切需要进一步的研究探讨共同实现的趋势，但在共同生活和共同工作的实践中也同样迫切需要"应用"早期的发现。那么在团队合作的实践中，这意味着什么？

真正的互动、联结感、高度自主 VS. 强制、控制和操纵

正如罗杰斯与法尔森合著的《今日商业中的沟通》（*Communicating in Business*）一文中探讨积极倾听时所写的那样，我们往往不希望被他人改变或操纵，会被迫捍卫自我形象。每次将某些东西强加给我们的尝试，无论是满足最后期限、记录代码还是使用特定的语言，都会在一开始就遇到阻力。一个人对另一个人施加的推力越大，他对另一个人的控制就越多，那个人的实现倾向就越不可能展现出来，双方或所有人能够共同实现的也就越少。

因此，如果情况允许双方或所有团队成员真诚地分享他们的感受、意义和观点，那么每个人都可以成为解决方案的一部分（Ryback, 1998）。但是，如果合作伙伴之间存在重大分歧，可能需要作出相当大的努力才能达成共识，紧张关系将会一路伴随。因此，这需要高级的共情和调节能力，以及所有相关人员的个人成熟度，才能启动、发起和促进真正的互动，并在正确的时间点阻止它，以免迷失在复杂的互动中（iCom Team, 2014）。我们会在后面介绍一个例子。

考虑是否将合作作为解决问题的方案

当出现问题时，我们倾向于认为一定是某个人造成的，因此这个人应该为负面后果承担责任。虽然这可能适用于零件、材料和产品的机械制造世界，但在因果交织、错综复杂的人际关系中，这个说法就很有问题了。通常，一个人不受欢迎或恼人的行为很可能是对一些受挫的需求或经验的反应。例如，一个同事的"行为不端"很可能是因为这个人没有得到应有的关注，或者没有得到足够的重视。在这种情况下，如果我们看待问题的角度发生转变，可能对所有相关人员都有帮助。与其给同事贴上"有问题"的标签，或者问谁是"坏人"，不如意识到"我们有问题"，然后看看我们如何共同努力解决它。尤其是在这种情况下进行变革性沟通，共同实现意味着"如果我要促进他人的个人成长，而他的成长与我相关，那么我必须成长，虽然这往往痛苦，但也很充实"（Rogers, 1961: 51）。

总结一下，一个团队中的变革性沟通过程可以被外部因素显著地促进或阻碍，具体如表 14.1 所列。

表 14.1　支持或阻碍变革性沟通和团队合作的外部因素

支持性因素	阻碍性因素
高层管理人员的支持	高层管理人员反对这个想法或项目
投入共同目标	追求单独或对立的目标
能考虑灵活性和管理变化	禁止或强烈限制规则的灵活性
社交分享被认为是"交易的一部分"	严格的任务导向，没有社交分享时间
信息适当地自然流动	信息被隐藏、扭曲或卡住
在需要作出决定时投入充足的时间进行准备	缺乏时间，无法全身心地进行准备
合作与友好竞争	对抗与激烈竞争
具备应对当前挑战的技能和（或）能力	缺少应对当前挑战的技能和（或）能力

不利的环境往往会给人际关系、团队和领导者带来沉重的负担。我们需要认识到这种情况，以便为高效能团队和共同实现进程"开辟道路"。如果这看上去不太现实，那么问题仍然是，是在那种情况下作出改变，还是干脆有意识地放弃特定的环境，或者试图改变（或逃离或反抗）这种环境。本书的第二部分提供了各种各样的案例，例如在领导岗位上的人们如何将人员取向议程付诸实践，以及这会对他们和他们的团队或小组产生什么影响。

请思考：

补充表 14.1：

根据你的经验，还能列出其他支持或阻碍变革性沟通和团队合作的因素吗？

你能从本书第二部分给出的案例中提取出更多的因素吗？

找到适合团队的求职者

毫无疑问，任何团队中最宝贵、最重要的资源就是它的成员。因此，找到合适的人一起工作是一项至关重要的任务，但这在匆忙的日常事务中往往会被低估。让我在此分享一下我最近的故事：我（雷内特）很幸运地赢得了一个欧盟范围的大型项目，维也纳大学是其中的主要合作伙伴。作为项目领导者，我们与维也纳大学研究生中心的负责人合作，而且他也是一名系统教练。对要和现有核心团队合作的新团队成员的招聘流程让我感到非常惊讶。它完全合我胃口，我把它称为变革性沟通的原型案例。我在整个招聘过程中的经历积极而团结，无比清晰，以至于我很想分享一下这个过程，以期被借鉴和利用。在资源框14.1 中呈现了它的结构化部分，随后有一些注释。

资源框14.1　求职面试中的变革性沟通

准备阶段：

　　在制作招聘公告时相互合作并共同思考。与那些会和新同事打交道的同事分享你的提议，并考虑他们的意见。

　　与感兴趣的人分享应聘者的申请。如果已经有几个人申请了，就从你的角度出发，花点时间按照其质量对申请进行排序，不要占用同事太多的时间。

　　就第一轮面试的邀请对象达成一致，并提出面试时间和地点。计划出充足的时间（例如，在两次面试之间留出一个小时），这样你就可以在面试后马上对每一位应聘者进行回顾。

面试时：

　　会见应聘者时体现出同等的真诚。

　　透明地分享相关信息。

　　让应聘者问一些他们想要知道的问题。

　　积极倾听，表现出对应聘者的兴趣。

　　在尊重应聘者私人领域的同时，问一些你想要问的相关问题。有时候，阅读应聘者的申请或简历，根据给你留下深刻印象或者特别印象的内容准备一些问题很有帮助。同时，要谈到工资待遇方面的信息，不管是可协商还是固定的。

　　最后，你可以问问应聘者对面试的感受，以及对这份工作的兴趣和之前有无不同。从你的角度帮应聘者了解下一步工作。如果想感谢应聘者来面试的努力，你也可以分享一下。

反思性回顾：

　　在两场面试之间留出一些时间来"消化"你的印象，在下一个面试者来之前理清思路。

　　如果你有机会和同事反思一下面试，抓住这个机会。在雇用未来同事的复杂情况下，与值得信赖的同事表达自己的印象和分享自己的感受可能很有价值。我们都有心理模型，其中包含我们几乎意识不到的心理阴影，与同事公开分享可以弥补我们的"盲点"或偏见。

案例：一个欧盟项目招聘团队成员的过程

招聘启事

　　项目的发起人（3名专职人员）坐在一起分享想法，就3份招聘启事的合适文本进行讨论。我们先考虑一个需要填补的职位，但最终我们会组成一个团队来工作。这就是为什么从一开始，我们会对每项工作的描述互相请教。我们每个人都对招聘广告的内容以及简洁、易懂、有吸引力的措辞作出了贡献。我们对求职者的期望是什么？已有的哪种经验最有帮助？哪些资格是必不可少的？我们能提供什么？我们如何描述该项目及其愿景？

我们在会议期间制作了招聘广告的第一个版本，而且我们三个人都可以在发布之前对其进行编辑。事实上，我们中有人稍微修改了一下文本，幸运的是，我们都赞成这些小的改动，也许是因为我们对项目有共同的看法，知道并接受彼此的兴趣。招聘启事及时完成并发布。

求职面试的准备

这些职位申请是由一位秘书预先安排的，三位项目发起人都收到了对这三个职位的申请，他们在浏览以后会建议他们想与谁面谈。如果时间允许的话，我们三个都会参加面试。在时间不允许的情况下，至少与应聘者打交道的人需要出席，如有疑问，将进行第二次面试。对所有人来说，这似乎是合理和高效的，在尽可能多地利用核心团队看法的同时，这些人不必在每次面试时都出席。在真正邀请应聘者之前，我们通过电话和邮件交谈，分享我们的喜好，并商量在第一轮面试中实际邀请谁。对我来说，这些讨论真的很有帮助，因为它们让我看到了一些我一开始没有注意到但绝对有价值的问题：年事已高的人能够流利地使用计算机工具和社交媒体进行跨境合作吗？

求职面试

首先，我们进行面试时的态度是，我们的团队需要一个开朗的同事，因此我们感谢申请人响应我们的呼吁，并花时间来面试。这使我们能够与应聘者面对面地进行交谈，因为他们也需要从我们这里得到一些东西，即工作。因此，基本上没有哪一方处于高权力地位，而且一旦应聘者开始在我们的环境中感到安全，他们的谈话就会体现出高度的尊重和敏感性，而且有趣的是，也会体现出开放性。

我们随机地指派我们中的一个人来领导面试，并向我们的组织、其他参与者和当前项目的负责人介绍应聘者。通常，应聘者面临的第一个问题是他是如何发现这份招聘启事的，以及是什么促使他们去申请这个职位的。面试中没有任何部分是事先编造或设计好的，相反，谈话是顺着问题和答案的自然流程进行的。问题问得越多越表明我们对应聘者真正有兴趣，而且他可能适合这一空缺职位。这类问题有：你为什么会来参加面试？招聘启事中哪些内容引起了你的共鸣？启事中有没有什么你想要更好理解或者你不确定你能正确处理的东西？如果是这样的话，它是什么？对此你还有什么问题或怀疑吗？

紧接着提出的问题会围绕着应聘者之前的职业。我们感兴趣的是，应聘者在以前的工作中喜欢什么、不喜欢什么、是什么让他们想要改变，以及为什么他们认为自己会成为填补空缺职位的人。对于每一个回答，面试团队依次给出他们的回应，以便尽可能多地从工作概况和实际任务中揭示出需要完成的内容，并允许应聘者做出反应。

还有更多的问题探询了应聘者的未来计划：他们的职业生涯规划是什么样？他们是否

可以在整个项目期间担任这个职位？什么时候可以开始？最后，我们明确表示，我们只有很小的空间来调整工资，因为它们是由项目的拨款规定的。然而，我们对应聘者期望挣多少钱感兴趣，所以还是会询问他们的期望薪资。基于他们的回应以及我们迄今为止的面试印象，我们试着用我们能够提供的一些选项和好处来协商。最后，我们问应聘者是否还有其他问题并告别，告知其大概什么时候会收到我们的回信。我们还礼貌地告诉他们，万一他们对此职位不再感兴趣了，请一定要告诉我们。

回顾

在每次约 30 分钟的面试之后，我们至少要花 20 分钟来分享我们对应聘者的印象，如面试进行得如何、我们对应聘者的喜欢程度，以及与其他面试者相比谁更适合我们的职位要求。回顾有助于我们开拓新的视角，比较我们常常相似但有时也有分歧的看法和解释。我觉得通过这些思考学到了很多东西，例如，我能够理解为什么我的同事如此高度重视其中一位同事以前的工作经验，而且这确实可以作为管理我们项目的特别优势。

在任何情况下，我都觉得没有必要用一个问题来欺骗一个应聘者，或者运用任何技巧来揭露他们宁愿隐藏的东西。有趣的是，一些应聘者对于一些他们没有完全符合应聘标准的情况相当开放。例如，一位在三种欧洲语言技能上都非常优秀的年轻女士承认，她的英语不是很好，但她肯定愿意努力提高它。一些应聘者深思熟虑的开放态度使他们显得诚实、坦率和富有同情心。其结果是，面试团队重新考虑了部分工作标准的重要性，并将候选人的资料与我们认为的工作和我们的团队最需要的东西进行了权衡。

请思考：

你认为合作式的求职面试对核心团队（即项目发起人）有什么影响？

作为一个求职者，如果有三四个人积极参加面试，你会有什么感觉？

你认为上述面试程序在寻找最佳应聘者方面是有效率和有效果的吗？你能想到什么改进的方法吗？

回顾过去，合作式招聘过程产生了如下影响：

- 深化了项目愿景；
- 相互了解，了解优先选项、特殊兴趣、技能和自我，从而提高透明度；
- 作为一个团队成长并相互学习；
- 在面试中明确责任，提供选择项但并不强迫；
- 应聘者应该与我们平起平坐，而不是因为他想从我们这里得到什么就低人一等，每个人都应被视作个人而受到尊重；
- 给新员工留下的印象是，他们被一个高效能团队接受，并且从一开始他们就受到变革性沟通的鼓舞。

变革性沟通在团队决策中的作用

决策是每个领导、管理者每天都要面对的重要活动，事实上也是每个人每天都要面对的重要活动。它意味着选择去实现哪些可能，去丢弃哪些可能，从而如何在现在和未来继续前进。由于决策对我们的生活甚至所有领域都至关重要，因此已有和正在进行的决策相关研究和文献数不胜数。因此，本节重点讨论团体决策中变革性沟通的动态作用。此外，我们以经验学习为重点，首先提供几个说明性案例，然后与读者一起理解案例并通过反思得出启示。

一篇可读性很强的文献（Johnson & Johnson，1975/2006：291）证实了沟通对团体或团队决策的质量起决定性作用的假设，他们写道："增强团体决策的因素包括积极的相互依赖、面对面的促进性互动和社会技能。"研究的另一个重要发现与通过团体进行决策的好处有关——约翰逊在科特·勒温及其团队和其他人大量原始研究基础上，进一步研究发现让团队成员参与关于团队或小组的决策，会产生以下好处：

首先，通过利用每个成员的资源可以提高决策的质量。特别是，负责执行决策的成员应该最了解决策应该是怎样的，并且通过参与决策过程来释放这些信息。在这方面，能够以别人理解的方式透明地说出这些信息，是变革性沟通能够带来的巨大益处。

其次，同样重要的是，当成员参与到决策过程中时，他们执行决策的承诺也会增强。在参与决策时，成员对团队的忠诚度会显著增强，其执行决策结果也是如此。这并不奇怪，因为在我们看来，包容和参与是尊重的表达，是促进气氛和谐的核心条件之一。此外，团队成员能够共同决定团队的方向，而不是从外部强加于人，这样会更符合每个人的实现过程，进而符合他的内在动机，而这是一种最强大的动力源。

另一种支持团队参与决策的论点是，在团队中，错误的解决方案更容易被识别和拒绝（Johnson & Johnson，1975/2006：271）。这是因为一个组织或团队的交互性记忆会超过单个成员。所谓交互性记忆，"是每个个体成员的知识以及通过沟通交换它们的方式"（Wegner，1995；引自 Johnson & Johnson，1975/2006：272）。然而，小组讨论应该持续足够长的时间，才能超越大家都已经知道的内容（Larson et al.，1998）。

因此，一般来说，利用团队的资源来做出重要决定，而不是让一个人来做决定，是有充分理由的。然而，这并不意味着合作性决策总是有效或轻松顺畅的。这就引出了另一个问题：变革性沟通能否帮助减少一些不利于团体有效决策的障碍？

这一部分的例子证实，它可以帮助克服一些障碍，并创造性地改变其他障碍。例如，如果该团体的组成不理想，如成员利益过于分散、相关领域的知识或技能不足或者成立时间太短，那么变革性沟通就会受限。由于存在如此巨大的障碍，它不能直接展现其全部潜力来促成高质量的决策。然而，它可以让团队快速地体验并意识到眼前的问题，从而帮助改变整个情况，这可能导致成员一连串或一系列完全不同的行动过程。简言之，在不利的情况下，变革性沟通不会直接对特定团队的最优决策做出贡献，但是有助于成员和领导者认识到这一系列行动是不合适的，并敲响警钟，提出创造性的解决方案，从而跳出给定的框架，重新设计问题或环境。例如，如果一个团队意识到它没有时间进行协作决策，但是信任其领导者，那么成员可以只分享他们的观点，将决策委托给领导者或一两个他们信任的知识渊博的人，以便在特殊情况下找到最优方案。

在简短的理论推理之后，让我们转向现实生活中的情况。

案例1　通过团体进行决策可能是不够的！

在为辅导员提供继续教育期间，我们举办了为期3小时的工作坊，讨论如何运用"聚焦"来处理困难情况（Gendlin, 1978）。大约30人参加了工作坊。工作坊首先简要介绍了主持人和主题，并请参与者简短谈一下参加工作坊的具体原因，并在全体会议上进行了简短的聚焦练习。在剩下的2个小时里，主持人给了我们这些参与者一个选择，问我们是想详细地研究这个理论，还是更愿意在小组中进行练习和反思。她刚开始就明确表示，这两个不可能交叉进行，因为每个部分都需要用整个工作坊的时间才能讲解清楚。她要求周围的人说出他们的想法。有趣的是，参与者几乎正好分成一半一半，这样每个阵营都有完美的论据来说明为什么理论或者实践会更好。很明显，这个团队被分成了两个阵营。然后，主持人试图协商一些解决办法，但似乎总有一半的团队成员会不满意，甚至会因为得不到他们想要的东西而感到受骗。接下来有趣的是，主持人分享说，这确实是一种困难情况。然后，她利用这个时间说明她的聚焦技巧在当前情况中的应用，希望找到解决办法，同时用语言表达她的想法和感受。然而，在已经紧张的局势下——实际上没有人得到他们想要的——批评声变得更大。"这好像是在操纵！你试图把你想要的，但是我们不想要的东西放进我们的嘴里！"

主持人变得有些防御性，并承认这种技术能够帮助她在特定的环境下找到个人的解决策略，但是没法团结已经分裂的团体。这种开放性使得参与者更能接受困难的团体情景。同时，参与者对该技术的（理论）限制和（实际）机会产生了真正的兴趣，围绕主持人为寻求解决办法所采取的步骤和这些步骤的理论基础展开了有趣的对话。因此，每个阵营的声音都为培养自己的兴趣铺平了道路。然而，最重要的是，参与者从经验中学到了关于团体决策的复杂性：用最大的善意包容团队可能远远不够！（或者可能已经足够了？）

请思考：

在你看来，上述案例中的问题是什么？

设想一下，如果是你的话，你会怎么做呢？

从这个案例中你获得了什么想法？

总体上，您是否同意，在既定情况下，团体决定了为参与者"提供"尽可能最好的学习组合的过程？

你想成为这个团队的参与者吗？或者你很高兴没有经历过这种紧张的局面吗？

案例 2　什么时候安排后续会议？

一个由 10 人组成的项目组，每两周定期会面，进行大概 2 小时的固定会议。主要服务已经按计划提供给客户。在最后一个项目月里，时间表显示，安装一个小服务的最后期限在两周内，在月底要举行一个简短的项目反思和结束会议。小组领导者不确定是否有必要在最后一次服务交付之前进行短时间的固定会议，也不确定是否不开会也可以提供服务，以及在出现复杂情况时，是否可以在最后一次会议上与项目反思一起进行修订。她在想我们应该继续固定会议日程，还是成员们喜欢花更多的时间在客户的网站上安装服务，与他们交谈，然后把所有的事情都带到最后的反思会议上？为什么不问问团队？但是，如果他们对解决方案有不同的意见怎么办？这个决定是否会花费太多的时间，浪费参与者的时间？

小组领导者非常好奇团队成员更偏好什么，因为还有 15 分钟就要定下来了，她决定和团队核实一下，但是不要让这成为无休止的讨论。她开始提出问题，并且清晰地展示了两个备选方案，并让团队知道，如果我们不能很快找到答案，她会根据团队成员的意见和她自己的喜好做出决定。令人惊讶的是，所有的团队成员都表达了他们更偏好进行一次最后的但是可能时间更长的固定会议。对于他们中的许多人来说，这将有助于把宝贵的时间转移到与客户打交道上。团队领导在固定会议结束时说："这是一个非常流畅的过程，清楚地表明了你们的喜好。我原以为我们会保守一些，两周后见个面，但我对你们的决定感到高兴。"一切都进展顺利，而"最后"的反思会议甚至还考虑了项目的后续计划。一切都很圆满！

> **请思考：**
>
> 你觉得把团队包括在内是个好主意吗？你为什么这么想？
>
> 在你看来，为什么上述案例中的决策是成功的？
>
> 你会如何进行整个过程？
>
> 你从这个案例中学到了什么？
>
> 你愿意成为这个团队中的一员吗？
>
> 你认为，作为一个团队成员，你能够为有效的团队决策做出贡献吗？你作为成员的潜力是什么？你遇到了哪些限制？

案例 3　是购买还是构建软件？

背景：一个由 18 人组成的国际项目小组正在举行第三次联合会议，这 18 位成员分别来自 7 家单位。越来越明显的问题是，一个重要的项目组件所需要的一些培训软件不能像在项目规范中假设的那样重复使用。

协调者："大家都知道，到目前为止，我们希望集成到门户中的软件显然无法以我们需要的语言提供。翻译和系统改编将花费大约 20000 欧元，我们没法指望它能可靠地满足我们的所有需求并及时完成，让集成测试按计划开始。我知道没人预料到这种复杂的情况，三位伙伴已经与拥有该软件的公司进行了深入的谈判。如果大家愿意，他们会告诉我们更多信息。我想感谢你们，凯特、苏珊和托尼，感谢你们的努力，使我们了解了这个软件！

我的感觉是，我们需要在本次会议上达成一项决议，以便伙伴们能够向前迈进。我们今天的议程还有很多，在我看来，目前有三种选择：

- 向所有者购买；
- 构建我们自己的软件；
- 申请更改项目规范。

由于最后一种选择可能让委员会拒绝整个项目，风险太高，我强烈建议不要这样做。另外两个选项中的任何一个都需要对所有或部分合作伙伴的预算进行调整，因为即使我们不购买该软件，其中一个合作伙伴也将需要资源来生产该软件。我们现在应该讨论这个问题。所以，说说你们每个人的想法，然后一起去吃午餐。希望我们能在今天下午3点之前达成共识，因为之后我们需要转向其他话题，至少它们与这个问题同样重要。（参与者点了点头。）如果到今天晚上我们还没有找到解决办法，我将根据我对形势的评估作出决定。这样可以吗？或者大家还有别的建议吗？"

……（由于没有其他建议，合作伙伴开始分享他们的观点。）

请思考：

关于"购买或构建软件"的决策努力，你有何共鸣？

你认为上面的例子是有效沟通的例子吗？为什么？你有什么反对的意见吗？在同样的情况下你会怎么做？

你觉得协调员做得怎么样？

作为总结，资源框14.2提供了一些作者认为有助于变革性决策的建议和考虑。前四个观点源于约翰逊（Johnson & Johnson, 1975/2006），其他观点则源于作者的经验。

资源框14.2　与团队中和团体间的变革性决策有关的一些资源

关于团队中的决策，领导者和团队成员可能想要知道的是：

- 参与决策增强了成员执行决定的承诺，并推进了执行决定所需的步骤、活动和调整（Johnson & Johnson, 1975/2006: 273）。这可以理解为从一开始就考虑到个人利益和方向并与之保持一致，而不是由外部强加不一致的规则，这些规则通常由正式的权威方制定，与相关人士只有很少或根本没有联系。

- 参与决策的人越多，做出决策的时间就越长。

  但是，如果考虑到做出和执行一项决定所需的时间，时间因素通常就不那么清楚了，额外花时间就"决定"达成一致决定，将大大减少执行决定所需的时间（Johnson & Johnson, 1975/2006: 290）。

- 在团队中更有可能识别和拒绝错误的解决方案（Johnson & Johnson, 1975/2006: 271）。

- 在元沟通层面上，分享你对决策过程的看法并给出建议。提供所有有用的信息，以便做出明智的决定。对流程、可用时间和经验都要透明。在元层面上，你应该分享你真正的希望和怀疑，分享我们为什么需要一个决定，以及我们什么时候需要它。

- 有时，邀请参与者置身于一个房间，有一条轴线分别指向两个极端（例如购买一个商业工具或改编一个开放源码软件），这也许有助于揭示团队当前对一个问题的态度。成员们要分享为什么他们站在其选择的立场。这会增加透明度，从而使会议的动态更清晰。

- 使用社交媒体。虽然面对面的会议能够促进创造性，并带来丰富的社会互动，但召开这样的会议可能并不总是合适的。合理地运用社交媒体有助于在例会间歇保持成员之间的联系和信息沟通。

- 有些在线视频软件或手机软件之类的工具具有调查功能，使人们更容易分享自己的喜好并了解团队的立场。这有助于在不占用团队太多时间的情况下调整自己的方向。

在有机会亲眼见证一些挑战团队及其领导者或管理者的情形之后（尽管只是记录的文字版本，缺乏一些社交线索），我们试着在这些情形和类似情形下提炼出人员取向议程项目的可能表达方式。在继续阅读前，读者可以在这些表达上生成自己的资源框，然后将其与作者在资源框 14.3 中提出的范例特性进行比较。

资源框 14.3　将人员取向议程纳入团队中与团队间的合作

相互接触：

　　小组领导和团队成员在适当的时候互相留出见面时间；

　　频繁的接触将促进团队一致性和统一方向；

　　合作可以显著改善沟通；

　　在线交流可以支持沟通，但是由于社交渠道的减少，不能完全替代面对面的会议；

　　将虚拟会议和面对面会议恰当地结合起来，有可能将两种沟通方式的优点结合起来，克服它们的缺点（Motschnig-Pitrik & Nykl, 2014）。

目标、愿景和参与者的透明度：

目标、偏好、约束和兴趣是透明的，最好是没有隐藏的议程；

成员（包括领导）在适当的时候公开表达自己的意见，但要带着尊重；

成员们在犯错的时候不是一味责备，而是努力从错误中吸取教训，并确保不重蹈覆辙；

成员们能感觉到他们的协调或不协调，并清晰地表达出来；

无论情感是积极的、消极的还是模棱两可的，在适当的时候都要表达出来并加以关注，以增加透明度，增进理解。

对他人、自己和环境的尊重：

成员们感到自己参与了有关团队的所有方面和决定——这并不一定意味着每个成员都参与每一个决策过程，却意味着在不给他们机会发表意见的情况下，尽可能少地将问题强加给他们；

成员们体验到他们的存在、关注、参与和真诚都会受到赞赏；

尽可能尊重成员的时间资源和时间安排；

使自己容易为他人所接受，同时又能忠于自己的需要和利益；

说一种别人懂的语言是最重要的。

努力达到深入彻底的理解和被理解：

明确努力地真正倾听别人，以从其自身背景和角度来理解他们；

能感知团队的整体情况，例如，当我和另一个人交谈时，其他人是如何参与或不参与的？把其他人包括进来有意义吗？

能感知当前的情况——我们要干什么？我们现在所走的道路会正确地解决问题，还是我们正在走向死胡同，只是在浪费时间？

在线沟通——认真回复邮件，关注所有重要的问题，至少也要简短回复。

合作与共享：

越早分享的题，越可以更快地进行合作解决。

分享不应局限于与任务相关的问题，一些社交分享可以增加团队的凝聚力和满意度，人们可以成为完整的人，在比传统任务维度更多的渠道中进行沟通（Johnson & Johnson，1975/2006；Böhm et al.，2013/2014；Motschnig-Pitrik & Nykl，2014）。

总结

本章收集了一些针对我们在团队中会遇到的情形的例子，强调了选拔和面试未来团队成员以及团队决策的过程。根据文献资料以及我们自己的研究和经验，我们提出了高效能团队的基本特征以及在这些团队中流动的共同实现过程。

> **请思考：**
>
> 治疗师面临的挑战就是通过共同体验、共同反思来建立一种独特的关系，从而对存在的情况做出"共同反应"（Schmid, 2005: 15–16）。你认为团队领导者或管理者也是如此吗？是否每个人都在团队中合作，并希望促进变革性沟通？
>
> 我们希望，在令人兴奋并充满挑战的团队合作和团队领导版图中，我们的一些资源和案例能帮助你找到并反思自己的道路。

参考文献

Böhm, C., Motschnig-Pitrik, R., & Obiagwu, L. (2014, *November*). *Constructive communication in teams that succeed*. Paper presented at the meeting of the Fifth International Conference on Social Communication in the Real and Virtual World (CMEP 2014), Wroclaw, Poland.

Böhm, C., Motschnig-Pitrik, R., Obiagwu, L. (2013). Communication and media use in self-organized teams in a technology-enhanced project management course. In J. Herrington, et al. (Eds.), *Proceedings of World Conference on Educational Multimedia, Hypermedia and Telecommunications* (EDMEDIA) 2013 (pp. 966–975). Chesapeake, VA: ACCE.

Gendlin, E. (1978). *Focusing*. New York: Bentam Books.

iCom Team. (2014). *Constructive communication in international teams*. Münster: Waxmann.

Johnson D. W., & Johnson F. P. (1975/2006). *Joining together, group theory and group skills*. Boston, MA: Pearson Education, Inc.

Kriz, J. (2013). Person-Centred Approach and Systems Theory. In: Cornelius-White, J.H.D., Motschnig-Pitrik, R. and Lux, M. (eds) *Interdisciplinary handbook of the person-centered approach: Research and theory*. New York, USA: Springer.

Larson, J., Foster-Fishman, P., & Franz, T. (1998). Leadership style and the discussion of shared and unshared information in decision-making groups. *Personality and Social Psychology Bulletin, 24,* 482–495.

Motschnig-Pitrik, R. (2006). Two technology-enhanced courses aimed at developing interpersonal attitudes and soft skills in project management. In W. Neijdl, K. Tochtermann (Eds.), *Innovative approaches for learning and knowledge sharing. Proceedings of the 1st European Conference on Technology Enhanced Learning,* EC-TEL 2006, Crete, Greece, LNCS 4227 (pp. 331–346). Heidelberg: Springer.

Motschnig-Pitrik, R. (2008). Significant learning communities as environments for actualizing human potentials. *International Journal of Knowledge and Learning (IJKL), 4*(4), 383–397.

Motschnig-Pitrik, R. (2013). Person-centered communication—An experiential learning course for teacher candidates. *Ricercazione*, Edizioni Centro Studii Erickson, *5*(2), 217–232 (ISSN: 2036-5330).

Motschnig-Pitrik, R., & Barrett-Lennard, G. T. (2010). Co-actualization: A new construct for understanding well-functioning relationships. *Journal of Humanistic Psychology (JHP), 50*(3), 374–398.

Motschnig-Pitrik, R., & Nykl, L. (2014). *Person-centred communication: Theory, skills, and practice*. McGraw Hill, UK: Open University Press.

O'Hara, M. (2003). Cultivating consciousness Carl Rogers's person-centered group process as transformational andragogy. *Journal of Transformative Education, 1*(1), 64–79.

Rogers, C. R. (1961). *On becoming a person—A psychotherapists view of psychotherapy*. London, UK: Constable.

Rogers, C. R. (1980). *A way of being*. Boston: Houghton Mifflin.

Ryback, D. (1998). *Putting emotional intelligence to work* (p. 136). Woburn, MA: Butterworth-Heinemann.

Schmid, P. F. (2005). Kreatives Nicht-Wissen Zu Diagnose, störungsspezifischem Vorgehen und zum gesellschaftskritischen Anspruch des Personzentrierten Ansatzes. Person. Facultas, 1/2005.

Wegner, D. M. (1995). A computer network model of human transactive memory. *Social Cognition, 13*(3), 1–21.

PART 4

第四部分

变革性沟通的理论基础

第十五章　神经科学如何理解领导力中情绪和共情的作用

本章重点：

- 理解情绪、思维和共情在工作场所的作用；
- "旧"脑和"新"脑之间的协作过程以及这种协作对一致性和连贯性的影响，特别是在困难情景中；
- 潘克塞普的基本情绪系统，以及它如何支持负有领导责任的人进行更有效的沟通和协作；
- 变革性共情的过程及其与增强理解的关联；
- 催产素的释放与自信、相互积极关注的提升之间的关系。

一般来说，个人中心的沟通方式，尤其是领导力，涉及领导者和下属之间，以及在团队、委员会、董事会等中的多个个体之间情感动态的觉察。在本章，我们提供了一些神经科学揭示的信息，以了解情绪如何激发、激励或阻碍我们，以及在工作环境中我们如何相互影响。这些信息旨在帮助我们更好地理解情感层面上的沟通是如何运作的，以及如何变革沟通，使之在人际和任务相关层面变得更为有效。要处理的核心问题如下：大脑如何发挥作用才能不仅在智力上，也在情感上获得更大程度的开放性？如果我们感到被理解和尊重，会在生理上发生什么？如果我们受到威胁会发生什么？以神经科学为基础理解个人中心视角会如何有助于改变工作场所和领导职能中的沟通？

在本章中，我们将简要探讨大脑的组成部分及其在沟通过程中的主要功能，以及脑深处"旧"的情感性部分（直觉脑、旧脑）与"新的、智能性的"前额叶（理性脑、新脑）的根本区别。我们将观察"旧"的更快速的直觉脑如何迅速地感知和判断我们的感知，以及相对而言，"新"的更慢速的理性脑如何花更多的时间，理解我们的感知。

然后，我们将转变思路，探索旧脑深处基本情绪的来源，这些情绪正如雅克·潘克塞普（Jaak Panksepp）和他的同事所研究的那样，包括恐惧、激怒、悲痛、追求、玩乐、欲望和关心，然后探讨它们如何为共情和有效领导所涉及的技能做出贡献。从卡尔·罗杰斯博士的早期工作到丹尼尔·戈尔曼博士对情商概念，以及这一概念在工作环境的领导力中所具有的重要作用的阐述，这条道路会带来对共情更深入的理解。而对情绪资源的深入理解有着更为深远的传统。在这条路上，心理分析和荣格的个体化概念（以及许多其他的个人成长方法）帮助整合了"旧"脑和"新"脑，并产生了正念和一种处理人与人关系和有效领导力的情绪智能方式。个人中心视角也是如此，只是焦点不同。它不是在强调对情绪的控制或管理，而是试图增加"旧"脑和"新"脑之间的流动。这种情况要发生，需要放松僵化的观念。那些能够体验到自己为"整个有机体"的人可以以较少的偏见或者扭曲来体验到正在发生的事情。这往往会导致更好、更准确的决策（Rogers，1961），并使情感上更灵活的人能够适应不断变化的环境（O'Hara & Leicester，2012；Rogers，1980）。一个相对较新的模式是积极心理学（Seligman，2011），源自亚伯拉罕·马斯洛的个人真实性模型（model of personal authenticity）（Maslow，1954），提倡通过关注积极情绪的表达及创建可以促进积极情绪的组织和结构来追求有意义的生活。

理解他人深层次情感的本质无疑是由卡尔·罗杰斯开创的，他如此巧妙地阐述了共情的必要组成部分：

- **即兴和经验开放性**——来访者可以"自由选择任何方向"（Rogers，1986：197）。
- 对他人的思维方式保持开放性，可以导致一种归属感和信任感——**共情性理解**是这条道路上的可靠指南（Rogers，1980）。
- **相互尊重**，会引发一些新事物——"一种成长、发展和充分实现其潜力的趋势"（Rogers，1986：197）。
- 遵循统一的主题——"时时刻刻保持敏感性，去感受他人身上不断变化的意义"（Rogers，1980：142）。

那么，既然个人中心视角对于改变各行各业的沟通如此重要，如何才能更好地从神经科学研究角度来理解它呢？

一个简单的脑解剖模型

当情况复杂到难以理解时，使用模型就便于突出某些观点。在这个意义上，资源框15.1总结了我们脑的解剖学本质，为后续讨论提供了脑拓扑学基础。

资源框15.1 一个简单的脑解剖模型

为便于理解脑解剖模型，想象一下把你的手放进拳击手套里：

手腕 = **小脑**（它的主要功能为控制反射性行为，如抓住扔给你的球、走路的步态等）+ **脑干**（心跳、呼吸）；

手和手指 = 情绪**边缘系统**（emotional limbic system）；

手套 = **大脑皮质**（知觉、思考、运动行为）；

手套前部 = **新皮质**（推理、计划、意识）；

手套顶部内衬 = **内侧前额叶皮质**（MPFC），包括前扣带回皮质和眶额皮质（两者在决策中都很重要）、岛叶和皮质下纹状体（自我相关信息）；

手套两侧 = **杏仁核**，它被认为是遇到威胁时的哨兵，使机体出现战斗或逃跑反应。

你可能听说过"杏仁核劫持"（amygdala hijack）这个术语（Goleman, 1999: 87），当感知到的威胁作为信息直接从边缘系统传递到中枢神经系统，绕过产生意识的额叶皮质时，思维皮质（新皮质、理性脑）的信息通路就被"劫持"了，进而导致逃避行为。在这种情况下，一个人可能会直接对另一个人采取行动，甚至没有机会去思考它。知觉信息从感官到丘脑再到额叶皮质这一正常路径被"劫持"了，从而让知觉信息直接到达运动中心，个体在没有任何预想的情况下就会采取行动。

有时候感知到的威胁可能是相当微妙的。想象一下工作中的平凡一天。你在做你的工作，但是不知怎么的，你总是觉得你的工作是不被欣赏的，或者你觉得自己是被忽视的，或者有人拿你所做的工作去得到好评。这样的事件就会导致轻微或并不轻微的杏仁核劫持体验。你可能不会马上发火，但是你会只想丢下你的工作，或者因为某人的粗鲁行为而责备他，或者产生辞职的想法。

下面列出了一些可以让我们进入战斗或逃跑状态的因素：

- 傲慢自大或者缺乏尊重；
- 一种被不公平对待的感觉；
- 缺乏欣赏；
- 无人倾听；
- 不切实际的最后期限；
- 在你真正需要用电脑的时候，电脑出现问题。

对于这种感知到的"威胁"，机体有两种反应方式：任由杏仁核劫持发生并做出不适当的情绪反应；或允许思维脑区处理正在发生的事情，并将其置于一个更客观、更少个人化的环境中。使用思维脑区，会再次在两种可能性中做出选择。第一是利用你的直觉和内部觉察力，对情景产生一种情感意识。第二是用你的智慧来思考和分析这个过程。有人说，第一种选择（情绪觉察）发生在边缘系统和右脑，而第二种选择（逻辑思维）发生在左脑，特别是前额叶皮质。

根据丹尼尔·卡尼曼的著作《思考，快与慢》（*Thinking, Fast and Slow*, Daniel Kahneman, 2011），这两种选择被称为：

- 系统1（直观思维）——快速：自动化和情绪化[就像格拉德维尔（Gladwell, 2007）的"决断两秒间"（Blink）概念]——通过右脑与边缘系统相互作用而产生。
- 系统2（理性思维）——逻辑：慢速、思维、有意识的决策功能——通过左脑与前额叶皮质相互作用而产生。

根据卡尼曼的说法，"系统1自动而快速地运行，几乎不用任何努力，也不受任何主动控制。系统2则需要将注意力分配给需要它的费力的脑力活动，包括复杂的计算。系统2的操作通常与能动、选择和专注的主观经验相关……系统1的自动操作能够产生令人惊讶的复杂观念模式，但是只有较慢的系统2能按照一系列有序的步骤构建思想"（Kahneman,

2011: 20—21)。

随着我们在神经科学中对脑工作更多细节的了解，我们就会从大脑皮质的外层深入，到达较深的一层，在那里我们会发现岛叶皮质，即机体价值加工过程（系统 1 ）的神经"家园"，综合考虑所有输入之后做出最终决定，既包括感知觉，也包括直觉与理性分析（系统 2 ）的结合。岛叶皮质通过①来自眼睛、耳朵等的感知数据，②来自边缘系统的情绪觉察，以及③来自大脑额叶皮质的智能性问题解决信息，做出最佳决策。所有这些信息可以产生一种"正确"决策的感觉——尤其是在一种正念感受的辅助下，通过结合系统 1 和系统 2 的优点来帮助解释数据。

然后神经通路中心信息从岛叶皮质传播到杏仁核和运动区以及额叶皮质来执行最终决定。因此，所发生的情况就是卡尼曼所说的系统 1 和系统 2 在岛叶皮质整合，同时考虑到来自这两个系统的所有可用数据，以做出"正确"的决定。

正如卡尼曼所说，"系统 1 不断地为系统 2 生成建议：印象、直觉、意图和感觉。如果被系统 2 认可，印象和直觉就会转化为信念，而冲动就会转化为自愿的行动"（Kahneman，2011: 24 ）。

在做决定的时候，加工过的信息会从岛叶皮质传递到额叶皮质，我们就能充分利用感知到的情绪线索（系统 1 ）的好处，额叶皮质会利用正念的优势将情感感受整合在一起。思维脑区会接管现在，记住过去的错误和经验的教训（系统 2 ）。正念，或者说意识的觉察（mindful awareness ），可以被看作连接情绪边缘系统和思维新皮质的桥梁，从而做出"正确"的决定。

罗杰斯早期用来描述意识的觉察的一个短语是"在觉察中更充分地体验"，意思是"在意识层面以某种精确的形式"表征感官或内脏冲动（Rogers，1959: 197 ），在自我结构（"新脑"）和经验（"旧脑"）之间带来更一致的匹配。请注意，本书第一部分的一致性是遵循人员取向议程的先决条件之一，变革性沟通的若干个案研究表述了其在领导力中的关键作用。

变革性共情的神经科学

为了解一个人的感受，有必要识别他们的情绪。众所周知，情绪是极其复杂和多样的。但是，科学则将这种复杂性简化为相对较少的基本情绪。例如，埃克曼（Ekman，2009 ）因多年来在情绪分类方面的工作而闻名，他分出 6 种基本情绪：快乐（happiness ）、悲伤（sadness ）、愤怒（anger ）、恐惧（fear ）、厌恶（digust ）和惊讶（surprise ）。

对于大多数人来说，可以不必考虑厌恶和惊讶，甚至是快乐，因为这些情绪几乎不会造成问题，那么我们只剩下三种基本情绪需要处理：悲伤、愤怒和恐惧，它们都是在边缘系统中形成，并随后在额叶皮质中被认识并甄别出来。

另一位在情绪的实验室研究方面享有盛誉的科学家，雅克·潘克塞普在他的《心灵考古学》(*The archaeology of Mind*, Panksepp & Biven, 2012)一书中, 总结了7种他所谓的半独立情绪控制回路, 或称为神经"包", 它们独立于思维脑区而运作, 其中4种是积极的——追求(seeking)、关心(care)、玩乐(play)和欲望(lust), 3种是消极的——激怒(rage)、恐惧(fear)和悲痛(grief)(与埃克曼的愤怒、恐惧和悲伤非常相似)。

那么, 我们如何才能利用这些科学信息来更好地了解我们的同事呢? 另一位情绪专家安东尼奥·达马西奥(Damasio, 1999; 2012)认为, 当我们在经历生活中变幻莫测的挑战时, 必须首先能够感知自己的情绪。换句话说, 我们怎样才能通过更好地与我们的感受联结, 从而更好地与我们的同事联结, 来成为一个更好的领导者? 如果我们能以这种方式与同事联结, 我们又怎样才能进入内隐层面, 进行更深入的沟通, 建立融洽关系, 从而带来更多的信任、忠诚和奉献? 我们可以通过做到以下几点来达成:

① 识别对方的情绪, 并根据一些过去的记忆来唤起自己的类似反应。

② 允许这种诱发的情绪[戈尔曼(Goleman, 1999: 136)所言的"获得性特质表征"(acquired dispositional representation)]在我们的情绪和智力意识中加深。

③ 允许额叶皮质和边缘系统协同工作以产生身体感觉, 影响我们的面部和身体语言。我们自己和他人的脑状态处于一种分享状态, 戈尔曼(Goleman, 1999: 87)称之为"边缘探戈"(limbic tango)。

这就是我们的合作伙伴感到被理解、被欣赏和被重视的最好前提条件。这最有可能将某人变成一个更有成就感, 从而更愿意将其精力投入当前挑战中的人。接下来, 让我们通过两个例子来说明这是如何工作的。

案例 情绪过程带来更深入的理解

我们的耐心比我们的力量更能做出成就。

——埃德蒙德·伯克(Edmund Burke, 18世纪英国作家和政治家)

在撰写本文时, 我(戴维)正在对一家机构进行咨询, 该机构的首席执行官(CEO)唐和一名主管劳拉对该主管在履行职责时所坚持的独立性程度存在分歧。当我分别与每个人交谈时, 我听到的是他们都不知道对方的真实想法, 更不用说感受了。有趣的是, 每个人都用"病态"这个词来描述对方和我见面时的行为, 他们都不知道对方这种可怕的判断。主管劳拉退出了, 但是组织里的其他领导都认为她真的被解雇了。他们意识到, 主管选择站出来反对CEO, 却又孤立无援, 让她被迫"退出", 尽管唐在晨会上坚持认为, 劳拉确实是自愿辞职的。事实上, 组织里所有的领导都尊敬劳拉, 并且认为她工作出色。这显然是两个意志坚强的人之间的性格冲突。他们都不愿意在任何情感上理解对方, 只是全力以赴地行动, 全副武装地与对方进行沟通。

我已经见过了劳拉, 理解了她的观点。在她看来, 这位CEO是在干涉她的工作范围, 其政策与她的想法背道而驰。尽管他把必要的责任委托给她, 现在却在侵占她的领地, 迫使她要么屈服于他的方式, 要么就"退出"。她不肯让步, 所以被迫"退出"。

现在轮到我来解决这场冲突了，这位高级主管有着出色的管理技能，深受大家喜爱，如果这场冲突导致她离去，会使整个组织陷入严重的危险。我与CEO唐交谈了两个小时。我避免从他和这位主管间的冲突开始，因为我知道这样的话，我只能看到他的防御姿态。因此，我一开始就把我们的谈话限制在价值观差异上，主要集中在个人中心视角价值观与他那任务取向优势的理想之间。他是任务取向最强有力的支持者之一，他认为关注关系不仅是在浪费时间，而且会损害公司的利益。所以我们辩论了一个多小时。我尽我最大的努力去了解他的背景、他从哪里获得了这些价值观，以及为什么这些价值观对他如此重要。

我首先试图确定他的情绪版图。这里有愤怒——或者潘克塞普结构中的**激怒**，还有些担心会做出错误的决定，或者说是**恐惧**，还有由于这种冲突失去一个重要伙伴带来的一点悲伤——**悲痛**。因此，当我与唐交谈时，我反思了我自己的经历：当有人攻击我的价值观和我捍卫的东西时，我所感到的愤怒；对于一个错误决定的担心，尤其是在与另一个人发生冲突的情况下；以及当人们强烈反对时，不可避免产生的悲伤。当他解释自己的处境时，我让这些情绪在我内心深处不同的地方加深，当它们流过我的身体、面部和声音时，我会表达出来，但只把它们放在CEO的叙述背景中。"所以你现在的感觉，"我会说，"就是你……"，然后用我自己的情绪"特质性表征"来结束每一个陈述——我把我自己的记忆放在他的框架内。我的情绪表达与唐的情绪表达"一拍即合"，这就进入了戈尔曼所说的"边缘探戈"状态，我们的情绪脑彼此同步。唐开诚布公地讲述了自己的历史，以及这种任务取向价值观的发展。

随着时间的推移，我开始理解这位CEO及其立场的基础。他在竞争激烈的环境中建立了一个卓越的组织，取得了辉煌的成绩。我现在完全理解他的观点。他改变了我吗？是的，我完全理解了他的观点，但没有失去我自己的观点，也就是他们两个可以而且应该继续一起工作，尽管他们存在分歧。

通过充分投入在他的观点中，我赢得了他的信任。通过赢得他的信任，我赢得了他的倾听。现在，他听的时候没有那么抵触了。

最后，我提出了他们两人之间的矛盾。我不站在任何一方，而是站在组织本身这一边。我没有在CEO面前为主管辩护，而是把自己放在一个帮助唐做出对公司最好决定的位置上。我明确表示，我不是在为主管辩护，偏好她的人员取向方式，而不是他的任务取向方式，但是请他着眼于大局，把个人分歧放在一边。他不是那种听取别人意见的人。然而，慢慢地，他开始倾听另一种观点——我的观点——尽管他这样做的速度很慢，但他的开放性在增加。我能从我的直觉中感觉到这一点，尽管目前他还没有做出决定。

有几次，当他回想我们的讨论时，他似乎一反常态地寻求帮助。"我该怎么办？"我听到他问。对于他来说，优柔寡断是很不寻常的。无论是什么问题，他总是有一个明确而果断的答案。但是现在他正在以一种不同寻常的方式进行反思。我一直用我的个人中心视角来处理这个问题，理解他的观点，让他看到劳拉对他的组织有帮助，而不是他价值观的"敌人"。但是他仍然没有决定，所以我邀请他第二天参加另一个讨论，因为在我们繁忙的日程安排中，我们恰好都有时间讨论这个问题，而且这场危机必须以某种方式得到解决。

第二天，又是同样的问题：什么对组织最有利？我能够把我们的共同观点放在组织上，而不是放在个人差异上，这是冲突的根源。经过一个小时的讨论，唐反思得越来越多，但是仍然没有作出任何决定。这就是我们第二天讨论的结果。我已经尽了最大努力，仅此而已。

第二天下午，当我到达那个组织时，我惊讶地听说唐带劳拉去吃午饭，开了一个小会，她提出了自己的要求，然后用某种只有他们两个人知道的谈判过程解决了问题，达成了一项协议，允许劳拉按照自己的方式管理事务，于是她复职了。然后，唐私下会见了其他同事，并让他们进行了一次与他们过去所经历的截然不同的讨论。这似乎是唐第一次既真正地倾听，又果断地谈话。同事们简直难以置信。我感到非常成功。

我做了什么吗？我听的比说的多。我把自己类似经历的记忆重新塑造成唐的视角。他在一个深刻又个人的意义上觉得被人听进去了。他开始让自己典型的防御姿态放松下来，让自己有更多的可能性去反思自己，而这些以前根本不存在于他的头脑中。他把大局看得更清楚了。我的仔细倾听——使用达马西奥的模型——让他觉得自己更被理解、欣赏和重视，并非作为 CEO，而是更深刻地作为一个人。然后他做出了"正确"的决定。

在下一个简短的例子中，我们来探讨一下如果"舞者"之间的联系仅仅是虚拟的，通过书面语言来传达，那么"边缘探戈"是否也能发挥作用呢？常识告诉我们，这绝对没法带来跳探戈的全部乐趣。但是，既然记忆都可以相当生动，那么也不能肯定地说这个猜测是对的。事实上，最近我（雷内特）收到一封来自戴维的电子邮件，让我觉得完全被理解了，相互间的匹配简直不能更好了，我所感到的紧张情绪得到了明显的缓解。

案例　电子邮件沟通中的共情理解

在圣诞节前的一个周末，我（雷内特）想集中精力写这本书其中的一章。然而，来自同事和家人的干扰如此之多，以至于我只把我想写的写了一个片段，然后寄回给戴维。

在我给戴维的邮件中，我提到"想要抛开其他活动，找到一点安静时间来思考和工作"简直太难了。戴维的回应如下：

亲爱的雷内特：

……这是一年中最忙碌的时候。到了年底，一切都堆积如山。祝你好运，能够把你要做的事情都做完。

戴维

（摘自电子邮件，2015 年 12 月 6 日）

但是，如果我们要更有效地理解和欣赏我们的同事，更多了解这些情绪的本质可能会有帮助。什么是最基本的、最原始的情绪？它们来自脑的什么部位？

初级情绪——利用意识与控制以提高领导效能

自从弗洛伊德开创了在有意识和无意识层面上分析我们的心理之路，心理治疗就在帮助人们处理不受约束的情绪和有意识的自我之间的冲突。例如，根据罗杰斯的观点，机体性的情感化自我和意识性的自我觉察的自我之间重叠越多，个人就越成熟，心理也越健康，并且越接近"功能完整的人"或理想的管理者（Rogers，1978）。罗杰斯将整合、一致的自我，即在有意识的自我和机体体验之间有巨大重叠，看作心理治疗、个人成长和领导力的最终目标。

但是，我们怎样才能以一种更加不同的方式看待内部的情绪世界呢？情绪从何而来？它们如何影响我们？这对担任领导职务的人意味着什么？

根据神经科学家的研究（Panksepp & Biven，2012：Ⅺ），所有的情绪只来自"七个基本情感系统：追求（期望）、恐惧（焦虑）、激怒（愤怒）、欲望（性兴奋）、关心（养育）、惊慌 / 悲痛（悲伤）和玩乐（社交乐趣）"。他们声称情感体验有三个基本水平：

- 初级过程：这些情绪起源于边缘系统（旧脑）；
- 次级过程：情绪学习发生的地方（在边缘系统的某些组成部分，如海马）；
- 三级过程：在进行思考和决策的前额叶皮质（新皮质）。正是在这最后的三级过程中，基本情绪变得复杂，变成了种种人类情绪，如骄傲、自信、内疚和支配。

压力、恐惧和解脱

领导力面临的挑战之一是如何应对首要责任带来的压力。我们理解，在领导力的最高水平，经常需要在缺乏所有必要信息的情况下作出决策。当你拥有所有的信息时，找到正确的解决方案很容易。但这并不是现实生活的常态。因此，领导力经常伴随着一定程度的压力也就不足为奇了。在潘克塞普的情绪系统中，压力的初级情绪是恐惧（fear）系统，与最常见的压力激素皮质醇有关。在动物身上，当压力的来源被移除后，下丘脑会分泌一种激素来阻止皮质醇的分泌，从而使动物放松。然而当压力有增无减时，皮质醇就会不断分泌，可能会对大脑产生不利影响，主要是影响记忆和专注于挑战的抽象层面的能力，有时会导致抑郁。换句话说，我们清楚地思考可能的解决方案的能力受到了一定程度的损害。科学家们认为，如果人们能从眼前挑战中解脱出来，真正享受生活，开怀大笑，尽情玩耍，则有助于缓解这一消极过程。

自信和玩乐

现在，当我们在讨论大脑及其功能时，有些人可能会问："那么心理呢？"难道这不才是最重要的吗？领导者的性格有没有关系呢？这能够和神经科学匹配吗？根据科学家的说法，领导力的一个组成部分就是支配（dominance），即以自信和魅力进行领导的能力。他们说这和潘克塞普称之为玩乐（play）的初级情绪有关。玩乐有助于学习社会行为规则，什么时候合作，什么时候竞争，以及如何让对方获胜而自己不感到失败的痛苦（回想一下戴维是如何鼓励 CEO 让他的主管"赢"的，尽管他们有分歧）。事实上，动物似乎有一种与生俱来的意识，知道什么时候该对他人的失败感做出让步。否则，（当失败率达到大约 70% 之后）被击败的动物就不再玩了。

互惠与关心

所以，为了继续玩下去，赢家要学会退让，让对方赢得一点点，学会"互惠和偶尔让步的必要性"（Panksepp & Biven, 2012: XIX）。而且，在谈到有效的领导力时，赢得被管理者的信任和尊重显然是很重要的。根据科学家的说法，"这种隐含的社会契约是建立在关心系统的相互性之上的。他们必须给予彼此所需要的安全感和卓越感。管理者也知道团队凝聚力的重要性"。这是通过"培养一种玩乐精神，让一个大型工作组的成员有机会在更加亲密和轻松的环境中进行互动来实现的。这种玩乐式互动巩固了社会关系，而这种关系对于劳动力的团结非常重要"（Panksepp & Biven, 2012: XX）。细心的读者会立即意识到，在这个过程中成败的关键反映了罗杰斯的"无条件积极关注的互惠"原则（Rogers, 1959）。

信任和情感的相互作用

有效领导者和他们同事之间的主要动力是信任水平。令人着迷的是，这一关键动力是我们大脑初级过程中不同初级情绪的结果：**追求**（seeking）更了解我们的工作环境；当我们必须在没有足够信息保证成功的情况下做出决定时会感到**恐惧**（fear）；当事情没有按照我们希望和期望的发展时会感到**激怒**（rage）；**关心**（care）我们的同事和他们取得的整体成功；以及通过**玩乐**（play）知道我们互惠中的施与受在团队合作中非常必要。

领导者需要控制自己的情绪吗？

是的，他们需要。有效领导的关键技能之一是管理情绪而不被情绪支配。情感或情绪是复杂的，在当下很难定义，比我们当下能够分析的包含了更多的信息。掌握这一点的方法是敏锐地察觉到意图并清楚地知道其指向的结果是什么。

如上所述，情绪开始于大脑的初级过程，特别是7种初级情绪。根据威尔逊（Wilson, 2015）的说法，"我们所有的是旧石器时代的情绪"，这些情绪起源于大脑皮质下的深层部分。我们学会在次级过程中将某些情感与我们的感受联系起来，例如通过杏仁核的恐惧（fear）、大脑最深处伏隔核的追求（seeking）。三级过程发生在新皮质，在那里我们通过分析和计划了解自身行为。

案例　关注感情，同时推动高管之间的互动

任何人都可以变得愤怒，这很容易，但是对合适的人，在合适的时间，为了合适的目的，以合适的方式，用合适的程度来愤怒，并不是每个人都能做到的，这并不容易。

——亚里士多德

　　一天早晨，在为一家大型联邦政府机构进行咨询期间，我（戴维）醒来时胸口有种不安的感觉。这是种突然出现的感觉，没什么特别的背景。我揉了揉眼睛，整理了一下所有我能想到的东西。我在一家旅馆的房间里，但是在哪个城市？我在那里干什么？

　　不到一分钟，我就意识到自己身在华盛顿，正在对一家联邦政府机构进行咨询。那么，我该如何解释我醒来时的不安呢？我刚刚发表了一次非常成功的演讲。所有的反馈都很好。那么，问题出在哪里呢？

　　我反复想了一下过去的一天，我还记得当天我被要求主持一次会议，这次会议需要面对许多领导人之间存在并希望得到解决的冲突。作为变革性沟通和领导力方面的驻地专家，我被点名来为所有这些冲突提供解决方案。难怪我的心跳得比平时快。难怪我感到胸口一阵不安。虽然有些人可能认为我是专家，但我也是人。

　　显然，我对于面对这些强烈个性间的冲突感到焦虑。我正在经历恐惧，而这种"旧石器时代的情绪"（Wilson, 2015）有一种"初级过程本质"，根据潘克塞普和比文（Panksepp & Biven, 2012: XI）的说法，它来自"我们大脑中进化上非常古老的区域的特定功能网络"。难怪我那么敏锐地感觉到它，甚至在我的脑能够有意识地理解我在哪里之前。根据科学家们的说法，一旦我能够在前额叶皮质的"三级过程"（人类经验中非常明显的情绪思维和审慎加工）中收集我的想法，我就可以开始分析情况，并做出一个能帮助我踏出最佳一步的计划。换句话说，我已经准备好利用恐惧这种原始情绪，用我的头脑（前额叶皮质）想出一个计划，以配得上我作为变革性沟通导师的声誉。那么，该怎么办呢？我开始想，我可以做什么来解决我和领导团队其他关键成员现在产生的恐惧感。我能做些什么来控制这个过程，并带来一种更有成效的感觉呢？那是什么感觉？当然，在所有积极的感觉中，至少有一个组成部分是关心（care）。但是，更重要的是，怎样才能让恐惧转化为更积极的东西呢？

　　回想潘克塞普对玩乐（play）的研究，他的被试有时会让对手获胜，即使他们是相对弱势一方，我选择了这种情绪。在工作中，对自己权力的感受对自尊很重要，但是感觉自己是团队的一员也至关重要。

　　这些领导人之间冲突的主要焦点是凯文。他是那种自以为是的"我行我素"的人，几乎没有什么谈判的余地。我不想在一群他的同事面前面对这个咄咄逼人的人，他们如果没有我的帮助根本无法控制他。所以我决定将关心和玩乐结合起来，从诚实地分享我真诚而真实的情感来开始。

　　"如果我想让你相信我对今天的会面一点都不担心，那我就是在对你撒谎，"我开始说，"那么，我们可以把剑放回剑鞘吗？也许可以花点精力去听听别人讲什么？"

　　我的声音是确定而自信的，因为我是在很舒服地分享我的真实感受，而不是假装成别的东西。接下来，我用一些自嘲的幽默开始沉浸在"玩乐"感觉中，然后表达了对这个机构以及在座每个人取得成功的担心，把他们带入了关心模式。这很快带来了对彼此担心的重新尊重，甚至凯文也无法抗拒这股关注机构成功的积极态度潮流。在听到其他人真诚表达了对围绕冲突产生的问题的担心后，凯文的态度发生了戏剧性的变化。他开始让自己成为团队的一员，而不是挑战者。

也许，在他的头脑（三级过程）中，他正从对某些他不同意的人的怒火（激怒）中转移出来，一旦他感受到他人真正的关注（关心），并在承认有差异的情况下也允许别人"获胜"（玩乐），他就更近地感受到团体的努力。现在，包括凯文在内的所有领导人都把组织的成功看作一种共同努力。随着讨论的进行，参与者可以更好地了解彼此，包括凯文。按照潘克塞普和比文的说法，关心"肯定是共情出现的重要因素"，玩乐则包含了一种行动，"通过热切友好的竞争来学习（在某种意义上，就是不断反复、充分平衡的施与受——以获胜和失败的方式）……在社会秩序中产生一种安全的归属感"（Panksepp & Kevin, 2012:438）。

所以，那天早上，我们都从凯文的激怒和其他一些人的恐惧中走出来，通过我对领导人之间互动的推动，从初级水平走向一种关爱和玩乐的感觉。随着计划开始浮现，这种新的积极感觉从无意识脑的深层部分传递到前额叶皮质，伴随着一系列新策略开始展现的友谊感。

这就是在领导人们的脑中出现的情况，审慎的分析和计划加上经验和个人敏感性，就能够克服可能会阻碍个体和谐共事的"旧石器时代情绪"。

情绪对决策的影响

以下是一个关于情绪如何影响领导者决策的清晰概述。在激素水平上，肾上腺素和血清素负责唤醒水平，使领导者警觉和觉察。初级系统产生的 7 种基本情绪被潘克塞普称为"情感回路"（affective circuits），起源于大脑最深层面。在次级水平，在杏仁核和其他基底神经节所在之处，这些初级情绪转化为更复杂的良好情感，如共情和信任，或复杂的"不良"情感，如责备、羞耻和内疚。在三级水平的新皮质，领导者最终可以识别这些情绪，并通过命名和包容它们来选择性控制消极情绪，也可以使用正念等技能。每一种初级情绪在领导者的本领中都有自己的位置。

（1）追求（seeking）　鼓励探索性的好奇心，这种好奇心可以帮助领导者接近和激励身边的人。这就是目标感有机会发展的地方。追求还鼓励寻找应对风险的最佳解决方案。一种强烈的追求情绪有助于克服谨慎和恐惧情绪。

（2）激怒（rage）　当被控制以至于无法充分地表达出来时，这可以作为一种动力，用极大热情去和竞争对手进行有效的竞争，或者与那些已经明确需要被指导的同事对峙。一个被长期探讨的问题是，优秀的领导者是否应该允许自己表达愤怒。我们的答案是，他们应该，只要他们是以克制和刻意的方式，并充分了解这种沟通的后果。在特殊情况下，以这种克制和刻意的方式表达愤怒，可以产生积极的结果，特别是如果它具有真实感，强烈地传达了领导者更深层面的价值观。这种生动的沟通之所以能留在记忆中，是因为它让一个或多个听众产生了情感。再次强调，当愤怒的表达失去控制或意图，它就被视为非常负面的情绪，领导者也就失去了控制，这从来不是一个理想的结果。

（3）恐惧（fear）　就其本质而言，恐惧并不是最舒服的情绪。它自然会导致压力，干扰正常的注意力和成功的决策。它潜在的好处则是触发更多追求动机，寻找产生恐惧环境的合适替代选项。

（4）欲望（lust）　欲望是一种需要被完全控制的情绪，以免出现轻率的行为，从而导致公开的羞辱。欲望是一个强大的动机，被诱惑的机会比比皆是，需要不断监管来控制它。

（5）关心（care）　关心是一个更有趣的动机，产生于初级情感回路。它是共情的一部分，带来信任和忠诚。它是有效团队合作的重要组成部分，它回应着对团队奉献精神根深蒂固的需求。根据威尔逊（Wilson，2015）的说法，"归属感有着根深蒂固的本能……一种原始的团队本能"，而关心是这种想要成为一个工作团队一部分的深层需求核心。威尔逊补充说，我们的系统对"部落主义"（tribalism）意识的深切需求，有助于我们理解为什么我们有时会把别人的需求放在自己的需求之前，他称之为"本能性自我牺牲"。在工作环境中，这会让指导成为一项令人愉快的任务，而不仅仅是待办事项清单上的另一项活动。它还帮助我们理解我们对有效领导人的深切奉献，以及当他们突然去世，比如肯尼迪总统遇刺时，我们会变得多么悲痛。

现在我们已经熟悉了这些基本情绪，让我们在一个情绪紧张的场景中来追溯它们，比如解雇一个已经成为朋友的员工，或者被朋友解雇，就像下面戴维的例子。

案例　破坏基于工作的人际关系的基本情绪

几年前，我（戴维）应认识多年的朋友吉姆邀请，对一家国际产业集团进行咨询。我们并非最亲密的朋友，但是当我们在一起的时候，我们的分享非常轻松和舒服。在我开始在这个组织工作后，我们的友谊蓬勃发展，因为吉姆能够用心与我分享和我共事的人们彼此间的政治动态。这非常有帮助，我期待着我们的午餐，只要时间允许，我们不仅可以分享公司最新的政治新闻，还会一起分享私事。

这是一种美妙的安排，因为它既在职业意义上有帮助，也让彼此间的友谊日益增长。但是，所有的好事都会结束，在某一时刻，当这家公司的财务状况出现了低潮，上级决定终止我的服务。我的朋友吉姆得负责把这件事告诉我。

不难想象这种局面有多尴尬。吉姆对此很不高兴。然而他别无选择，只能把这个坏消息告诉我。

当他能够坐下来，和我分享这个坏消息时，我们两个都感到很不舒服。我们彼此都清楚共同的"关心"这种情绪。但是这件事情没有选择。我的反应是接受他跟我分享的东西，并且感激我们在这段时间里度过的美好时光。当然，也有一些"悲伤"，但并非"悲痛"。

吉姆真诚地表达了他对这个决定的不满，这让事情变得更容易处理，当然，我也同意。

他是真实而真诚的，没有让自己从这种不可避免的不适中拉开距离。这对我来说意义重大，我们决定继续我们的友谊，尽管我们的日程很忙，但我们至少每隔几个月就会一起午餐一次。我们都在某种程度上期待潘克塞普所说的"玩乐"和"追求"，因为我们会深入讨论如何处理生活的挑战，享受我们随着时间建立起来的开放性。

我对于失去与这个组织的联系感到难过，因为我像往常一样把自己的情感投入到那里的工作。我也感到悲伤，因为失去了和朋友之间的联系。但是，在最好的情况下，我的朋友和我现在可以继续期待我们的个人关系。这也为我与另一个组织进行新的联系开辟了一个时间窗口，所以我已经准备好去"追求"一个新合作伙伴的愉快模式，而这肯定很快就会到来。俗话说："当一扇门关上，另一扇门就会打开。"因此，失去一个客户的悲伤让位于期待获得一个不同的客户，并带来新的挑战和新的关系。这在很大程度上是因为我的朋友选择了真诚和真实地告诉我这个"坏"消息。

请思考：

在上面的例子中，戴维在他的反思中说出了他所经历的情绪。你是否曾经试图在反思一些具有挑战性的情感经历时为自己的情绪贴上标签？你觉得觉察到自己的情绪有帮助吗？

你认为意识到你的内心世界，可以帮助你更好地按照你的价值观行事吗？它是否向你展示了有助于你做决定的有价值的信息？

对领导力的自信——催产素因素

一个有效的领导者通常被认为是自信的。使人自信的一种激素就是我们通常所说的爱情激素——催产素。此外，它还与信任水平的提高有关（Meyer-Lindenberg，2008）。同样，它也会影响竞争中的胜利或失败感，增加胜利者的幸灾乐祸，增强失败者的嫉妒感（Shamay-Tsoory et al.，2009）。同样，它也会增强队友之间的合作，但讽刺的是，它会培养一种对非队友的防御态度（De Dreu et al.，2010）。

所以这不是一个简单的过程。研究表明，催产素可以使个体更加合作，更容易相处，也更有信心与他人竞争。这就解释了上一段中提到的这种双刃剑般的影响。在一项研究中（Riters & Panksepp，1997），这个悖论被解释为催产素可以让你感到平和，但同时也让你自信。另一个关于催产素的悖论是，尽管催产素可以增强合作行为，但它也鼓励离开团体的独立行为。为什么？因为，根据潘克塞普和比文（Panksepp & Biven，2012）的研究，自信水平的提高会导致人更多的独立活动，伴随的社会焦虑可能也较少（Guastella et al.，2009）。

催产素显然的确增加了自信。害怕公开演讲？那么催产素可以帮忙。"如果催产素增强信心，那么表现焦虑（performance anxiety）应该减少。"（Panksepp & Biven，2012：42）它甚至可以让我们变得更共情，这样我们就不会那么害怕更亲密的眼神接触，以便更好地沟通。"例如，催产素会增加我们探索他人眼睛的倾向，试图读懂他们的思想，因为你感觉更安全。事实上，它确实是这样的。""现在已经证明，大脑中的催产素能够调和经济决策中的信任行为，也许还能让人更敏感地读懂别人的想法。"（Panksepp & Biven，2012：466）

因此，一个领导者表现出自信的能力（Panksepp，2009），以及能够以反映个人中心视角或情商的方式进行沟通的能力，会因催产素而得到提高。反过来，催产素来自被别人滋养的感觉，所以这是一条帮助提高成功领导力的双行道。因此，除了一致性、完整性和自信心之外，作为一个普遍的社会原则，罗杰斯关于无条件积极关注他人的概念是成功领导力的一个极好基础。

信任是有效领导力的基本组成部分。"如果没有这种信任，以内源性阿片类物质为中介的社会支持感就不能占据主导地位……如果没有真正的共情……就总会有一种残存的怀疑感，一种被操纵的感觉，而不是为积极变化打开大门的深度接纳。"（Panksepp & Biven，2012：463）

总结

个人中心视角的一个关键要素是创造一种安全感，或"安全岛"（Panksepp & Biven，2012：473）。罗杰斯拥有这种不可估量的重要能力，能让人感到足够安全，可以表达自我怀疑和个人弱点（一个个人例子，参见Ryback，1998：29-30）。这样做的结果是，他们更容易接受去学习如何将这些自我怀疑的感觉整合到他们的个性中，这会使他们变得更加透明，因此更加真实，更有希望成为变革的领导者。

自从达尔文（Darwin，1872）对动物和人类情绪开展开创性研究以来，我们对情绪的理解已经取得了很大进展。在本章中，我们试图了解变革性沟通从何而来，以及它是如何在大脑中表达的。我们探讨了产生基本情绪和变革性共情作用的心理学理论和脑结构。

总之，我们已经看到，有效领导者的大脑朝着两个方向工作：来自深层的健康情绪路径及存储在海马和额叶皮质中源于多年经验学习的坚实经验。"高级大脑功能可能会'倾听'低级大脑功能，并为经验增加额外的认知——解析情感色彩，"从而导致"拥有其情感体验的基本感受"（Panksepp & Biven，2012：400）。这与情商的自我管理方面以及罗杰斯（Rogers，1980）的真实性和个人完整性概念产生了强烈的共鸣。成功的企业管理者可以完全拥有最好的低级脑功能和高级脑功能——这不仅仅是认知和情绪功能的对立，而是两者之间动态的相互作用，至少对于最有效率的领导者来说是这样，或者换句话说，是"自我和意识的一致性"（Panksepp & Biven，2012：410）。

同样，高效的领导者也有责任在整个组织中建立起信任基础，从最高层开始，向下渗透到各个层面。这始于最高层真实、真诚和对他人的开放感。人们需要感觉到自己作为团队的一部分被接纳，最重要的是被理解和欣赏。这个观点是由卡尔·罗杰斯通过他的无条件积极关注的概念提出的"。（Panksepp & Biven, 2012: 463）

说到底，看起来大脑就像一个复杂的器官，将它的所有组成部分融入决策和面向行动的结果中，以期在任何特定的环境中都是正确和适当的。虽然有意识的决策有一些汇聚点，但是大脑中没有一个单独的中心或结构可以做到（Sukhotins ky et al., 2007）。然而，神经科学家能够绘制出大脑中某些区域的地图，发现它们在这些活动中比其他区域更重要（Mobbs et al., 2009）。"活着的大脑，连同它们的思想——也就是网络水平上大脑神经生物学功能的无形表现——反映了海量的相互作用的神经回路间……的精妙平衡，它们在活体内为活体工作，并通过创造理想环境和避免有害环境来应对世界的挑战。"（Panksepp & Biven, 2012: 500）

了解大脑如何回应领导力的挑战，以及如何产生理想的结果，正是领导力神经科学的意义所在。

参考文献

Damasio, A. R. (1999). *The feeling of what happens*. NY: Harcourt Brace.

Damasio, A. R. (2012). *Self comes to mind*. NY: Vintage.

Darwin, C. (1872). *The expression of the emotions in man and animals*. London, UK: John Murray.

De Dreu, C. K., Greer, L. L., Handgraaf, M. J., Shalvi, S., Van Kleef, G. A., Baas, M., et al. (2010). The neuropeptide oxytocin regulates parochial altruism in intergroup conflict among humans. *Science, 328*, 1408–1411.

Ekman, P. (2009). *Telling lies*. NY: W.W. Norton.

Gladwell, M. (2007). *Blink*. NY: Black Bay Books.

Goleman, D. (1999). *Working with emotional intelligence*. NY: Bantam Books.

Guastella, A. J., Howard, A. L., Dadds, M. R., Mitchell, P., & Carson, D. S. (2009). A randomized controlled trial of intranasal oxytocin as an adjunct to exposure therapy for social anxiety disorder. *Psychoneuroendocrinology, 34*, 917–923.

Kahneman, D. (2011). *Thinking, fast and slow*. New York: Farrar, Strauss & Giroux.

Meyer-Lindenberg, A. (2008). Impact of prosocial neuropeptides on human brain function. *Progress in Brain Research, 170*, 463–470.

Maslow, A. (1954). *Motivation and personality*. New York, NY: Harper.

Mobbs, D., Marchant, J. L., Hassabis, D., Seymour, B., Tan, G., Gray, M., et al. (2009). From threat to fear: The neural organization of defense fear systems in humans. *Journal of Neuroscience, 29*, 12236–12243.

O'Hara, M., & Leicester, G. (2012). *Dancing at the edge competence, culture and organization in the 21st century*. Devon, UK: Triarchy Press.

Panksepp, J. (2009). Primary process affects and brain oxytocin. *Biological Psychiatry, 65*, 725–727.

Panksepp, J., & Biven, L. (2012). *The archaeology of mind*. NY: W.W. Norton.

Riters, L. V., & Panksepp, J. (1997). Effects of vasotocin on aggressive behavior in male Japanese quail. *Annals of the New York Academy of Sciences, 807*, 478–480.

Rogers, C. R. (1959). A theory of therapy, personality, and interpersonal relationships, as developed in the client-centered framework. In S. Koch (Ed.), *Psychology: A study of a science* (Vol. 3). New York, Toronto, London: McGraw-Hill Inc.

Rogers, C. R. (1961). *On becoming a person—A psychotherapists view of psychotherapy*. London, UK: Constable.

Rogers, C. R. (1978). *On personal power.* London, UK: Constable.

Rogers, C. R. (1980). *A way of being*. Boston: Houghton Mifflin Co.

Rogers, C. R. (1986). A client-centered/person-centered approach to therapy. In I. Kutash & A. Wolfe (Eds.), *Psychotherapists' casebook* (pp. 197–208). San Francisco: Jossey-Bass.

Ryback, D. (1998). *Putting emotional intelligence to work*. Boston: Butterworth-Heinemann.

Seligman, M. E. P. (2011). *Flourish: A visionary new understanding of happiness and well-being*. New York: Free Press.

Shamay-Tsoory, S. G., Fischer, M., Dvash, J., Harari, H., Perach-Bloom, N., & Levkovitz, Y. (2009). Intranasal administration of oxytocin increases envy and schadenfreude (gloating). *Biological Psychiatry, 66*, 864–870.

Sukhotinsky, I., Zalkind, V., Lu, J., Hopkins, D. A., Saper, C. B., & Devor, M. (2007). Neural pathways associated with loss of consciousness caused by intracerebral microinjection of GABAA-active anesthetics. *European Journal of Neuroscience, 25*, 1417–1436.

Wilson, E. O. (2015). *Of Ants and Men*. Sept: PBS broadcast 30.

第十六章　神经科学揭示如何有效管理双议程

当我们能够把一个人从防御的状态中解放出来，使他能够面对自己广泛的需要和周围环境与社会的广泛要求时，他的反应就可以被认为是积极、上进、具有建设性的。

卡尔·罗杰斯（Carl Rogers, 1961: 194）

本章重点：

- 任务取向和人员取向领导风格的神经科学基础及有效适应这两种风格的含义。
- 两种大脑模式或神经网络，分别称为任务正激活网络和默认模式网络。
- 通过主要功能及彼此间的拮抗关系来描述两种脑网络。
- 对负有领导责任的人提供启示，以及提示如何提升使用两种网络的有效性。
- 作为让两种网络运行起来的实际手段，"双议程"法则可以在完成任务时整合人们的需要和实现需求。

本书的中心主题是"双议程"法则——将任务取向的问题解决过程与更注重关系的人员取向议程结合起来。这可以带来更丰富的沟通，并创造一种让人们感到被尊重且更能有效合作的氛围。本章的目的是揭示神经科学家在研究我们专注于完成特定的任务时和我们在社交或思维游离时的神经机制中的主要发现。这两种不同的模式可以如何结合起来，有效地实现两种"议程"呢？

有趣的是，神经科学家已经发现存在两种脑模式或网络，并描述了一种令人惊讶的脑功能形式，包括一个更专注的任务取向思维，以及一个静息态的"默认模式"，其被假设会导致一种更具人员取向、以人际关系为中心的参与形式。它们被称为任务正激活网络（task-positive network，TPN）和默认模式网络（default-mode network，DMN）。这两种网络似乎证实了我们的假设，即在工作中存在两个议程，二者会交替出现，当一个位居前台，另一个就会退居幕后，类似于 TPN 和 DMN 之间的动态关系。神经科学领域中一个令人兴奋的消息就是，这两个神经网络彼此对立，互相竞争取得激活。那么，我们能不能兼顾二者，以便处理好这两个议程？如果可以，又该如何处理呢？本章探索了这个不断竞争的"游戏场"，并揭示了让我们尽可能有效遵循这两个议程的希望之路。

休息的大脑在做什么——默认模式网络

思考实际问题和感受社会情感问题这两者相互竞争以激活神经通路。在意识清醒的休息状态下，只要（多数时候）不被外部刺激打扰，一个人往往会进行自我内省。

　　静息态或默认模式网络（Damoiseaux et al., 2006; Fox & Raichle, 2007），是指随着时间的推移，无论我们的生活之流带来什么样的经验，我们保持自我意识的一致性。不管你经历了什么样的情绪，更不用说你在不同时间的所思所想，你都依然是同一个人。这种自我恒常性（constancy of self）是源于面对所有这些变化时，我们会持续进行内在或外在的自我反思。或者，借用笛卡尔的"我思故我在"，我们可能会说，"我思并感受，故我在"。这种自我相关聚焦，毫无疑问是神经科学所描述的个性的一个组成部分，也可能是成功领导力的一个主要成分。它能让人在不同时间都能坚守自己的原则去做出决策。外界所看到的特质如真实性和完整性，基本上就是自我恒常性及其相关的稳定价值的一个分支。

　　除了做白日梦，懒散地思考过去或者未来，或者思考别人的观点（至少是共情的部分成分）（Buckner et al., 2008）以外，当大脑没有明显的目标导向工作要做时，默认模式网络就会活跃（Horn et al., 2013; Raichle, 2015）。这可以被称为意识流（stream of consciousness），或者是处理并理解最近的经验以巩固其过程。除非有阻碍性环境挡道，否则其结果就是个人和社会性的巩固。

　　前面提到过催产素可以增强自信（Riters & Panksepp, 1997）。看起来，催产素也会促进 DMN 的工作（Bethlehem et al., 2013），这意味着催产素会促进以关系为导向的领导力。由于催产素可以通过培养人际关系自然产生，因此，似乎任何组织中都存在一种有机的动力，当所有人都以最佳的团队精神真诚地相互支持时，就会使 DMN 的关系取向螺旋上升。

　　事实上，卡尔·罗杰斯早在 1951 年就提出可通过培养关系产生这种螺旋上升了：

　　彻底接受自己的人（人们或团体），必然会改善与和他有接触的人之间的关系，因为他对他们有更深的了解和接纳……因此，我们实际上产生了一种心理上的"连锁反应"，这似乎在处理社会关系问题方面具有巨大的潜力。（Carl Rogers, 1951: 522）

　　那么，默认模式网络（DMN）在成功的领导角色中起到什么作用呢？实际上，早在 20 世纪 50 年代，人们就对领导力所需的社会和情感技能产生了兴趣（Bales, 1958），甚至将领导力技能分为两个领域：任务取向型和关系取向型。直至最近的十年或者二十年中，我们才能够将其与脑功能联系起来，为长期的实践经验找到科学证据：不给 DMN 留出时间发挥其个人和社会功能，将使领导者或管理者蜕变为冷酷的独裁者，其后果就是在大多数情况下都会缺乏领导力。但是除了解释为什么领导人需要激活 DMN，而不是专注于任务之外，神经科学是否也提供了一些信息，能在完成任务的同时整合 DMN 驱动的人员取向议程呢？换句话说，它是否为有效地将这两项议程结合起来提供了可能性？在处理这个问题之前，让我们先看一下竞争关系中的第二个"玩家"（由于是在工作状态中，所以往往是第一个）——TPN。资源框 16.1 总结了它的关键概念。

> **资源框16.1　任务正激活网络与默认模式网络的解剖结构、功能差异及关系**
>
> **（1）任务正激活网络**
>
> 　　**解剖结构**：任务正激活网络（TPN）的神经通路包括前额叶皮质的背部、顶部和侧部。
>
> 　　**功能**：TPN 的功能就是完成任务（Andrews-Hanna, 2012），如问题解决和"机械"思维。TPN 的工作就是集中注意力并对问题解决施加控制。因此，它支持将重点放在针对定义良好的任务上，本质上是非社会性的，需要分析性和批判性的推理（Boyatzis et al., 2014）。
>
> **（2）默认模式网络**
>
> 　　**解剖结构**：默认模式网络（DMN）的神经通路涉及大脑皮质的不同区域，如顶叶内侧／后扣带回皮质、内侧前额叶皮质、外侧顶下小叶皮质和颞上皮质。需要注意的是，DMN 的节点比 TPN 更分散，其区域占据了皮层的拓扑学中心区域，具有高度的联结性，与其他脑区存在远程联结（Hagmann et al., 2008）。这代表着整合性功能。
>
> 　　**功能**：在 DMN 中，主要区分出两个基本回路（Boyatzis et al., 2014）。大脑中线结构的背侧部分结构和右颞顶联合区负责思考自己和他人的心理状态。大脑中线的腹侧部分则负责与自我相关的加工、自传性记忆、情绪的认知表征、情绪的自我调节和自动化加工等。
>
> 　　总之，DMN 的功能是情绪性的自我觉知、识别社会刺激、伦理决策、开放性以及创造新想法（Boyatzis et al., 2014）。它通常也涉及共情的一个成分——社会认知（Mars et al., 2012）。
>
> **（3）两种网络之间的关系**
>
> 　　TPN 和 DMN 在静息状态和执行任务期间具有生理拮抗性（时间性的反相关），激活一个网络会抑制另外一个网络。然而在同时具有分析性和社会性的任务中，这两个网络可以在一定程度上进行协作。
>
> 　　交互性的抑制似乎纯粹是生理性的。杰克等人（Jack et al., 2012）的解剖研究成果显示，DMN 和 TPN 之间不存在直接的抑制性联结。
>
> 　　有趣的是，一项元分析（Beissner et al., 2013）指出，TPN 与更活跃的交感神经系统密切相关，而 DMN 则与更安静的副交感神经系统相关。这表明，两个神经网络的活动都具有一种弥漫性、"全人性"的影响。

关注完成任务的任务正激活网络

　　两种领导力技能风格的差异已经成为许多研究的焦点，这些研究将任务取向的大脑加工定义为完成事务的任务正激活网络（TPN）（Andrews-Hanna, 2012），比如问题解决和"机械"思维（参见资源框 16.1）。TPN 明显减少了 DMN 这一更放松的脑状态的激活。换句话说，在一个特定的时间点，这两个系统中只有一个系统能够全力工作（Jack et al., 2013b）。而 DMN 的部分功能就是社会认知——共情的一个成分（Mars et al., 2012），按个人中心视角和情商的观点来看，这在有效的领导力中极为必要。

马修·利伯曼 2013 年出版的《社交天性》（Social）一书，就是基于这两种大脑网络对两种不同类型的领导力进行了比较。TPN 的作用非常明显；相较而言，DMN 在有效领导力中的作用不太明显；一些研究指出，DMN 具有识别他人认知和情绪状态（Schilbach et al., 2008）或共情的功能，以及阅读他人非言语信号的功能（Nasr et al., 2015）。杰克等人（Jack et al., 2012: 396）曾报告说，TPN 和 DMN 之间的反相关"反映了人类在态度和互动模式中，倾向于区分有意识的人和无生命的物体"。换句话说，TPN 更可能在人与人之间制造情感距离，降低共情的可能性和团队效能（Jack et al., 2013a）。

因此，我们在这里对两种工作文化有了更深入的理解：在一种文化下，对完成任务的专注支配着人们，他们被当作对自己的情绪或精神状态漠不关心的物体（大部分时间由 TPN 控制）；在另一种文化下，则会在社会意识和共情基础上构建个人联系（由 DMN 主导）。实际上，领导者更有可能根据他们的性格和当时的情况，在这两种领导风格中选择一个（Blake & Mouton, 1985; Ryback, 1998: 151–163）。

显然，随着人们对个人中心视角和情商的认识不断提高，大量文献论述了情绪觉察和职场支持的优越性。因此，人们希望工业时代的日子最好一去不复返，因为那时老板们只关注利润底线，毫不搭理生产线上的工人。自动化已经极大冲击了这一局面。现在我们的工作团队更多地强调人际管理、客户关系以及激励的重要性。商务世界未来以电子方式联系起来，并有可能在全球范围内实现即时通信，使得必须把人与人之间的觉察置于首位。在 21 世纪，单独使用 TPN 似乎已经过时了（O' Hara & Leicester, 2012; Senge, 2006）。

萝卜白菜各有所爱

在领导力理论的发展过程中，曾经出现过两种不同的领导风格：任务取向领导和关系取向领导。正如本书第一部分所探讨的，任务取向领导注重生产、营收成果和完成任务，较少顾及他人的情绪、社会接触和团队满意度等。关系取向领导更关心同事，也更关注他人的情绪和福利。世纪之交以来，更开放的个人化领导风格带来了更高的工作满意度和更低的人员流动率（Yukl, 2006, 2008）。

但是，如果一个领导者同时具备两种技能——有时是任务取向，有时是人员取向，又会如何呢？这似乎是一种很自然的想法。为什么要把自己局限于非此即彼呢？这正是于克尔（Yukl, 2008: 711–714）的考虑，但是他发现"努力改进一个绩效决定因素可能会对另一个绩效决定因素产生不利影响……当领导者专注于应对外部威胁（任务）时，就很少有时间考虑人员取向，如支持和发展成员的技能"。因此，在同一个人身上同时具备这两种风格可能并不容易。或者从另一个角度来看，也许不同的工作需要不同类型的领导者（Jack et al., 2012），就像不同类型的学生需要不同类型的教师（Ryback & Sanders, 1980）。工作性质和员工的价值基础（这会影响他们的期望）都可能成为倾向于一种或另一种领导类型的重要特征。

但是，一个领导者怎样才能变得足够敏捷，同时将这两种技能收入囊中呢？据说智力的一个标志就是能同时驾驭两种相反的想法，也许高效领导者的标志就是能够灵活地从 TPN 切换到 DMN，然后根据具体情况再切换回来。有趣的是，杰克等人（Jack et al., 2012）发现，大多数领导者都会倾向于这两种模式中的一种。

很早以前，卡尔·罗杰斯就曾经历并描述了智力和情感表达之间的分离甚至互斥，这看上去就是 TPN 和 DMN 之间拮抗关系的例证。让我们用他的话来分享这一现象及其动力（Rogers, 1980: 251）。

"在我指导的课程中，包括我自己在内的整个团体都认为，我们的感受和我们的想法一样，都是我们课程中重要的一部分。然而，如果一个成员开始探索一些高度情绪化的经验并开始获得理解，其他成员如果要提供情感反应以外的反应就会很犹豫。如果一个人在开始上课时针对他正在发展的一个新理论，兴奋地提出其中的想法，那么课程就会转而聚焦知识。只有在偶然的情况下，一个团体才能够在经验中成为完整的人。然而，当他们实现这一目标时，其结果会令人难以忘怀。"

罗杰斯从上述经验中总结道："我们大多数人都是由两个独立的部分组成，却不顾一切地试图将它们组合成一个整体，在那里，心灵与身体、情感与智力之间的区别都将被抹去。"

> **请思考：**
>
> 你是否偶尔或经常在你的工作环境中观察到罗杰斯所描述的情况？
>
> 在你的经验中，有没有遇到过在人们的感受背景下去认识任务相关问题的情况？你对这种情况有什么看法？
>
> 即使把焦点放在二者之间的拮抗性上，你认为在适当的时候，是否会有机会成功地把任务取向与人员取向问题结合在一起？如果不可以，那又是什么因素在妨碍你？你能想到哪些解决方法？

除了领导者的倾向之外，还需要考虑领导者与下属之间的互动关系。追随者期望的群体标准是什么？他们是否期望在没有征求他们意见的情况下完成任务，还是希望能被常态化地纳入决策过程中？总之，在领导者、追随者、手头工作以及相关期望之间存在着非常复杂的动态关系。那么我们对于神经器官的知识能够支持我们更有效地领导和跟随吗？请继续阅读，以形成你的观点。

根据领导方式切换前景与背景

也许最好的解决方案就是在情景需要不同的领导方式时，领导者能够灵活地适应情景。重要的不仅是可以做这两件事的能力，而且还需要一种感知能力，能够在特定的时刻扫描情景来判断哪一种方式是合适的（French & Jack，2014）。毫无疑问，这一首要技能是在实践中发展起来的，很可能是通过一个已经掌握这一技能的人进行的指导和教练。这种灵活性显然比僵化遵循某一种模式更好。

不过，我们必须记住，在采用某种类型的领导方式时，脑模式之间存在着差异。这不是一种组合，而是一系列"过渡"，以决定某一情况下哪种方式更适合。神经科学告诉我们，领导者要么倾向于 TPN 模式，要么倾向于 DMN 模式，而不是两者的组合，因为这两个网络是负相关的，因此也是拮抗的。接受这一点很重要，因为人们往往认为我们可以同时做好这两件事，而这种假设在大多数情况下都是错误的。例外情况将在稍后进行讨论。

这就引出了一个问题，领导者对这两种模式中任何一种的自然倾向性，是否会决定他成功使用"双模式"的可能性。我们只能猜测，即使两种类型的领导者面对相同的任务，智商更高的领导者自然更适合 TPN 模式，而情商更高的领导者自然会更适合 DMN 模式，尽管如果他们选择灵活性风格，应该可以兼顾两种模式，这就是格雷厄姆等人（Graham et al.，2010）发现的结果。当然，领导者对这种灵活性风格的经验越多，他们对这种方式的使用就更得心应手。同样，我们也可以预期那些更趋向于关系中心的领导者会更频繁地"选择"DMN 模式，就像任务中心的领导者更频繁地"选择"TPN 一样。考虑到二者的取向，这应该是一种自然的偏向。

关于在神经资源上的"努力"，"对立领域假说应当被视作在两种领导角色间的一种'权衡'形式，即偏好于任务相关的领导活动，以激活TPN并抑制DMN的角色，以及偏好于建立关系活动的角色，以激活DMN并抑制TPN的角色"（Boyatzis et al.，2014：9）。因此，减少一个网络的激活也有助于促进另一个拮抗性神经网络达到神经资源的最高激活水平。

例如，一个具有高情商或个人中心态度的人可以很容易地激活 DMN，不需要在该领域花费太多的精力，因此可以"节省"神经资源，从而投入到手头的任务中，在总体上协助关系维度和任务维度达到可能的最好程度。我们推测，在一个领域的优势、容易度或经验的确可以为另一个领域释放资源，从而有助于弥补原来的拮抗关系，让 DMN 和 TMN 即使在竞争激活权的情况下也可以实现一种神经资源的"共生"或"合作"。按照我们的解释，考虑"全人"（whole person）的个人中心视角会指向一种友好的竞争，使领导者个性的所有层面都能够在适当的时候发声。

一个实际的考量是反馈要与模式一致。换句话说，由于一项任务是在 TPN 模式下进行，其反馈应该通过 TPN 模式，对 DMN 来说也是一样。员工会更容易接受风格一致的反馈，无论采用哪种方式。当焦点是在任务上，对个人问题进行反馈会让人感到困惑，就像在讨论个人问题时进行任务取向反馈一样。

案例　令人困惑的反馈 vs. 合适的反馈

在雷内特的项目管理课程中，要求学生小组展示他们正实施项目的里程碑。他们可以选择从同伴和教师那里得到反馈。一开始，任何反馈都是受欢迎的，内容相关方面的反馈和报告风格混杂在一起，如眼神接触、身体语言和报告速度等。在随后的反思中，一名学生写道："总体来说，我很感谢反馈，但上次我发现反馈让人困惑。有太多的方面同时被提到，这把我搞晕了，所以我建议把反馈的重点放在演示内容上，而不是批评外观和感觉以及我们的报告方式。每个人都有自己的主观品味，因此不可能找到适合所有人的风格。对我来说，反馈只有在我能从中学到东西时才有意义，比如如何改进里程碑的内容。"

基于同样的观察，教师对反馈环节进行了调节，首先寻求与内容相关的反馈，然后才是关于团队报告风格的受欢迎的反馈。在随后的反思中，一名学生写道："反馈环节安排得很好。更准确地说，我指的是内容相关的问题反馈与学生报告方式之间具有明确的分界。这种方法让个人问题的心理'安排'容易多了。"

很明显，学生们主要关注的是里程碑任务（即内容），因此期望得到反馈。至少他们中一些人发现在模式之间切换很困难。他们显然更青睐后续的这种方式，将反馈分为"客观"方面和"主观"与人有关的方面。

学习掌握两种模式

那么，要在这种灵活性上取得成功，所必需的训练是什么呢？首先，那些在两种模式都很强的人需要熟悉它的"拮抗"模式，这本身就是一个挑战。在我们的学校和学术体系中，往往强调学会完成任务，所以众所周知，许多人从第一天起就接受了这样的训练。除非你是一个心理治疗师、顾问、教练或从事类似的职业，否则更大的挑战是加强社会情感模式。有一种培训方式已经流行了几十年，但是在工作场所中仍然有欠缺，那就是情商。

许多这样的项目都包括一个讲座甚至周末休憩项目，但它实际上需要更多的内容。这更多的是与持续的经验和专家们几个月来的反馈有关，因为如果没有持续的反馈和支持，那些分析能力强大的人是不可能轻易改变的。做一个这种带有反馈的测验，如流行的自我报告 EQ-I（情绪智力测试，即情商测试）（Bar-On, 2006）是有趣的，但并不能带来变革。它需要个体和组织都作出更大的承诺，才能对人们的价值体系作出必要的改变，因为这些价值体系与情感开放性有关。这种变化并不容易发生。为此要有真诚性，他们需要融入我们人格的最深层。

另一种"训练"是个人中心的会心小组，它是 20 世纪最有影响力的社会发明之一（Rogers，1970；Wood，2008）。正如在之前章节中所讨论的，这种强化的工作坊提供了一种强有力的手段，来扩展一个人在社交和情商方面的视野。一般来说，他们并不特别针对领导力技能开发，或掌握 TPN 和 DMN 之间的过渡。然而，在这样的群体中，需要这些技能的情况并不少见。在这种情况下，可以提前尝试这样的技能，但是这并不会系统地发生。

我们推测，当人们对没有做好一项任务非常关心，并在进行热烈的讨论，或者要安抚高度紧张的个人互动，从而把注意力拉回来，能够及时地完成手头的任务时，切换到个人模式的挑战就出现了。这需要一种新的智能（或双模式智能）以整合这两个领域的技能。虽然关注模式间转换的培训正在发展之中，但后续内容可能会提供一些灵感，帮助理解如何提高转换能力，促进采纳双议程法则。

案例　如何实现模式间的转换

以下做法的基础是坚信完成任务和人际问题是相互联系、不可分割的，就像一枚硬币的两面，即两种议程：考虑每一种可能增加价值的任何情况。

最近在一个招聘委员会上，我（雷内特）经历了一个让我感觉非常合适的过程。让我来分享一下。在招聘新员工时，招聘委员会的负责人会考虑候选人的资历，以及他是否适合这个团队。他引导着谈话，让我们首先根据候选人的简历和资历来考虑他们是否够格。下一步，他问我们："好吧，这些都是纸上的条件。现在，对于每个候选人，想象这个人会成为你的同事，那会是什么感觉？你认为我们能和他很好地合作吗？"

这根本不是一个容易回答的问题，但被问到这个问题时，我感觉这个问题非常必要，因为如果不这样的话，人们之间的关系问题就很可能留在幕后，却会在任何情况下都用一种隐藏的方式表达出来，使得决策过程变得模糊和棘手。在个人层面上，我感到能接受这个问题，因为它从主观意见上反映了我对合作的兴趣，而不仅仅是纸上谈兵。此时是我的"全人"在做贡献，而不仅仅是我的智力，而且这是一个方面接着另一个方面，增强了整体性的感受，尽管这个决定非常复杂。

反思一下这一情景，可以证明以下几点是有帮助的：

- 根据组织文化，我们选择了一个议程作为首要议程，即任务取向议程。
- 想要表达自己观点的人都有机会说话。只有这样，才能切换到人员取向议程。
- 通过一个直接的问题，明确地指出和介绍了这种切换。至少在一段时间内，这可能有助于暂停第一项议程，并为另一项议程腾出空间。

一段时间以来，我们有意识地在观察工作场所中每个议程或模式发出的"声音"，以及其成功或失败的条件。我们热情地推荐这一做法，以增强个人在两个议程间转换的个体本能。

组合解决方案所需的敏捷性

最重要的是，这项研究清楚地揭示了两种截然不同的领导类型，每一种都拥有与另一种相拮抗的脑模式。因此，领导力的核心是双模式的，要么基于社交情感，要么是专注于手头任务的拮抗状态。然而，获得高度发展的领导者，无论是通过经验还是培训，都可以根据需要无缝地从一个角色转换到另一个角色，从而给人一种有两个人在协同行动的印象，实际上他们也是如此，至少在结果有效性上是如此，只是其脑运作过程在精确的时刻是离散的。事实上，杰克等人（Jack et al., 2013a）认为，对于需要两个网络进行协作的任务，如回答关于社会观察的具体问题，它们可以串联工作，"共同创建"一个"组合"解决方案，从而在模式间形成更多的流动。

我们认为，最好的领导者有能力在两个网络之间进行切换，这样的技能是可以学会的。这需要你熟练掌握这两种模式，获得分辨每种模式合适与否的能力，以及必要时在两者间平稳切换的能力。例如，新手驾驶员需要专注于驾驶技术，不能被谈话分散注意力。然而，在开了很多年车之后，我们中的大多数人可以很容易地在开车时进行谈话。因此，有足够的经验并接受一些良好规划的培训，获得发展的领导者将能够在两种模式之间进行动态切换，成为他处理手头挑战的个人方法中所必需的技能。

例如，如果你现在想知道这是否可能，可以参照自己的经验，很可能你会在某一时刻，思考"结合"这两种模式的逻辑，而在下一个离散的时刻，又在你自己的情绪觉察中用直觉感觉到这就是对的。所以在第一个时刻你在使用 TPN，而在第二个时刻你在使用 DMN。每种模式都需要花一些时间。但是它们之间的转换则可能很快，也就是所谓的无缝连接。

总结

所以，我们有关系取向和任务取向两种领导风格。文献清楚地表明，在现代工作场所，人员取向的领导力，或者说情商，是商业成功的关键。当然，任务也必须完成，但在我们当前所处的商业发展阶段，个人中心视角所重视的人际交往技能和态度，对各级管理层面（Ryback & Motschnig-Pitrik, 2013: 162–164）和团队合作（iCom Team, 2014; Motschnig-Pitrik & Standl, 2013）来说，都变得不可缺少。领导者和团队成员都需要这些个体中心的技能，以及专注于任务完成的能力。在日益复杂的活动中，包括加速发展的电子行业和其他创新领域，提高灵活性以同时具备任务取向和人员取向的沟通技能，这一需求变得格外重要。

归根结底，神经科学运用两种相互抑制的脑模式概念——任务正激活网络（TPN）和默认模式网络（DMN）揭示了领导风格的"本质"，这也被一些人描述为领导力的两个主要角色（Boyatzis et al., 2014）。TPN 更容易受到外部刺激的影响，可以被描述为"商务脑"，而 DMN 作为"社会脑"，更像一种内省模式。事实上，个人中心视角强调以全人为中心的价值，这也包括了TPN和DMN这种双模式成分。

但是，研究所探索的最终目标是如何避免陷入"模式卡顿"的可能性（Boyatzis et al.，2014：10）。归根结底，如何巧妙地将竞争层面转化为合作资源，这种将两种模式整合起来的能力引起了人们的浓厚兴趣。变革型领导者同时拥有这两种模式，能考虑两种"议程"，并且可以在两者之间切换，所以即使在压力条件下，他们的表现也比被一种或另一种模式束缚的领导者更好。

参考文献

Andrews-Hanna, J. R. (2012). The brain's default network and its adaptive role in internal mentation. *Neuroscientist, 18*, 251–270.

Bales R. F. (1958). Task roles and social roles in problem-solving groups. In E. Maccoby, T. Newcomb, E. Hartley (Eds.), *Readings in social psychology* (pp. 437–444). New York, NY: Rinehart & Winston.

Bar-On, R. (2006). The Bar-On model of emotional-social intelligence (ESI). *Psicothema, 18* (supl.), 13–25.

Beissner, F., Meissner, K., Bar, K., & Napadow, V. (2013). The autonomic brain: An activation likelihood estimation meta-analysis for central processing of autonomic function. *Journal of Neuroscience, 33*, 10503–10511.

Bethlehem, R. A., van Honk, J., Auyeung, B., & Baron-Cohen, S. (2013). Oxytocin, brain physiology, and functional connectivity: A review of intranasal oxytocin fMRI studies. *Psychoneuroendocrinology 38*, 962–974.

Blake, R., & Mouton, J. (1985). *The managerial grid III: The key to leadership excellence*. Houston: Gulf Publishing Co.

Boyatzis, R. E., Rochford, K., & Jack, A. I. (2014). Antagonistic neural networks underlying differentiated leadership roles. *Frontiers in Human Neuroscience, 8*(114).

Buckner, R. L., Andrews-Hanna, J. R., & Schacter, D. L. (2008). The brain's default network: Anatomy, function, and relevance to disease. *Annals of the New York Academy of Sciences, 1124*(1), 1–38.

Damoiseaux, J. S., et al. (2006). Consistent resting state networks across healthy subjects. *Proceedings of the National Academy of Sciences United States of America, 103*, 13848–13853.

Fox, M. D., & Raichle, M. E. (2007). Spontaneous fluctuations in brain activity observed with functional resonance imaging. *Nature Reviews Neuroscience, 8*, 700–711.

French S. E., & Jack A. I. (2014). Dehumanizing the enemy: The intersection of neuroethics and military ethics. In: D. Whetham, (Ed.), *The responsibility to protect: Alternative perspectives*. Martinus Nijhoff.

Graham, S., Jiang, J., Manning, V., Nejad, A. B., Zhisheng, K., Salleh, S. R., et al. (2010). IQ-related fMRI differences during cognitive set shifting. *Cerebral Cortex, 20*, 641–649.

Hagmann, P., Cammoun, L., Gigandet, X., Meuli, R., Honey, C. J., Wedeen, V. J., et al. (2008). Mapping the structural core of the human cerebral cortex. *PLoS Biology, 6*, e159. doi:10.1371/ journal. pbio.0060159

Horn, A., Ostwald D., Reisert, M., & Blankenburg, F. (2013). The structural-functional connectome and the default mode network of the human brain. *NeuroImage, 13*, 1053–1119.

iCom Team (2014). *Constructive communication in international teams an experience-based guide*. DE: Waxmann.

Jack, A. I., Dawson, A., Begany, K., Leckie, R. L., Barry, K., Ciccia A., et al. (2012). fMRI reveals reciprocal inhibition between social and physical cognitive domains. *Neuroimage, 66C*, 385–401.

Jack, A. I., Dawson, A. J., & Norr, M. (2013a). Seeing human: Distinct and overlapping neural signatures associated with two forms of dehumanization. *Neuroimage, 79*, 313–328.

Jack, A. I., Robbins, P. A., Friedman, J. P., & Meyers C. D. (2013b). More than a feeling: Counterintuitive effects of compassion on moral judgment. In J. Sytsma, (Ed.), *Advances in experimental philosophy of mind*. Continuum.

Lieberman, M. D. (2013). *Social: Why our brains are wired to connect*. New York, NY: Crown Publishers.

Mars, R. B., Neubert, F. X., Noonan, M. P., Sallet, J., Toni, I., & Rushworth, M. F. (2012). On the relationship between the "default mode network" and the "social brain." *Frontiers in Human*

Neuroscience, 6(189).

Motschnig-Pirtik, R., & Standl, B. (2013). Person-centered technology enhanced learning: Dimensions of added value. *Computers in Human Behavior, 29*(2), 401–409.

Nasr, S., Stemmann, H., Vanduffel, W., & Tootell, R. B. H. (2015). Increased visual stimulation systematically decreases activity in lateral intermediate cortex. *Cerebral Cortex, 25*(10), 4009–4028.

O'Hara, M., & Leicester, G. (2012). *Dancing at the edge competence, culture and organization in the 21st century*. Devon, UK: Triarchy Press.

Raichle, M. E. (2015). The brain's default mode network. *Annual Review of Neuroscience, 38*, 433–447.

Riters, L. V., & Panksepp, J. (1997). Effects of vasotocin on aggressive behavior in male Japanese quail. *Annals of the New York Academy of Sciences, 807*, 478–480.

Rogers, C. R. (1951/1995). *Client-centered therapy*. London, UK: Constable.

Rogers, C. R. (1961). *On becoming a person. A therapist's view of psychotherapy*. London: Constable.

Rogers, C. R. (1970). *Carl Rogers on encounter groups*. New York, USA: Harper and Row.

Rogers, C. R. (1980). *A way of being*. Boston: Houghton Mifflin.

Ryback, D. (1998). *Putting emotional intelligence to work*. Boston: Butterworth-Heinemann.

Ryback, D. (2010). *ConnectAbility*. New York: McGraw-Hill.

Ryback, D., & Motschnig-Pitrik, R. (2013). Successful management with the Person-Centered Approach. In J. H. D. Cornelius-White, R. Motschnig-Pitrik, & M. Lux, (Eds.), *Interdisciplinary applications of the Person-Centered Approach*. New York: Springer.

Ryback, D., & Sanders, J. J. (1980). Humanistic versus traditional teaching styles and student satisfaction. *Journal of Humanistic Psychology, 20*(1), 87–90.

Senge, P. M. (2006). *The fifth discipline. The art & practice of the learning organization*. New York: Doubleday.

Schilbach, L., Eickhoff, B., Rotarska-Jagiela, A., Fink, G. R., & Vogeley, K. (2008). Minds at rest? Social cognition as the default mode of cognizing and its putative relationship to the "default system" of the brain. *Consciousness Cognition, 17*, 457–467.

Wood, K. (2008). *Carl Rogers' Person-Centered Approach toward an understanding of its implications*. Ross on Wye/UK: PCCS Books.

Yukl, G. (2006). *Leadership in organizations* (6th ed.). Upper Saddle River, NJ: Prentice-Hall.

Yukl, G. (2008). How leaders influence organizational effectiveness. *Leadership Quarterly, 19*, 708–722.

第十七章　对组织中沟通的个人知觉研究

我想尽可能深刻地理解和对方交流的内容，无论对方是来访者、朋友还是家庭成员。我希望别人理解我。我一直在努力推动持不同观点的个人之间的清晰沟通。

卡尔·罗杰斯（Carl Rogers, 1980: 64-65）

本章重点：

- 当前人力资源代表如何评估沟通各个方面的重要性；
- 在工作中与沟通对象保持同步，积极倾听；
- 人力资源代表在其专业环境中感受到的倾听质量；
- 切实可行的改善沟通的想法。

这一章讨论了在当今的组织中是否存在积极倾听及其方式。此外，还探讨了人力资源代表对其组织中沟通的看法。本章所报告的是，通过向 16 名人力资源代表询问 5 个问题，了解他们对其组织内基本交流的重要性和质量，尤其是对良好倾听做法的看法。这项研究的结果表明，除了一种情况，也就是倾听顾客声音被视作业务的一部分，工作场所的几乎所有领域的倾听都存在很大的改善潜力。根据本研究所揭示的实践性后果，我们提供了改善沟通的可行性想法。

数据收集和结果统计

为了了解人力资源代表如何看待其组织内沟通的不同方面，我们设计了一份由 5 个问题组成的简短问卷。在维也纳大学研究生中心举办的名为"成功"的招聘会上施测，前来参加招聘的营利组织大约有 27 个。我们在受访者有空的时间段，礼貌地询问他们是否可以从个人角度回答这 5 个问题，并向每个受访者都事先保证，不会提及此人所代表的公司，而且访谈员的兴趣完全出于学术研究目的。来自 14 个不同组织的 16 名志愿者花了 5—10 分钟参与研究。其中 15 人以口头作答，1 人选择填写问卷，大约 1 小时后交回。

接下来，我们将呈现 5 个问题的结果，并在面对面访谈的基础上分享一些观察结果。

（1）从你的角度来看，沟通在你的公司有什么作用？

回答采用李克特五点量表（Likert 5 point scale），范围从"非常重要"到"不重要"。结果表明，16 位受访者都回答说，"沟通非常重要"。我们通过观察发现，其中 14 位在回答时没有经过任何犹豫，立即作出了回答。剩下 2（来自两家不同的公司）询问了一下，题目所指是"内部"还是"外部"沟通。我们回答："两者都包含在其中，如果区分两者，你的回答会有不同吗？"一位受访者表示："不会，两者都很重要，但我们会区分这两个。"

另一个受访者回答："两者区别很大，内部沟通很重要，外部沟通不重要！"总体来说，调查结果不言而喻：沟通的重要性是显而易见的。

（2）在你看来，促成良好沟通的因素有哪些？

以下是答案列表，回答频率越高的越靠前。访谈员注意到，受访者在答复之前往往会思考一段时间。一些人评论说"问题太笼统了，很难回答"。

- 开放性、清晰度、透明度（7人）：
  - 开放信息政策；
  - 清晰明确的信息；
  - 传递信息的清晰结构和线路；
  - 个体间的高频率分享；
  - 沟通时快速说出重点；
  - 透明度（2人），例如设立企业内部网，让每个人都知道去哪里可以找到信息；
  - 每个人都可以获得信息。
- 直接沟通（3人）：
  - 直接的路径；
  - 距离越远，情况就越糟糕；
  - 个人沟通与个人接触。
- 及时性（3人）：
  - 跨越部门边界，一旦信息到达就分发出去；
  - 同事们互相告知信息，了解新事物；
  - 准时获取信息。
- 良好的倾听（2人）：有效的倾听和相互回应。
- 外表（2人）：如果这方面不好，你将会失去项目。
- 谈话技巧。
- 形式与展示效果。
- 传输的信息量。
- 尽力达到必要的信息量，但不要太多，并尽可能个人化和个性化。
- 彼此接近。
- 了解目标群体以及最好的接近途径。
- 因为沟通不畅而偶尔导致的错误。
- 合适的氛围。

可以认为，对这一问题的答复符合人员取向议程的项目，最突出的特点是开放性、清晰度和透明度。这完全符合罗杰斯的理论，就像在本章开头所说的那样。

（3）据你估计，在良好的沟通中，良好倾听占多大份额（按百分比）？

有人认为良好倾听占到了 100% 的份额（见图 17.1），他评论说："我需要知道顾客想要什么！"一个人在回答"什么是构成良好沟通的因素"时，没有提到"倾听"；在回答了问题后，他说："当然倾听对于良好沟通也是很重要的。"有趣的是，一些人在被问及沟通的时候，并没有有意识地想到倾听，但是在明确被问到"倾听"时，就会意识到它的重要性，如图 17.1 所示。

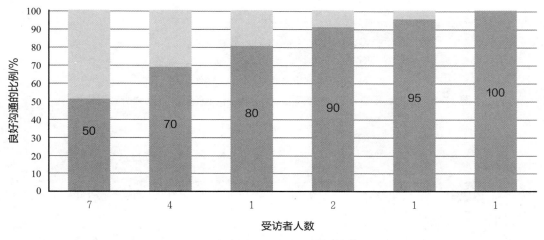

图 17.1　在良好沟通中良好倾听所占份额

（4）在你的工作环境中有很多特别好的倾听者吗（比如当你想分享一些事时，你会觉得能被很好地倾听吗）？

在 16 名受访者中，3 名给出了明确的积极回应。其中一人说大约有 60% 的人是良好倾听者，另一个回答说有很多，还有一个说："是的，这是由我们的工作决定的！"对于其他 13 个人，他们回答时花费了更多时间，好像他们要经过一个有意识的检查和认可过程，才能用语言表达出来。

受访者往往变得非常深思熟虑。在某些情况下，这个问题会激发与访谈员的真实互动："人们要么开始直视我的眼睛，要么避免这种眼神，盯着地面或旁边某个'不存在'的地方。作为访谈员，我意识到在分享对这个问题的回答时，某种人际关系开始建立起来。但这并没有发生在所有三个做出积极反应的案例中。"

回答"不都是，一部分"的那个人分享了一个有趣的观点，表明了被倾听带来的相互影响甚至责任。她说："在正式的场合中，我的老板会认真听我说话。在其他场合，就没多少良好的倾听，但我有办法让自己被听到！"

图 17.2 呈现了问题回答的分布，并且清楚地说明，在对倾听质量和沟通重要性的评价之间存在着差距。

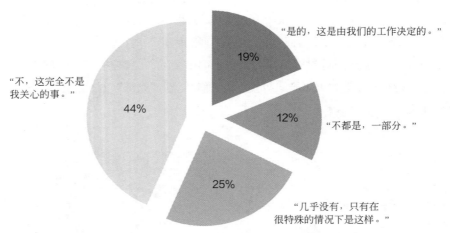

图 17.2　问题回答的分布（在你的工作环境中有很多特别好的倾听者吗？）

请思考：

　　你认为自己在工作中是一个良好倾听者吗？是否在某些情况下你能很好地倾听，而在另一些情况下则听不进去？

　　你是否认为，对于有些人你可以很好地倾听，对另一些人却不想听？如果是这样，原因是什么？

　　你认为倾听有什么价值？

　　在你的工作环境中有很多良好的倾听者吗？

　　你认为你的倾听能力是否对你的团队、部门或组织产生了或可能产生影响？

　　在你看来，要在工作中实现良好的沟通，最大的挑战是什么？

（5）在你看来，要达到良好的沟通，最大的挑战是什么？

在关于良好沟通的特点这个问题上，回答是高度多样化的，主要包括以下观点：

- 与倾听和共情有关的看法（7人）：
  － 学会良好倾听（2人），为那些想要表达的人提供自由空间；
  － 共情（2人）；
  － 我认为应该站在别人的角度看问题，不断重复；
  － 表达者和接收者对同一个问题要有相同的理解；
  － 挑战就是认真倾听。
- 善解人意的天赋（2人）。
- 创造一种开放的氛围（2人），表现出开放性，摆脱"墙式思维"（wall thinking），沟通应该针对集体而不仅仅针对个人。

- 有好几个因素（2人），可以问自己：我想沟通什么？环境是什么？个人愿望……
- 克服僵化的等级制度，旧式结构会导致良好沟通的失败。
- 花时间进行人际沟通并把这件事做好。
- 找到合适的谈话对象。
- 持续的自我反省。
- 在沟通伙伴之间建立平等的关系。

一些受访者对这个问题感到有点不知所措。它似乎太大或太笼统了，无法用几个字或几句话来回答。从回答中可以看出，一些人正是用他们的话表达了这种印象。尽管如此，许多受访者还是能够很自然地说出他们想到的一些东西。有趣的是，在这个问题中，在面对挑战时，良好的倾听比良好的沟通更容易被人记住（3次被提及，加上在共情和观点采择中3次隐含地被提及）。一个原因可能是，有些一开始没有想过倾听的人会从前面的问题记住倾听的重要性，所以他们会首先回忆倾听并表达这个想法。

针对领导者、管理者和团队成员进行变革性沟通的关键点

（1）无论你的立场如何，都要让别人明白，你非常重视清晰的沟通。作为一名领导者或管理者，你可以偶尔在小组会议上陈述这一点，或者以某种有想象力的方式把它贴在黑板上或门口，例如，"沟通时的天气应该是晴天，而不是阴天""清晰是我的首选项"。

（2）让所有相关方面尽快获得重要信息，无论是在会议上还是在线上沟通中。不要指望通过非正式的沟通链来完成工作。

（3）对于重要的信息，无论是面对面还是通过线上方式，最好尽可能保持私人联系。

（4）永远不要让"谷仓效应"（silo effect）阻止信息到达相关方面，即一些部门被排除在重要、相关的信息循环之外，因为发送方只关注他更熟悉的特定群体。

（5）如果信息对一个人或一些人很重要，考虑让所有相关人员都能获得这些信息可能是有利的。除非有必要保持信息的私密性，否则为什么不尽可能多地与可能受到影响的同事分享呢？

（6）既然倾听技能在工作场所是如此重要，那就通过明确表达来提高人们对这一事实的认识。例如，这可以通过在任务说明和（或）职位公告中来实现。为了实现您的使命，请基于组织的文化来考虑如何提高这些技能。一系列的研讨会或工作坊、教练干预或建立导师体系，这些都是提高沟通技能的例子。尽管让领导者花时间和精力参加这样的研讨会很有挑战性，但在这个层次上，它是最重要的。

（7）和关注团队动力的工作坊一样，由于这个主题对于加强沟通非常重要，如果能够很好地推动，强化研讨会就会产生一个积极"副作用"（Rogers，1961）——在参与者之间形成社区构建，使他们在日常工作中更深地了解彼此。

（8）各组织可以鼓励大家花时间跟别人一起吃午餐或喝咖啡，打造一个"倾听时刻"，

来探讨一个很重要但有点复杂或不舒服的话题，从而促进内部的更好沟通。如果有空间，可以为这个特殊目的指定一个特殊的"会话室"，让这个时刻可以包括更多的同事（见本书第三部分的开放案例情景）。这会让这种重要分享获得优先权，而不是拖延或忽视它们。

总结

总之，这项研究证实了这样一个预期，即尽管关于沟通及其重要性的知识似乎在（人力资源）管理中很普遍，但真正做到认真倾听的情况却似乎并不普遍，除非倾听被认为直接有助于业务目标。由此，我们推测如果商业主管相信倾听有其必要性并会带来好处，他们往往能够获得并大量应用倾听能力。因此，只要人们有效地沟通，变革确实是可能发生的，只是看起来有必要建立对变革的可持续意识、技能和知识。显然，变革性沟通不仅可以改善人际关系并提高人们之间的信任水平，而且还能使工作更清晰、更有意义，最终为取得更大的商业成功铺平道路。

参考文献

Rogers, C. R. (1961). *On becoming a person—A psychotherapists view of psychotherapy*. London, UK: Constable.
Rogers, C.R. (1980). *A Way of Being*. Boston: Houghton Mifflin Co.

第十八章　多文化背景下的变革性沟通

完全理解他人的想法和感受，以及这些想法和感受对他所具有的意义，并反过来让这个人彻底理解自己——这是人类最有益的经验之一，但也是极为罕见的。

卡尔·罗杰斯（Carl Rogers, 1961: 323）

本章重点：

- 跨文化变革性沟通原则的有效性。
- 多文化项目中的变革性沟通：
  - 特别的机会，特别的努力——让多文化团队成为成功因素；
  - 管理者对多文化团队中尊重和共情性理解的看法。
- 变革性沟通为跨文化背景提供了一种"元文化"，它超越了单个民族的文化，同时又能共情地、无条件地与他们保持协调。

现在的工作场所中往往有着不同文化背景的人，他们带来了不同的文化和宗教习惯。本章首先讨论了我们为变革性沟通所建立的条件在跨文化条件下是否有效，或者这些条件是否具有文化偏见，受限于其起源，即西方文化。本章还论述了多文化团队的特点，简要介绍了当今管理者如何看待文化差异，并为不同文化背景下的团队沟通提供资源。最后，我们建议将变革性沟通作为多文化背景下的一个共同元文化的基础和表现，与民族文化共存。

变革性沟通的跨文化有效性

为了研究变革性沟通在跨文化条件下的有效性，让我们回顾一下这些条件。它们以卡尔·罗杰斯的个人中心视角为基础，基于管理、领导和团队合作进行修订。从本质上说，这些条件都集中在自我组织原理和罗杰斯的三个核心条件：一致性、接纳和共情性理解，并同时着眼于管理者的工作，我们将其称为人员取向议程的项目（见第二章）。在这种情况下，共情性理解被扩展成对他人及其整体背景具有包容性的复杂理解。

一个重要的问题仍然存在：在跨文化条件下，变革性沟通是否仍然有效？因为据我们所知，迄今没有任何一项研究直接探讨这个问题，所以我们将汇集探讨这个问题各组成部分的研究和论述，以支持我们的假设，即变革性沟通的条件确实具有跨文化有效性。

历史观点

罗杰斯和他的团队是跨文化交流与国际和平工作的先驱和倡导者。在还是学生的时候，罗杰斯被选为世界基督教学生联合会的美国代表，在 1922 年进行了一次深度的东亚之旅。在这一时期，他塑造了自己关于文化多样性，以及跨越宗教和文化进行建设性沟通的观点（Rogers，1980；Cornelius-White & Rogers，2012）。后来，罗杰斯开始致力于跨文化沟通工作坊，这种形式一直延续至今。此外，他还推动了包括南非、南美等在内的全球多地区的工作，甚至将会心小组运动带到了俄罗斯。在暮年，罗杰斯被提名为诺贝尔和平奖候选人，但他在 1987 年过早去世。所有这些历史事实都支持一个假设，即变革性沟通原则的适用范围超越了西方社会，具有广泛的有效性。

在各大洲的存在和应用

无论在实践中还是在研究中，个人中心视角在各大洲都是众所周知的。如今，世界各地都在举办跨文化的个人中心工作坊（Rogers，1980；Lago & McMillan，1999；Wood，2008；Motschnig-Pitrik et al.，2013）。除了工作坊情景，个人中心视角也进入多文化教练领域，例如最近在南非，以积极心理学和个人中心视角为基础，发展起来一种用于多文化环境的教练模型（Van Zyl & Stander，2013；Van Zyl et al.，2016）。

而在科学研究基础方面，目前存在着各种各样的证据和论点支持变革性沟通原则的跨文化有效性。

认知神经科学的支持

变革性沟通的来源之一是罗杰斯的人格与行为理论。有趣的是，它似乎缺少文化特异性的表述。这一理论的所有观点都建立了与神经科学的联系，也都与神经科学的发现一致（Damasio，2000，2003，2012；Motschnig-Pitrik & Lux，2008）。最近，研究者（Lux，2013；Ryback，2013；Silani et al.，2013）从认知神经科学角度，阐述了支持变革性沟通基本原则的证据，可在《个人中心视角的多学科手册》（*Interdisciplinary Handbook of the person-Centered Approach*，Cornelius- White et al.，2013）中找到。

对于一致性、接纳和共情性理解的核心条件，莫奇尼格 – 皮特里克和尼科尔（Motschnig-Pitrik & Nykl，2003，2013）提出并完善了一个相互联系的模型，将上述核心条件映射到认知情绪过程上。这些支持证据主要包括经验学习、再认（recognition）、理解、感觉和意义的整合，从而能够更好地决策与解决问题。由于这些认知情绪过程是认知神经科学领域的一部分，它们被认为基本上适用于整个人类（参见第十五章和第十六章）。

不同文化中自我体现的实证研究

在最近的一篇文章中，林奇等（Lynch et al.，2009）试图找出理想自我和现实自我概念之间的偏差，换句话说，就是衡量一个人是否缺乏一致性，来看这种偏差是否与幸福感存在负相关，以及这种关联是否会在不同文化中存在。此外，作者还想验证他们的预测，即人们在与支持他们的自主性的伴侣相处时，换句话说，伴侣不是强迫或控制他们，而是接纳甚至支持他们的自主性理想时，理想自我和现实自我概念之间的偏差会更小——人会更加一致。问题仍然是，自主性支持（接纳的一个方面）和一致性之间的假定关系是否在不同的文化中都存在。有趣的是，在来自中国、俄罗斯和美国的642名大学生中，这两种假设都可以得到证实。虽然在不同国家略有区别，但上述关联都是成立的。

这意味着，对于工作中的变革性沟通来说，一致性或许是最重要的条件，它是跨文化幸福感的一个指标。这完全符合我们在第十七章中对沟通的研究。此外，接纳甚至支持人们的自主性，例如在建立愿景和决策过程中将团队成员包容在内，似乎是变革性沟通具有跨文化有效性的核心原则，这意味着尊重我们每个人固有的自组织原则。iCom团队（iCom Team，2014）提供了一个基于经验的国际团队建设性沟通指南，其中许多案例都说明了这些原则，无论变革性沟通存在与否。

总之，历史、实践、科学研究等方面的大量证据表明，个人中心的核心条件对于变革性沟通至关重要，存在着跨文化的有效性。它们开辟了一条通往"我们"的道路，使我们能够在文化内部或跨文化合作的同时，充实他人并被他人充实。

然而，这并不意味着文化差异可以被忽略。相反，在跨文化的工作中，一致性、共情和接纳需要被敏感地"延伸"和转换，以包含更广泛的心理模式、环境、表情和行为。本章的其余部分将提供更多关于这一宏伟目标的信息。

请思考：

请你想象一位来自与你不同文化背景的朋友或同事：

在他面前，你能做你自己吗？还是需要做一些调整？这种调整的感觉如何？你喜欢调整带给你的感觉吗？这是否给你带来了负担？

对方是否在某种程度上也在适应你的期望或需要？你感觉如何？

接纳或支持这个人的自主性对你来说意味着什么？如果这个人接纳或支持你的自主性，对你来说又意味着什么？

你能从这个人身上学到什么关于你自己和你所在的文化背景的东西吗？你们两个有什么共同点？

在多文化项目中进行变革性沟通

有一个问题经常被提及：文化多样性对团队和项目结果的影响是积极的还是消极的？之前的综述和元研究对这个问题的回应非常混杂（Avery，2011），一些研究的态度相当正面，还有一些则强调了负面影响。尽管多样性、团队和项目是高度复杂的，需要区分和考虑细节，但是可以得出以下结论。项目团队中的多样性究竟是一种优势还是障碍，取决于一些除团队或工作小组的多样性水平之外的调节因素。特别是，它被假设依赖于周围的组织氛围，以及在文化多样性团队之中或之间工作的人的态度和能力（Avery，2011）。换句话说，由于沟通质量是反映组织氛围的一个关键因素，不难理解，它也是决定（文化或其他因素的）多样性发展到底是一种优势还是障碍的一个关键因素。所以毫无疑问，团队多样性对工作成败产生怎样的影响是由沟通质量决定的（Böhm & Motschnig-Pitrik，2015）。因此，我们的任务仍然是考察变革性沟通本身的特点是否支持多样性，以及如果是的话，在什么情况下它最适合支持多样性。

至此，我们认为变革性沟通是适用于各个国家的，也就是说，变革性沟通的原则是超越文化的，可以在任何文化背景下推动建设性沟通。但这种跨文化沟通的积极影响是否也会延伸到具有文化多样性的工作场所？在作者看来，有充分的论据指出变革性沟通在多样化的工作场所中也具有有利影响。

首先，让我们先回顾一下变革性沟通所依据的原则（见第二章中的双议程法则）：

- 相互接触；
- 目标、愿景和参与者的透明度；
- 对他人、自己与环境的尊重；
- 努力达到深入彻底的理解和被理解；
- 合作与共享。

为了实现共同的目标，协调不同的资源，这里面的每一个原则看起来都很重要，而且事实上它们也是不可或缺的。不难想象，如果与此相反的话，即避免接触、隐藏目标和议程、忽视他人、不容忍他人的行事之道、不关心他人想要沟通什么内容，以及扮演敌对角色往往不会有助于共同目标的实现。因此，从理论上讲，变革性沟通的核心原则是认可多样性的，所以它可以在（且不仅在）多样性的工作场所中成为积极成果的有益调节因素。

另外，在经验层面上，参与者在国际性沟通工作坊上的反应说明，在这种团体中存在着有趣的趋势和发展方向。他们也揭示了相比于同质团体，在多样性团体中，什么被认为是更困难的，同时也是更令人兴奋的因素。

积极倾听和自我表达很难实现，但非常关键

一位来自南非的年轻女士要试好几次，才能用自己的话把一位捷克学生之前分享的东西说出来，直到这位捷克学生觉得自己被充分理解了。这位女士分享了她的反应：

我感到惊讶的是，有时候要把你同伴说的话表述出来如此困难，而要用简单易懂的话来解释你的想法更是极其困难（Motschnig-Pitrik & Nykl, 2014: 205）。

理解需要积极的努力

一名来自埃及的学生将他的学习过程总结如下：

最后，我从整个经历中学到的是，更好的沟通永远是理解整个情况的关键。我们需要做的是在日常生活中的所有情况下，与人们进行无缝地互动。我正在积极地将所有新学到的术语和技能应用到我的日常生活中。它有一个非常积极的影响，使我更容易表达我的感情和思想，这有助于达到我职业生涯中的理想状态。这是一个很了不起的实验。

基本上，使用非母语的语言会使人更难表达和理解在不同情况下语言意义的细微差别。其中一部分困难在于词汇的内涵在不同语言中可能有所不同，以至于同一个词可能会被理解为不同的意思。例如，英语中简单的单词"problem（问题）"可以理解为"task（任务）"的同义词，而在其他语言中，这个词语则可能会带有负面的内涵，比如出毛病的东西。这就是为什么在使用非母语时，需要开放的心态和信任来"达成一致"。

接触——不同的期望和习惯

一名来自阿根廷的学生说，他想尽快完成学业，然后回到自己的国家，因为他非常想念在自己的文化中，跟亲近的人进行亲密接触。他注意到，当他走近同事与他们交谈时，他们往往会后退一步，而当他想拥抱他们时，他们却很僵硬，没有回应。他担心被拒绝，认为自己有问题，直到他逐渐意识到奥地利人喜欢用握手的方式和同事打招呼，只有在亲密的朋友之间才有拥抱的习惯。在接下来的休息时间，来自南半球的学生们聚集在他周围，给他和大家一些同情的拥抱。

民族或文化模式的松动

下面的情况可以表明参与者是如何开始探索不同的习惯和典型行为，而不是保护自己，坚持旧的熟悉行为。一名非洲学生敞开心扉谈到在超市里与人交谈时，他所遇到的不愉快反应。在他试图和别人说话的时候，对方通常不是加入谈话，而是表现出一种阴郁而烦恼的眼神，这让他感到痛苦。一名捷克学生指出：

我喜欢我们的国际组合。我认为这个团队在发现新想法方面是独一无二的，甚至可能让我自己（和其他人）思考我（们）的行为和反应模式。这是有可能改善现状的条件。（Motschnig-Pitrik & Nykl, 2014: 206）

在刚才的环节中，这名非洲学生从他所引发的谈话中了解到，在捷克的大城市里，人们不习惯在购物时与外国人交谈，不接近其他购物者的行为是"常态"。这个团体随后开始想象，如果人们变得更加外向，他们的公共生活可能会大不相同。他们建议，立即在大学开始一项使人们变得更友好的实验。

另一个对文化模式松动的看法来自一位越南学生。他在反思中写道：

我真的很喜欢人们开始谈论不同的文化。似乎每个国家都有自己的特殊之处，这些特殊之处有时被认为是奇怪和怪异的。然而，当你倾听和理解那个国家的人，你知道他们有他们自己的理由。有时你会感到惊讶，因为人们这样做或那样做背后的原因其实是合理和有趣的，每件事都有它自己的原因。我们尤其应该尊重各国人民的日常生活。拿越南的一句俗话说，就是"国王不如村长"——国王的规则要适应于村（镇）的规则。

通过在小组中体验变革性沟通进行学习

学习可以有各种各样的形式。让我们来看几个例子。

一名来自马其顿的学生在他的最后一份反馈表中写道：

我们在这门课程上学到了很多新东西，当快结束的时候，我看到这门课程和其他课程太不一样了。我需要几分钟来思考，但是我意识到我作为一个人开始改变。在我的私人生活中，我在接受别人的观点时有一点小问题，但是当我在团体里的时候，我对此却并没什么问题。因此，在我的私人生活中，我会尽量做一个更容易接受别人观点的人。

最后一节课之后，一名越南学生回忆道：

我发现知道谁和我更相似或者更不同是件好事。原因是我们可以看到不同人在思想、想法或行动上的多样性。最重要的是，从这些观点出发，我们可以互相学习。例如，从我们的开放案例或者给予反馈的活动中，我们可以知道谁更接纳他人、更一致或更犹豫……这样我们可以保留一些我们认为适合我们的价值。从我的角度出发，我意识到太多的犹豫是不好的，我应该向那些在课堂上更积极分享的人学习。

在位于捷克布尔诺的马萨里克大学，一位捷克学生在工作坊第二部分结束后写道：

我真的很高兴我们团体的成员不仅仅是捷克人，所以我们必须一直说英语——在午餐的时候也是如此。通过这种方式，我们的软技能一整天都在提高。我还认为，我们可以听取来自不同国家参与者的不同想法和经验，这样我们可以理解那些针对我们自己民族的新观点，以及别人如何看待和理解我们。（Motschnig-Pitrik & Nykl, 2014: 206）

一名来自摩洛哥的学生在结束语中表达了日益增加的心理安全感和舒适感，他的存在水平特别棒：

在这个课程中，随着我们的联结越来越紧密，我们的小社会也不断成长和扩大，这个个人中心课程的"规则"也被同化，所有的需要都满足了，所有的焦虑都平静了。

以下两段摘录（来自不同的工作坊）展示了让一位俄罗斯学生印象深刻的东西：

事实上，我觉得这种方法特别支持创造性，新想法不会受到评判，恐惧是不必要的，人们可以合作发展和学习。

我现在还记得我们是如何接受沉默的。至少我个人有一种感觉，在密集分享之后，我喜欢有一些时间消化这么多的输入，而且怎样也不觉得尴尬，就像在第一节课沉默时那样。

同一课程引起了一名南非女学生的以下发言：

当我结束这个环节时，我觉得那些深入分享他们经历的人们会感觉更轻松，反过来我也感觉更轻松。我相信，随着我们在个人层面上不断了解彼此，尊重的程度会不断提高。我真的很感激。

资源框 18.1 试图以一种简洁形式概括一些特征，根据我们的经验，这些特征有助于在多文化环境中进行有益的变革。

资源框18.1　多文化群体中的变革性沟通对管理者、领导者和团队成员的影响

- 要为涉及多样化人群的所有过程和任务留出**更多时间**。例如，与成员多样化的团队建立共同愿景往往需要更多的时间，但与同质团队相比，会产生更多的想法。
- 事实证明，将**积极倾听**作为一种习惯来练习是有帮助的，这样可以确保你所收到的内容确实是发言者所表达的内容。特别是在一个多文化团队中，不能认为你理解的内容就是正确的，除非它得到证实。
- **给人们创造社交机会**往往有助于理解跨文化合作中产生的复杂性。分享手头工作之外的领域，往往会为更好的理解打下基础。至少，在会议或工作坊期间穿插适当的间歇，是朝这个方向迈出的第一步。
- 为团队和客户提供一个每个人都觉得安全的**氛围**，这往往会释放人们的创造力，可以在开放、实验性的项目中，提供卓越、超越标准的解决方案。
- 国际参与者一旦**理解**主要文化中某些"奇怪"的行为源于某种文化习惯，而不是在指责他们的不同出身，他们可能就会减轻心理负担。
- **不要评判**对方，而是以一种积极的协调心态对待他们，以防发生怀疑或误解，这有助于让所有人重新走上建设性轨道。
- 由第三方（"文化翻译员"）在双方之间遇到困难时进行**调节**，有利于减少因术语、短语、行为、模式等不同概念而引起的误解。
- 模式的**灵活性**和松弛性是应对意外挑战的关键资本。

在多文化团体中，参与者实际上面对的是来自不同文化背景的人的真实"故事"，从而可以汇集有价值的文化知识。除了技能和态度之外，这些知识可以帮助他们更好地理解各自文化中的方方面面，从而减少在合作中产生的误解。综上所述，在多文化团体中通过

跨文化沟通所发生的变革会带来更高程度的尊重、理解、灵活性和更少的僵化（Senge，2006），在我们的多族群社会中更是极其迫切需要这种变革。

管理者对多文化团队中尊重和共情的观点

古弗（Güver，2016）在她博士论文的一项研究中，采访了来自国际项目的 18 位管理者，探讨了多文化团队中沟通文化的特征。以下这些反馈说明了他们的想法，旨在激励或激发你的反应和想法，理解商业环境中尊重、包容和共情性理解带来的挑战。

关于尊重的问题

你认为，"一种关注每个个体，并试图尊重他们特定文化的态度和行为的做法"会带来什么样的效果？请选择这种做法对多文化团队成功的贡献大小：

    非常显著   比较显著   有一些   很少一点   完全没有

有趣的是，管理者要么选择"比较显著"，要么选择"非常显著"。那些选择"比较显著"的人写道：

- 这方面的影响显而易见，但关键是它需要双方共同努力。如果不能维持交互方式，"比较显著"的效应就会减少到"完全没有"。
- 这一点很重要，因为我们应该记住，每个人都是"人"，如果你只关注方法、任务和工作流程，那么万一出现什么问题，你可能无法让团队立即充满活力。但是它不会"非常显著"，因为在职业生涯中，每个成员都应该意识到一般的原则。
- 应该就是这样。然而……把工作做好是最重要的，处理好人们对国籍或文化的敏感度，应该成为他们整体职业素养的一部分。

选择"非常显著"的管理者评论道：

- 当评估特定文化的习俗时，项目的成功也应该被考虑进去。当某人获得特权时，作为回报，他也应该对领导和团队成员给予特殊关怀。
- 如果人们感受到被尊重，他们往往会尊重他人，并会感觉更好。这将激励他们把全部精力投入项目中，而不是找借口、应付和证明自己。
- 这是合作的灵丹妙药。

关于理解的问题

你认为，"一种旨在深入理解个人感受、意义和思想的做法"会带来什么效果？请说明这种做法对多文化团队成功的贡献大小：

    非常显著   比较显著   有一些   很少一点   完全没有

在这里，除了"完全没有"这个选项，其他所有的选项都被提及了：

- **很少一点**：项目管理就是在预算内按时完成项目目标。过多关注个人的深层感受会分散对目标的注意力，因为这会消耗用于解决项目团队中核心问题的时间和精力。如果项目团队成员需要项目经理和其他团队成员的特别关注，那么应该立即用更专业的团队成员替换他们，因为他们的效率不需要额外的时间和关注为代价。

- **有一些**：很少有领导者具备这种能力。这取决于目标和领导风格。

- **比较显著**：它确实能提高团队成功的可能性，但如果你管理一个大型团队，这需要很长时间。所以这并不太实用。

- **比较显著**：事实上，关注每个人的感受、意义和想法是不可能的。但如果可能的话，应该这样做，因为这样可以增强员工的动机。

- **非常显著**：因为人的可见部分就像冰山的山峰。而冰山的主要部分，也许有5/6在下面，由他们的感觉、思想、价值观、概念和编码组成。我需要相应地达到那个水平去接近他们。懂得人们情绪世界的领导者或管理者必定成功。

- **非常显著**：这是最难实现的一个，因为它需要大量的时间和精力，更不用说需要学习大量的管理技能了。当人们看到自己的工作从最深层次被赋予价值时，他们会变得更有动力，而反馈循环将会使输出效率成倍提高。

- **非常显著**：管理者应该关注贡献者的感受、意义和思想，否则一个团队就没法形成，也不能朝同一个方向和目标前进。

- **非常显著**：在业务运作开始时，就要维持一个项目团队的文化。如果它不能在早期阶段发展出来，会对业务产生重大影响。

关于共情性理解的问题

你能描述一下"共情性理解"对你来说意味着什么吗？你认为管理者应该试着共情地理解他的员工吗？在你看来，这意味着什么？有什么好处或风险？

- 共情性理解就是在理解他人的时候，尽量把他们的世界纳入考量。这是一个管理者必须要做的事。如果你认为某人有自己的文化背景，并试图以他的方式看待事件，同时保护其利益，那么你已经建立了成功的沟通方式。

- 是的，这非常重要。管理者必须懂得欣赏他人认为很重要的事物。没有这种欣赏，就会出现频繁而广泛的沟通脱节。我相信共情性理解会自动从解释（前几个）问题的行为中产生，主要是关于倾听、表现出兴趣以及基于对个人"全人"的理解表达你的理解。是的，一个管理者当然应该使用这些工具并显示它们的价值。如上所述，这样做的好处很多，我想不出其中有任何风险。

- 共情是有效人际关系的重要组成部分。管理者应该设法共情地理解他的员工。它总能帮助管理者更好地理解情况。我不认为这有任何风险，因为管理者在做出明智决策的过程中，仍然可以使用自己的判断。

- 是的，管理者当然应该试试这样做。这将帮助团队成员融入这个项目，也将使他觉得自己不是一个言听计从的"奴隶"。另外，共情太多就会创造一个"过度敏感"的环境，从而没法做出决定。
- 平衡工作的完成和对团队成员的共情性理解是成为一名优秀管理者的关键。

总之，这项研究表明，多文化团队的管理者非常清楚变革性沟通的核心原则。他们中大多数人似乎在共情性理解与商业目标达成之间实现了平衡。我们推测，这是朝着正确方向的一个非常受认可的"健康"步骤，尽管实际的实践可能还需要更成熟的态度和技能。

变革性沟通为多文化的团队提供了一种"元文化"

到目前为止，已有的证据表明，变革性沟通的基本原则适用于任何特定的文化背景。此外，变革性沟通可以促进来自不同文化背景的团队成员间的沟通。这是由于支撑变革性沟通的个人中心思维模式承认人和系统的自组织原则，并要求基于平等对待他人的人际态度和技能（Rogers，1980；Kriz，2008；Motschnig-Pitrik，2013）。对这些特质最好的补充因素就是，针对不同的文化习惯、模式和喜好建立一个共享的语言和知识体系。

为了总结和描述变革性沟通在组织或项目中所起的作用，我们根据艾弗里（Avery，2011）的研究，采用了一个简单而清晰的组织中多样性支持类型学模型（见图 18.1）。为了描述多样性支持，艾弗里区分了两个维度：认可和行动。认可代表着对多样性的态度是支持或反对，行动则代表支持或反对多样性的行动水平，由此可以划分出四个象限，包括沉默支持（第一象限）、积极支持或声援（第二象限）、沉默反对（第三象限）、积极反对（第四象限）。

图 18.1　组织中多样性支持的类型学模型

那么，在这种类型学结构中，我们将如何定位变革性沟通呢？尽管一种沟通风格和实践，比如变革性沟通本身并不决定一个组织或项目针对多样性的策略，但是有趣的是，变革性沟通推动的价值观排除了包含反对意见的象限，并让我们将变革性沟通放在沉默和积极支持这两个象限。行动的水平，则实际上取决于单个项目的特征，例如其持续时间、复杂性、团队多样性的程度以及领导风格，这与上面几位管理者的论述相呼应。

> **请思考：**
>
> 你认为类型学是否有助于将你的项目或组织在多样性认可和行动两轴所定义的区域中进行定位？你能说出为什么你喜欢或不喜欢这种表现方式吗？
>
> 在你的项目中，你希望在多样性的认可和行动两方面达到哪个水平？在项目之间是否存在差异？在类型学中，你认为可以指示所在位置的特征是什么？
>
> 健康的沟通文化有哪些明显的标志？它们在你的工作环境中发展到了什么程度？

当试图提炼变革性沟通对于多样性认可最有帮助的特点时，一个关键的发现就是，它既包括了尊重，也包括推动性的开放。总之，这两个特点反对偏见和僵化的成见，同时进一步放宽了基于与同事和上下级之间即时接触和对话的模式。

变革性沟通往往是一个非线性、经验性、有意识的过程，其目的多是实现相互理解这一极具挑战性的目标。在达到目标时，我们往往会得到一种愉悦的回报，这表明我们或多或少有意识遵循的议程是在向着"正确"的方向前进。

简言之，这一正在进行的调查可以让我们提出一种变革性沟通方式，将其作为人际关系中一种展开式、交互性的"元文化"（Lago，2011；Motschnig-Pitrik et al.，2013）。这一层次的存在超越了"传统"文化、商业目标和需求，或与之并存，因此所有因素都必须得到尊重，一个也不能忽视。在人们管理业务目标时，在工作环境中为自组织、一致性、尊重、包容和对彼此的全面理解留出足够的空间，这种情况就会出现。那些想在跨国团队中积极培养沟通技能的领导者和管理者可参见资源框18.2中的小活动［改编自Motschnig-Pitrik & Nykl（2014）］。

> **资源框18.2　一项旨在改善跨文化理解的活动**
>
> 通过在三人小组中积极倾听的练习，可以实现更好的跨文化理解：
>
> 来自不同国家的学生组成三人小组。一个人自愿担任发言者，分享他如何认识自己的国籍，以及如何看待自己国籍的特点。积极倾听者陪伴着发言者，而观察者则观察对话如何发展，以及倾听者在陪伴发言者时做得如何。然后交换角色，以便每个参与者都能够体验每个角色。

> **请思考：**
>
> 科林·拉戈（Colin Lago, 2013: 211）是跨文化咨询和团体工作的先驱，他将加强沟通所需的能力描述为："真实和完全活在当下的能力，完全接受他人的能力，在不放弃自己的想法和价值的基础上，努力寻求对他人的尊重和理解的能力。""不仅要完全向他人开放，而且还要接受因会心而发生改变的可能性。"
>
> - 在你看来，你的工作环境中，什么是加强沟通的关键？
> - 在你看来，虚拟的多文化交流中，关键是什么？

总结

尽管起源于西方文化，但变革性沟通的原则并不仅限于西方国家。这一点得到了历史证据、实践应用和当代研究的充分支持。然而，要改变跨文化沟通的方式，特别是与来自不同文化、不同耐心水平和不同时间观念的人接触，积极倾听、灵活变通和宽松的民族文化建构是至关重要的。有了这些条件，变革性沟通就可能成为领导多文化团队取得成功的最佳方式。这种元文化承认一致性、接纳和理解，尊重各个国家的文化，并在它们之间架起一座桥梁，同时不放弃他们的观点和自己的基本原则（Motschnig-Pitrik et al., 2013）。

参考文献

Avery, D. R. (2011). Support for diversity in organizations: A theoretical exploration of its origins and offshoots. *Organizational Psychology Review, 1*(3), 239–256.

Böhm, C., & Motschnig-Pitrik, R. (2015). New research perspective on managing diversity in International ICT Project Teams. In G. Chroust & Sushil (Eds.), *Systemic flexibility and business agility* (pp. 21–31). India: Springer.

Cornelius-White, J. H. D., & Rogers, C. R. (2012). *Carl Rogers: The China diary*. Ross-on-Wye, UK: PCCS Books.

Cornelius-White, J. H. D., Motschnig-Pitrik, R., & Lux, M. (2013). *Interdisciplinary handbook of the person-centered approach: Research and Theory*. New York, USA: Springer.

Damasio, A. R. (2000). *The feeling of what happens: Body and emotion in the making of consciousness*. London, UK: Vintage.

Damasio, A. R. (2003). *Looking for Spinoza: Joy, sorrow and the feeling brain*. Orlando, FL: Harcourt.

Damasio, A. R. (2012). *The self comes to mind*. London, UK: Vintage.

Güver, S. (2016). *Communication in multicultural project Teams: Developing a communication model*. Unpublished doctorial dissertation, University of Vienna.

iCom Team. (2014). *Constructive communication in international teams: An experience-based guide*. DE: Waxmann.

Kriz, J. (2008). *Self-actualization: Person-centred approach and systems theory*. Ross-on-Wye, UK: PCCS-books.

Lago, C. and McMillan, M. (1999). *Experiences in Relatedness: Groupwork in the Person Centered Approach*. Llangarron, Ross-on-Wye, UK: PCCS Books.

Lago, C. (2011). *The handbook of transcultural counselling and psychotherapy*. UK: McGraw Hill.

Lago, C. (2013). The Person-Centered Approach and its capacity to enhance constructive international communication. In J. H. D. Cornelius-White, R. Motschnig-Pitrik, & M. Lux (Eds.), *Interdisciplinary applications of the person-centered approach*. New York, USA: Springer.

Lux, M. (2013). The circle of contact: A neuroscience view on the formation of relationships. In J. H. D. Cornelius-White, R. Motschnig-Pitrik, & M. Lux (Eds.), *Interdisciplinary handbook of the person-centered approach: Research and theory*. New York, USA: Springer.

Lynch, M., La Guardia, J. G., & Ryan, R. M. (2009). On being yourself in different cultures: Ideal and actual self-concept, autonomy support, and well-being in China, Russia, and the United States. *The Journal of Positive Psychology, 4*(4), 290–304.

Motschnig-Pitrik, R., & Lux, M. (2008). The Person-Centered Approach meets neuroscience: Mutual support for C. R. Rogers's and A. Damasio's theories. *Journal of Humanistic Psychology, 48*, 287–319.

Motschnig-Pitrik, R., Lux, M., & Cornelius-White, J. H. D. (2013). The Person-Centered Approach: An emergent paradigm. In J. H. D. Cornelius-White, R. Motschnig-Pitrik, & M. Lux (Eds.), *Interdisciplinary applications of the person-centered approach*. New York, USA: Springer.

Motschnig-Pitrik, R., & Nykl, L. (2003). Towards a cognitive-emotional model of Rogers' Person-Centered Approach. *Journal of Humanistic Psychology, 43*(4), 8–45.

Motschnig-Pitrik, R., & Nykl, L. (2013). An interactive cognitive-emotional model of the Person-Centered Approach. In J. H. D. Cornelius-White, R. Motschnig-Pitrik, & M. Lux (Eds.), *Interdisciplinary handbook of the person-centered approach: Research and theory*. New York, USA: Springer.

Motschnig-Pitrik, R., & Nykl, L. (2014). *Person-Centred communication: Theory, skills, and practice*. McGraw Hill, UK: Open University Press.

Rogers, C. R. (1961). *On becoming a person-A therapist's view of psychotherapy*. London: Constalle.

Rogers, C.R. (1980). *A Way of Being*. Boston: Houghton Mifflin Co.

Ryback, D. (2013). Mindfulness, authentic connection, and making "right" decisions: Using neuroscience to build a bridge with the Person-Centered Approach. In J. H. D. Cornelius-White, R. Motschnig-Pitrik, & M. Lux (Eds.), *Interdisciplinary handbook of the person-centered approach: Research and theory*. New York, USA: Springer.

Senge, P.M. (2006). *The Fifth Discipline, The Art & Practice of the Learning Organization*. USA: Currency Doubleday.

Silani, G., Zucconi, A., & Lamm, C. (2013). Carl Rogers meets the neurosciences: Insights from social neuroscience for client-centered therapy. In J. H. D. Cornelius-White, R. Motschnig-Pitrik, & M. Lux (Eds.), *Interdisciplinary handbook of the person-centered approach: Research and theory*. New York, USA: Springer.

Van Zyl, L., & Stander, M. (2013). A strengths-based approach towards coaching in a multicultural environment. In J. H. D. Cornelius-White, R. Motschnig-Pitrik, & M. Lux (Eds.), *Interdisciplinary handbook of the person-centered approach: Research and theory*. New York, USA: Springer.

Van Zyl, L. E., Motschnig-Pitrik, R., & Stander, M. W. (2016). Exploring positive psychology and person-centred psychology in multi-cultural coaching. In L. E. Van Zyl, M. W. Stander, & A. Odendaal (Eds.), *Coaching psychology: Meta-theoretical perspectives and applications in multicultural contexts* (pp. 315–356). Springer International Publishing Switzerland.

Wood, J., K. (2008). *Carl Rogers' person-centered approach: Toward an understanding of its implications*. Ross-on-Wye, UK: PCCS-books.

PART 5

第五部分

·
·
·

结语

·
·
·

第十九章　社会和价值目标：运作良好的团队、合作及共同实现

他们（非常大型的经验团体）可以培养一种社区意识，这种意识的关键是尊重他人与合作，而不是竞争。

卡尔·罗杰斯（Carl Rogers, 1980: 335）

本章重点：

- 本书的核心问题与任务；
- 回顾并"升级"罗杰斯对价值过程的视角；
- 在全球化和快速变化的时代评估工作的方向；
- 目标：运作良好的团队、伙伴关系和部门。

目前，战争、仇恨和破坏性竞争都表明人类拥有一种破坏性能力——人们可以变得激进和被操纵。然而，罗杰斯毕生致力于探索人类能够成为最好自己的氛围。为什么不把这些发现应用到人们通常会花最多时间所处的职业背景——工作中呢？

有趣的是，为了朝着一个建设性的方向发展，人们需要一些重要他人，至少一个，能为他们提供适当的社会环境条件。因此，很自然，我们不能靠自己完成（自我）实现，而是需要别人。在工作中，这些人是同事、合作伙伴、上级或下级等，他们共同形成一种工作氛围，并共同影响实现过程。

最初，我们计划为管理者、领导者和团队成员设立单独的章节。然而，在写作过程中，我们发现有太多的重叠问题是与成员和领导共同有关的，所以我们放弃了这种结构，这种结构实际上是等级的划分。这表明，每个人都可以在某些方面成为领导者，而在另一些方面，每个人都可以成为追随者、学习者和下属。但是，同时考虑两种听众并不意味着忽视领导者和管理者所需要的特殊能力和技能，因为他们往往对决策负有最后责任。

因此，对于领导者、管理者和团队成员来说，本书的核心问题和任务如下：

- 一个能让我们和业务、项目、部门都蓬勃发展的工作氛围有哪些特点？我们怎么能给彼此提供这样的氛围呢？

- 随着工作场所的快速变化、现代技术和多文化特征的涌现，当前和未来的工作场所会带来什么样的挑战？需要哪些社会环境条件，需要具备哪些能力来应对这些挑战？

- 在一个什么都在变化的世界里，新兴的个人中心范式所认可的理论、洞见以及每个人的前认知资源，能在多大程度上提供可借鉴的基础（不是可依赖的基础，因为这会给人一种错觉，误以为事物是静态的）？

全球化发展与人员取向议程项目

下面，我们反思了与五个方面相关的最近发展，而这五个方面是形成工作中变革性沟通的人员取向"议程"的基础。

相互接触

有趣的是，现代互联网技术正是通过这一特征而蓬勃发展。当它被用作面对面交流的补充而不是替代品时，它似乎极大地促进了人际联系，甚至是在全球范围内的人际联系。

透明度和开放性

总体上，透明度和开放性得到了社交媒体和网络技术的广泛支持，它们利用了自我表现和互动的方式，同时也让信息的隐藏变得更加困难和昂贵。这一广泛而有影响力的开源运动可以被看作另一个标志，代表了我们对全球性透明度和开放获取资源所持的赞赏态度。

尊重和包容

尊重、善良、关心他人的态度、爱，随便你想用什么词，这些一直是所有宗教和精神传统所明确要求的美德。我们认为包容是尊重的直接结果，并注意到它在我们日常生活中越来越重要。无障碍措施、融合教育、多文化团队、正念、参与式设计、共享愿景、对自组织的认知，以及对凌驾于他人之上的权力的限制，都是这一推动人类发展的核心原则的不同表达形式。然而，对这种态度、美德及其实践还可以有更多的觉察和表现。

理解

语言学习、针对翻译技术的投资、多语言政府公文和网页，积极倾听、感知，日益认识到以共情和深入的方式理解他人的必要性，所有这些都表明，理解他人和被理解是人类深刻的需要，对于合作和个人成长不可或缺。

合作和相互依存

世界组织和协会、全球化、国际会议与峰会、商会组织、团队工作、实践社团、跨学科研究团队、对自我组织原则的觉察、系统性思维、层次结构扁平化等，都在说明协作变得越来越重要，因为个人成为更复杂的工作整体中的微小粒子。

> **请思考：**
>
> 你能想到其他想要添加到基本议程中的功能吗？如果是的话，它们是什么，你会怎么描述它们？它们是否符合 21 世纪的发展或趋势？

所有这些运动都证实了个人中心视角方向，尽管这些一般化的趋势很少被认为是个体中心视角的副产品。这很可能是因为，即使罗杰斯没有明智地把握和预示这些逐渐被主流同化的发展，自组织、"时代精神"，或者任何你相信的东西都会导致它们出现。无论如何，如果我们想要站在进化和创新的前沿而不是背后，成为先驱者而不是落后者，那么，时刻将各自的态度、价值观和发展方向铭记在心，并有意识地探索它们对我们工作生活的意义，这似乎值得进行投资。

形成价值观：一个成熟的人的过去和现在

当然，我们的沟通和行为方式支持我们的价值观。那么，我们如何获得或形成有助于应对 21 世纪职场挑战的价值观呢？为了解决这个问题，我们求助于罗杰斯的价值过程理论，看看它是否仍然有效，我们能从中学到什么。

罗杰斯的价值过程理论是一种经验过程，源于罗杰斯与来访者打交道的丰富经验。简而言之，他意识到小孩子、成年人和成熟的人在价值观形成方面的巨大差异。他观察到，婴儿几乎完全依赖他们的内部机体感觉来确定经验的价值，如饥饿、疲劳、玩耍、微笑等，并根据这些感觉是否被体验到来做出反应。在青少年和成年人中，这种将机体纳入评估过程的能力往往会丧失。我们经常使用其他人（比如父母、学校系统、老板）的价值观或评价，以获得或保持他们的认可和爱。这种价值观是内向、"预制"或固定的。它们来自外界，因此缺乏可以根据新的经验加以修正或调整，从而保持灵活性，对变化持开放态度的经验基础。

那些通过生活经历、教练、心理治疗等获得成熟机会的人，成功地恢复或永远不会失去他们与经验的联系，同时设法利用丰富的外部证据来源。他们灵活地形成自己的价值观，但与年轻人相比，他们的价值观差异更大，因为成熟的人可以利用丰富的经验和外部信息。我们引用罗杰斯的话是为了尽可能描述成熟的人身上复杂的价值过程：

在这个评价过程中，也包含了让自己沉浸在正在经历的事物中的直接性，努力去感受并阐明它的所有复杂意义……对于成熟的人来说……在经验的当下时刻，有着过去所有相关学习的记忆痕迹。这一时刻不仅具有直接的感官影响，而且也从过去类似经历中发现意义。它既有新的，也有旧的。所以当我体验一幅画或者一个人的时候，我的经验包含了我过去与画或人的相遇中所积累的知识，以及这次特殊的相遇所带来的新影响。同样地，对于成熟的成年人来说，经验的瞬间也包含了关于结果的假设。"我现在想再喝一杯，但过去的经验告诉我，第二天早上我可能会后悔。""直接向这个人表达我的负面情绪是不愉快的，但过去的经验表明，在一段持续的关系中，从长远来看，这是有益的。"过去和未来在这一刻交汇，并进入了价值过程。

评价过程价值的标准是经验对象实现自我的程度。这会使他成为一个更丰富、更完整、更成熟的人吗？这听起来好像是一种自私或非社会的标准，但事实并非如此，因为与他人深厚而有益的关系会被知觉为自我实现的标准（Rogers, 1964: 164-165）。

有趣的是，世界各地的人们在尊重和自由的氛围中，都倾向于选择相同的价值取向（Rogers, 1964）。即使成熟的人没有一个稳定的价值生成体系，他们的价值过程也将导致其价值的涌现方向在不同文化中都保持一致。这带来的价值将在机体经验基础上重新形成，会同时考虑到现在和过去、内部和外部经验的复杂方向，以及对未来的估计。人们"会倾向于重视那些有利于自身生存、成长和发展，以及有利于他人生存和发展的对象、经验和目标"（Rogers, 1964: 166）。

因此，拥有灵活价值过程的人被认为更容易适应新的挑战和环境。他们必须准确地理解不断变化的"现实"，能够在复杂、陌生的情况下选择有价值的东西。

因此，明确但不特定的价值方向似乎是通用的！有趣的是，它们并非由某种外部来源或权威强加的，而是来自人们的体验，指向他们和同龄人的生存和发展。罗杰斯的观点是：

虽然现代人不再全然相信宗教、科学或哲学，也不再全然相信任何信仰体系赋予他们的价值观，但如果他可以依赖自己心里内在的机体价值基础，如果他能够再次学会与其联系，就可以证明它是一种有组织、适应性和社会性的手段，从而有助于解决我们所面临的令人困惑的价值问题（Rogers, 1964: 166）。

那么，在现代工作场所的人们的沟通中，我们可以得出什么结论呢？令人惊讶的是，从1964年到半个多世纪之后的今天，"现代人"面临的挑战性质似乎没有发生太大的变化。改变的是沟通的速度和范围，以及复杂性、信息、技术机会的增加，因此改变了人们的选择范围和相互依存性，以及我们所依赖的技术服务。因此，我们推测，在罗杰斯所经历的时代中，他的经历和针对当代成熟的人的理论，在我们这个时代变得更为广泛，更为大家所需。它不仅对决策者、领导者和管理者有用，而且对参与项目或部门、对项目成功负有共同责任的所有员工越来越有用。

根据罗杰斯的著作（Rogers, 1964），我们描述的似乎是那些与工作环境最相关的个人成长方向。这些走向成熟的人：

- 倾向于远离表面功夫。假装、防御和摆架子，所有这些都容易受到负面评价。成为真实的人是有积极价值的。工作中成熟的人倾向于做自己，表达他们的真实感受，真正成为他们自己，并将他们独特的优势付诸实践。这似乎是一个非常重要的偏好。
- 重视对所有内在和外在体验的开放性。对自己内心的反应和感受、他人的反应和感受以及客观世界现实保持开放和敏感成为其最宝贵的资源。
- 积极评价自我导向。走向成熟的人发现在做出自己的选择和指导自己的行动过程方面，其信心和满足感日益增长。一个人的反应被认为是有意义和有价值的。

- 感受成为一种有价值的过程。从渴求某个固定目标开始，人们开始偏好一个潜能显现过程所带来的兴奋感。
- 重视对他人的敏感性和积极接纳他人。同伴开始欣赏他人的真实自我，就像他们开始尊重自己的真实自我一样。
- 渴望与他人建立深厚、真诚、相互支持的关系。与另一位同事，其他单位、机构等建立亲密、真实、充分的沟通关系，这似乎满足了一种深层次的需要，具有很高的价值。

对价值过程的调整

人们需要一个差异化、灵活的价值过程，以使他们能够按照所描述的方向前进，并应对日益加快的变化，这种需求正在迅速扩大。事实上，今天的任务通常如此复杂，以至于它们很容易超越单个人的能力、创造力和潜力，并借力于与同事之间良好的合作关系（iCom Team, 2014；Cornelius-White et al., 2013）。这就需要对价值过程进行必要的调整：评估的核心需要转变，除了自身的机体之外，更要寄望于同事们的相互交流，不管他们在组织中的地位如何，要发现其中有价值、不被扭曲的"信息"。本书中的所有案例都明确传达了这一信息。

因此，价值过程的标准除了能够衡量自己的经验之外，还需要另一个标准以补充原来的标准：互惠地共同实现关系系统的程度，无论是合作伙伴，还是一个团队、一个部门或社区——它是让关系双方或多方都在（长期地）向前发展吗？团队成员认为他们的关系是相互支持而非不必要的约束吗？团队能维持下去吗？

现在我们为这个经过调整、能够支持共同实现的价值过程阐明一些额外的方向。团队中的个人、（业务）伙伴、部门都转向一个更好的共同实现需求。

相互接触

- 当他们觉得他们在一起，比单独行动更有效、更快乐、更自信、更安全时，他们会倾向于保持联系、互相协商。
- 他们表达的是真正的兴趣，而不是试图控制对方。他们尊重并动态地平衡他们对自主性和与他人联系的需求。

透明度和开放性

在正式和非正式的交流中，他们将信息透明化、流动化，使其具有表达性和意义明确性（Barrett-Lennard, 1998）。

- 他们对自己和他人的经历尽可能开放。这些人热衷于这样的分享，并将其作为扩展的源泉，并恰当地进行推广。
- 只要有合适的时机，他们就通过让团队中每个成员参与进来的方式（无论是情感上还是理智上），来实现既定的目标。

- 他们允许承认个人的弱点，也允许展示个人的力量。

尊重和包容

- 即使在危急时刻，他们也会培养相互尊重和支持的意识。
- 人们给他人机会来展露自己和与工作相关的经验。这可以通过包容对方、为他们提供空间和机会的方式来实现，让他们以自己独特的方式呈现、贡献并推动合作，或以自己独特的方式去合作。这会让你的关系伙伴感到被别人和自己同时接纳，并可以表达出相应的感受。
- 他们减轻了负面压力，并将其转化为创造性动力。这可以通过在实现自主性和自我接纳的同时，也尊重他人和工作环境来实现。

包容性的理解

- 他们的目的是尽可能彻底和完全地理解他人的信息，并以一种使他人容易理解的方式表达自己。
- 他们理解相互冲突的目标、方向和意见往往会导致紧张的氛围。在面对相互冲突的数据时，他们可以容忍模糊性并保持开放性。
- 他们承认，如果他们能够通过合作解决问题，这甚至可能会拉近他们的关系，或形成一些有助于双方或所有关系伙伴向前发展的转变。

合作和相互依存

- 人们会对他人和关系产生积极、真诚的兴趣。这是通过透明地分享想法、意义、感觉、目标、工作、反应等来表达的。它进一步表现在同伴之间为彼此让路以明确共同利益，以及他们将其"我们"概念的体验和期望作为除个人资源外的附加资源。每个同伴都能从自己的经历中找到意义（自信），从对方表达的东西中寻找意义，并且能够共同或分别利用对方发现的意义（Barrett-Lennard, 1998: 182）。
- 他们以合作的态度处理人际关系。他们倾向于以友好、幽默的方式合作或"竞争"，而不是助长破坏性竞争、扭曲或者忽略他们的关系。
- 他们意识到自己需要实现自我，也意识到人际关系趋向于形成一个更大、更复杂、更动态有序的整体。这种意识会延伸到一段关系可能形成的联结、对合作伙伴可能带来的影响，以及通过与团队或组织和环境的相互作用而接收并传递的影响等方面。
- 他们创造了一种无处不在的归属感，这种归属感能增强团队的凝聚力，因为每个人都对他人怀有关爱之心。
- 他们意识到真诚的沟通是变革的引擎。

总结

是的，变革性沟通具有天然的感染力——你不能总是一个人承担一切，而是需要与他人分享。对我们来说，它在两个方面具有变革性。一方面，它将僵化而根深蒂固的沟通模式转变为同时具备任务取向和人员取向的灵活实践。另一方面，它将罗杰斯的个人中心视角所提供的先进价值观和能力，转变为一种及时、自然、健康、诚实、有效的工作沟通方式。如果你已经体验到这一变革浪潮在你自己的意识中留下了一定的印象，那么我们认为本书的目的就已经实现了。

参考文献

Barrett-Lennard, G. T. (1998). *Carl Rogers' helping system: Journey and substance*. London, UK: SAGE Publications.

Cornelius-White, J. H. D., Motschnig-Pitrik, R., & Lux, M. (2013). *Interdisciplinary applications of the person-centered approach*. New York, USA: Springer.

iCom Team. (2014). *Constructive communication in international teams an experience based guide*. Münster, DE: Waxmann.

Rogers, C. R. (1964). Toward a modern approach to values: The valuing process in the mature person. *Journal of Abnormal and Social Psychology*, *68*(2), 160–167.

Rogers, C.R. (1980). *A Way of Being*. Boston: Houghton Mifflin Co.

专业名词中英文对照

active listening	积极倾听
actualizing tendency	实现倾向
agile management	敏捷管理
amygdala hijack	杏仁核劫持
appreciative inquiry	欣赏式探询
authentic leadership	真实型领导
autocratic leadership	独裁领导
autonomy support	自主性支持
client-centred therapy	来访者中心治疗
co-actualization/co-actualizing	共同实现
communication workshops	沟通工作坊
congruent/congruence	一致性
constancy of self	自我恒常性
creative tension	创造性张力
default-mode network (DMN)	默认模式网络
dialogue	对话法
empathic listening	共情倾听
empathic understanding	共情性理解
encounter principles	会心原则
explicate order	显秩序
feeling of community	社区感
humanistic leaders	人性化领导者
I-messages	我之信息
implicate order	隐秩序

intensive group experience	开放团体经验
interoceptive awareness	内感受知觉
model of personal authenticity	个人真实性模型
open case setting	开放案例环境
participatory management	参与式管理
Person-Centered Approach (PCA)	个人中心视角
people-oriented agenda	人员取向议程
presence	体悟
responsible management	责任管理
self-determination theory (SDT)	自我决定理论
self-organization	自组织
servant leadership	仆从式领导
stream of consciousness	意识流
suspending	悬置
task-oriented agenda	任务取向议程
task-positive network (TPN)	任务正激活网络
transformative communication / transforming communication	变革性沟通
transparent	透明性
two-agenda approach	双议程法则
voicing	发声
whole-person	全人